이번 생에
영끌은 무섭고

전세금 올려
주긴 지쳐서,

실거주 한 채
샀습니다만

이번 생에
영끌은 무섭고

전세금 올려
주긴 지쳐서,

실거주 한 채
샀습니다만

"제 주제에 집을 살 수 있을까요?"
묻는 당신에게 건네는 명쾌한 해답

소나무우유(김진석) 지음

모티브

전세 난민 탈출기,
그 험난하고도 뿌듯한 여정

지금 책을 읽고 있는 이 시간은 1초만 지나도 바로 '과거'가 되어 버립니다. 시간은 빠르게 흐르고, 세상은 그보다 더 빠르게 변하고 있죠. 인터넷 통신만 보더라도 전화선으로 연결했던 1세대 모뎀에서 2세대인 케이블 기술로 인터넷이 발전했고, 스마트폰 보급으로 3세대가 시작되며 세상은 급변했습니다. 현재는 4세대인 5G 시대로 자율주행, IoT(사물인터넷)와 같은 기술이 일상 속에 녹아들면서 생활은 더욱 편리해지고 있습니다.

기술 발전으로 직장의 형태가 달라지고 있고, 기존의 방식만을 고수하면 쉽게 도태되고 맙니다. 그만큼 돈 벌기가 더 어려워졌다는 뜻이기도 하죠. 하지만 이렇게 급변하는 세상 속에서도 10년 전, 20년 전, 혹은 30년 전과 비교해도 여전히 변하지 않은 것이 있습니다. 바로 자본소득의 중심, '부동산'입니다. 부동산은 늘 우리 일상 가까이에 존재하며, 경제적 자유로 향하는 사다리 역할을 해왔습니다.

우리는 관심이 없을 때는 눈앞에 있는 것도 모르다가, 관심이 생기면 그제야 보이는 신기한 마법에 빠져들곤 합니다. 그 예가 바로 부동산입니다. 사람이 살아가는 데 필수적인 3가지 요소인 '의식주'라는 단어를 어릴 때부터 배웠을 겁니다. 없어서는 안 될 요소이기 때문에 평생 함께해야 하는 동반자이죠.

우리는 태어날 때부터 지금까지 집에서 먹고 자고 입고를 반복해 왔지만, 부동산이라는 존재에 대해 관심이 없었기 때문에 '자본소득'이라는 단어조차 낯설게 느껴질 겁니다. 부동산에 관심을 가지는 순간, 세상을 보는 시야가 달라집니다. 그 차이는 인생의 방향을 바꿔 놓기도 합니다. 다행히도 저는 그 차이점을 느꼈고 부동산에 관심을 가지게 된 이후의 삶이 완전히 달라졌습니다.

부동산의 중요성을 알기 전에는 평일에 퇴근하면 집에서 게임을 하거나 TV를 봤고, 주말에는 친구들을 만나서 밤늦게까지 술 한잔 걸치고 다음 날 해가 중천에 떠 있을 때까지 잠을 자곤 했습니다. 이렇게 지내도 전혀 무료함을 느끼지 못했기 때문에 별생각 없이 똑같은 패턴을 반복했습니다.

그러던 어느 날, 이른 나이에 결혼해서 두 명의 자녀를 키우고 있던 친형의 권유로 책을 읽게 됐고 그때부터 경제 서적과 부동산 서적에 관심을 가지게 됐습니다. 그 첫 번째 책이 바로 경제경영 재테크 분야의 최고 밀리언 셀러인 로버트 기요사키의 《부자 아빠 가난한 아빠》였습니다. 신기하게도 책을 읽고 저 자신을 되돌아보게 되었고 관련 서적을 추가로 읽으면서 재테크 마인드셋을 통해 자연스럽게 부동산 분야로 빠져들게 되었습니다.

이 경험을 통해 책 한 권이 한 사람의 인생을 바꿀 수 있다는 사실을 알게 되었고 한 사람의 영향력이 대단하다는 것을 느꼈습니다. 다양한 이론 공부와 실전 경험을 통해 저도 누군가에게 긍정적인 영향을 줄 수 있겠다고 생각하게 되었고, 지금까지 다양한 플랫폼에서 활동하며 많은 분들에게 도움을 드리고 있습니다.

경제적 자유에 다가가기 위해서는 근로소득만으론 쉽지 않다는 걸 아실 겁니다. 우리나라에서 가장 높은 비율을 차지하고 있는 직장인의 경우 근로소득에서 시작해 자본소득으로, 그리고 사업소득으로의 전환이 부를 이루는 가장 자연스러운 방법입니다.

많은 사람들이 자본소득을 올리려면 아예 처음 보는 영역에 뛰어들어야 하지 않냐고 이야기합니다. 앞에서 언급했듯이 실생활에 스며들어 있는 부동산으로 자본소득을 늘리는 것은 억지

스러운 행위가 아니라 거주를 위한 '첫 내 집 마련'에서부터 자연스럽게 시작된다는 것을 아셨으면 좋겠습니다.

저도 첫 주택에서 수익을 내면서 그 이후의 인생 방향성이 완전히 달라졌습니다. 게임하고 술을 마시면서 시간을 보내던 제가 꾸준히 책을 읽기 시작했고 자기계발에 힘을 쓰기 시작하면서 책임감이 강해졌습니다. 그리고 자연스럽게 제 주변 사람들도 생산적으로 살아가려는 열정이 넘치는 사람들로 바뀌게 되었습니다.

지금은 인스타그램 팔로워 16.7만 명, 유튜브 1.7만 명, 스레드 2.3만 명, 블로그 1.5만 명 등 다양한 플랫폼에서 부동산 인플루언서로 활동 중이며 내 집 마련에 어려움을 겪는 분들을 최선을 다해 도와드리고 있습니다.

온·오프라인 활동을 하며 많은 분들을 만나게 되었고 자연스럽게 부동산 분야에 대해 가장 필요로 하는 부분을 알게 됐습니다. 시중에 수많은 정보가 있지만 조각조각 흩어져 있고, 조각들이 모여 하나의 퍼즐을 완성하며 내 집 마련을 할 수 있는 모든 과정을 자연스럽게 알려주는 정확한 가이드라인이 없었습니다.

그래서 부동산을 전혀 모르는 분들도 이 책 한 권을 통해서 내 집 마련을 위한 모든 준비 과정을 이해하고 실행할 수 있게 심사숙고하여 내용을 집필하였습니다. 어떤 분야든 처음부터 끝까지 제대로 된 절차만 알고 있더라도 실수하지 않고 정확하게 배우고 실행할 수 있습니다.

앞에서 언급했듯이 조금만 관심을 가지면 실생활에 스며들어 있는 부동산이라는 분야를 통해 근로소득에서 자본소득으로 쉽게 넘어갈 수 있습니다. 시중에 부동산과 관련된 수많은 책이 있지만 본 책에서는 자금 파악과 관련된 부분을 자세하게 다뤘습니다. 현장에서 활동하면서 사람들이 가장 어려움을 느끼는 부분이라는 점을 알았기 때문입니다. 이 책만 읽어도 여러분의 상황에서 어떤 대출을 어떻게 선택해야 하는지와 금액대 설정 방법을 정확히 얻어 가실 수 있을 겁니다.

나의 재정 상황과 소득, 종잣돈을 고려해 금액대를 선택한 뒤, 그 금액대에 맞는 지역을 찾는 방법과, 현장에서 꼭 알아봐야 하는 임장까지 속시원하게 해결할 수 있습니다. 최근 내 집 마련에 성공하셨던 분들의 사례들까지 첨부하여 이해도를 높였으니 조금 더 흥미를 가지고 읽을 수 있을 겁니다.

부동산 투자는 리스크가 항상 존재합니다. 무조건 오를 수만은 없으므로 리스크부터 줄이는 연습을 하셔야 합니다. 그래서 첫 선택으로 아파트와 분양권을 추천해 드리고 있으며 청약에 대한 전체적인 개념과 유의사항까지 다뤘으니 승률을 올릴 수 있는 방법까지 가져가셨으면 좋겠습니다. 내 집 마련을 위한 정석의 방법이 무엇인지 다룬 책이니 두고두고 교과서처럼 보시기를 바랍니다.

| 차례 |

3장

쫄지 마! 대출은 원래 남의 돈으로
내 집 사는 마법이야

4장

"그래서 얼마 있으면 되는데?"
예산별 실전 타격기

5장

내가 살 동네 픽하기 : 강남은 못 가도, 똘똘한 한 채는 찾고 싶어

6장

방구석 탈출! 두 발로 뛰며 줍줍하는 실전 임장기

7장

드디어 도장 찍는다!
심장 떨리는 첫 계약 A to Z

8장

로또 청약? 내 가점에 당첨될 리
없잖아 (희망 고문 탈출기)

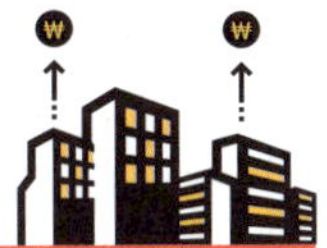

9장

"그래서 대출 나온다는 거야, 마는 거야?" 수시로 바뀌는 부동산 대책 생존법

1장

'내 집'이 주는 압도적인 평온함에 대하여

왜 우리는 기어코
내 집을 사야만 하는가

일반적인 사람이라면 누구나 '집'이 있습니다. 직장에서 퇴근하고, 친구와의 약속을 끝내고 돌아갈 집 말이죠.

그러나 누구에게나 있는 '집'에도 여러 형태가 있습니다. 아파트, 빌라, 오피스텔 등 건물의 형태로 구분할 수 있고, 매매, 전세, 월세로 구분되는 거주 형태로 나눌 수도 있습니다. 많은 사람이 거주 형태를 두고 고민합니다. 저에게도 다음과 같은 내용으로 질문을 주시는 분들이 많습니다.

각자의 상황에 따라 결정은 달라지겠지만, 제가 분명하게 말씀드릴 수 있는 것이 있습니다. "누구나 결국은 집을 사야 한다."라는 것입니다.

제가 부동산 투자에 관심이 있고, 투자를 통해 자산을 늘리고 있다고 하면 "애초에 돈이 많아서 투자를 시작할 수 있었던 거 아닌가요?"라고 묻는 분들이 있습니다. 저도 남들과 다를 바 없는 평범한 월급쟁이로 시작했으며, 처음부터 집이 있었거나 부동산에 관심을 가졌던 것은 아닙니다. 오히려 성인이 되고 나서부터는 부모님의 도움을 받지 않으며 학비, 생활비 등 필요한 돈을 직접 벌곤 했습니다. 20대부터 독립을 해 혼자 살면서 월세가 저렴한 곳을 찾아다녔고, 고시원과 원룸을 전전했습니다.

그러다 부동산에 관심을 가지게 된 결정적 계기가 생겼습니다. 취업을 하고 회사에 다니며 직장 상사인 세 사람을 만나게 된 것입니다. 저보다 먼저 입사하여 서로 입사 동기인 직장 상사 세 사람을 각각 A부장, B부장, C부장이라고 지칭해 보겠습니다.

입사 동기인 세 사람은 비슷한 듯 다른 삶을 살고 있었습니다. 세 사람 모두 타지 출신으로 입사와 동시에 같은 지역으로 오게 되었고, 비슷한 위치의 원룸에서 살다가 결혼하며 이사를 했다고 합니다. 그런데 이들이 매일 입버릇처럼 하는 이야기는 어딘가 달랐습니다.

A부장 : 돈 아껴야 하는데 이번 달도 지출이 많네, 수당 더 벌어야겠어!

B부장 : 요즘 부동산 시장이 말이야~ 요즘 어느 주식이 오른다던데~

C부장 : (부동산 기사를 보며) 하… 회사 근처로 이사를 오지 말았어야 했는데…

A부장은 돈 아껴야 한다, 수당 벌어야 한다는 이야기를, B부장은 부동산과 주식 이야기를 하지 않는 날이 없었고, C부장은 직장 근처로 이사를 온 것이 한이 된다는 이야기를 되풀이했습니다.

분명 시작은 비슷했던 이들에게 그동안 무슨 일이 있었던 걸까요?

A부장은 처음부터 전세살이를 하고 있습니다. 2020년~ 2021년 부동산 시장이 한창 상승장일 때 '부동산 가격은 거품이야, 조만간 폭락할걸?'이라고 이야기했고 지금도 부동산 시장이 비정상적이라고 생각하고 있습니다. 부동산 매수에는 전혀 관심이 없고 오로지 전셋값이 오르는지에만 신경 쓰고 있습니다.

B부장은 부동산에 관심이 많습니다. 많은 사람이 선호하는 학군지 구축 단지에서 오랫동안 거주하며 부동산 투자에 눈을 떴습니다. 다양한 부동산 투자를 병행하였고 현재는 선호도가 높은 대장 아파트에 실거주하며 주택 수를 늘려가며 투자하고 있습니다.

C부장은 서울에서 신혼생활을 했지만 직장 위치 때문에 서울을 벗어나 직장 근처 구축 아파트로 이사를 한 이후로 한 번도 이사를 하지 않고 여전히 그 집에서 살고 있습니다. 다른 곳으로 이사 갈 생각은 없으며, 서울 집값이 많이 오를 동안 자신의 집은 가격이 많이 오르지 않은 걸 보며 이사를 온 것을 후회하고 있습니다.

세 사람의 이야기를 듣고 어떤 생각이 드셨나요? 혹은 어떤 사람의 모습이 바람직하다고 생각하셨나요? 저에게는 입지가 좋아 가치 상승의 폭이 큰 상급지에서 자연스럽게 부동산에 눈을 뜨게 되고, 근로소득이 아닌 투자소득으로 자산을 불리게 된 B부장의 이야기가 가장 이상적으로 다가왔습니다.

회사에 처음 입사했을 때는 크게 다르지 않았을 A, B, C부장은 현재 서로 다른 모습의 삶을 살고 있습니다. 자신이 소유한 집에서 안정적으로 거주하며 집값 상승을 통해 자산을 늘려가는 사람이 있는가 하면, 전세보증금이 오를까 전전긍긍하는 사람도 있죠.

이 세 사람의 차이는 부동산 분야에서만 보이는 것이 아니었습니다. 직장에 다니면서도 월급에 안주하지 않고 재테크를 통해 다양한 자본소득을 추구하는 B부장은 자녀 교육에도 아낌없이 투자하고, 가족과 함께 해외여행을 다니며 여가생활을 하는 등 여유로운 삶을 누리는 모습을 보였습니다. 반면 나머지 두 부장은 월급이라는 틀에 맞춰 버티는 삶을 살면서 굳이 말로 하지 않아도 자금 사정이 넉넉하지 않다는 것이 주변 사람들에게 그대로 느껴질 정도였습니다.

사회초년생이었던 저는 이들의 모습을 보며 정신이 번쩍 들었습니다. "지금 이대로 살면, 10년 후의 나는 어떤 모습일까?" 저의 미래가 A, B, C부장 세 사람 중 어느 한 사람의 모습과 다르지 않을 거라는 생각이 들었습니다. 그리고 어떻게 해야 B부장처럼 자산을 늘리며 더 나은 삶을 만들 수 있을지 고민하게 되었습니다. 이 고민을 시작으로 부동산 투자에 관심을 가지게 된 저는 치열한 노력을 통해 자산을 쌓아가고 있습니다.

이 세 명의 사례를 통해 제가 전하고 싶은 이야기는 '출발점', 그리고 '마인드'입니다. 이들의 삶이 서로 다른 모습을 보이기 시작한 것은 결혼을 하고 신혼집을 구하면서부터입니다. 신혼살림을 어디에서 시작했는지에 따라 자가로 거주하는 것만으로 자산이 형성되기도 하고, 혹은 물가 상승보다 못한 가격 상승으로 상대적인 손해를 불러오기도 합니다.

만약 C부장이 신혼생활을 처음 시작한 서울에서 계속 거주하며 1주택 갈아타기를 했다면 지금보다 많은 자산을 형성할 수 있었을 것입니다. 부동산 자산이 상승하는 것을 보며 재테크에 더 많은 관심을 가졌다면 엄청난 자산을 만들었을지 모를 일입니다. 어느 지역, 어떤 단지를 선택하는지가 당장 생활하는 동안에만 영향을 미치는 것 같지만 시간이 지난 후 돌아보면 큰 자산 격차를 만들 수 있다는 점을 명심해야 합니다.

'마인드' 또한 중요합니다. A, B, C부장이 자주 하는 말을 통해 각자의 마인드를 엿볼 수 있습니다. A부장은 '돈을 아껴야 한다, 수당을 더 벌어야겠다.'라는 취지의 이야기를 자주 합니다. 근로소득 외에 투자 등 재테크로 돈을 벌어본 적이 없는 A부장에게 자산을 늘릴 방법은 근로소득뿐입니다. 하지만 근로소득으로 자산을 불리는 것에는 한계가 있습니다.

C부장의 시작은 나쁘지 않았습니다. 많은 사람이 선호하는 서울에서 신혼생활을 시작했으니 말입니다. 그러나 다른 지역

으로 삶의 터전을 옮기며 아파트 시세차익을 통해 자산을 늘리기가 상대적으로 어려워졌습니다. C부장은 몇 년이 지난 지금도 "그때 서울에 계속 있었어야 했는데…"라며 후회하지만, 그가 할 수 있는 일이 후회뿐일까요? 만약 C부장이 부동산을 통한 자산 증가를 깨닫고 재테크에 관심을 가지고 노력했다면 충분히 만족할 만큼 많은 자산을 축적했을지도 모릅니다.

두 사람의 사례를 통해 우리가 갖춰야 할 마인드에 대해 생각해 보자면 첫 번째는, 근로소득에만 의존하기보다는 재테크를 통해 자산을 축적하는 마인드일 것이고, 두 번째는 과거에 기회를 놓친 것을 후회하며 자포자기하기보다는 지금 내가 할 수 있는 방법을 찾아 노력하는 마인드라고 할 수 있겠습니다.

성공적인 사례인 B부장의 모습을 보면서는 희망과 동기부여를 느낄 수 있습니다. 평범한 직장인도 재테크에 관심을 가지고 꾸준히 노력한다면 자산을 쌓을 수 있고, 월급이라는 틀에 맞추어 버티는 삶보다는 주도적으로 선택하는 삶에 더 가까워질 수 있다는 것을 직접 보았으니 말입니다.

이 책을 읽고 계실 많은 분들이 그러하듯 저 또한 불과 몇 달 전까지만 하더라도 매달 월급을 받아 생활하는 월급쟁이였습니다. 갓 취업에 성공한 사회초년생 시절에는 월급이 소중했고, 어느 순간부터는 월급이 적게 느껴졌습니다. "이 월급으로 내 집은 언제 살 수 있는 거지?"라는 생각이 들어 더 나은 미래를 꿈꾸며 부동산 투자를 시작했습니다. 몇 년이 지난 지금, 예전보다 부동산 투자 경험은 늘었지만 저는 여전히 공부하며 성장하고 있습니다.

제가 A, B, C부장을 보며 새로운 시야를 가지게 된 것처럼 이 책을 통해 부동산에 관심을 가지고, '이미 부동산 가격이 많이 올랐으니 이제는 늦었어'라는 생각보다는 지금 내가 할 수 있는 것에 집중하며 더 나은 미래를 위해 나아가시기를 바랍니다.

2장

통장 잔고 팩트 체크 : 내 주제에 집을 살 수 있을까?

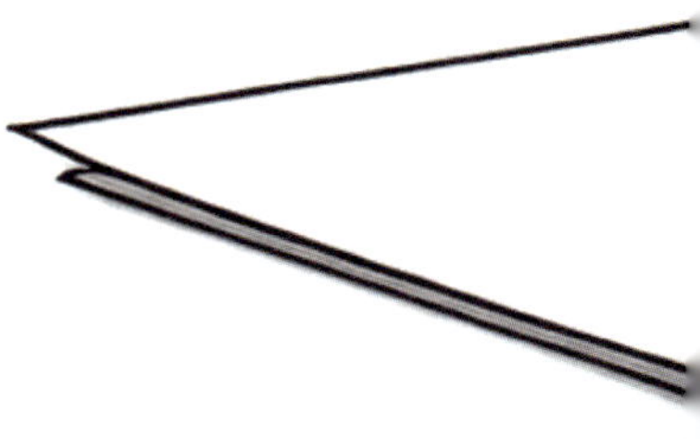

탈탈 털어보자,
나의 영혼과 통장

영혼까지 끌어모은
나의 '진짜' 가용자금 계산법

내 집 마련에 관한 책을 꺼내 들어 읽으면서도 "내가 지금 집을 사는 게 맞을까? 전세나 월세를 알아볼까?"하고 고민하는 분들이 계실 겁니다. 혹은 "집을 사기로 결심했는데, 어떻게 해야 하지?"라는 생각에 막막한 분들도 계시겠죠.

이런 분들께 "가용자금"을 먼저 확인해 보시라고 말씀드립니다. 가용자금이란 무엇일까요?

가용자금은 현금화 가능 금액과 대출 가능 금액의 합입니다. 쉽게 말해 내가 가지고 있는 현금과 금융권에서 빌릴 수 있는 돈을 합한 것입니다. "제가 가지고 있는 돈만 생각해야 하는 거 아닌가요?"라고 하실지 모릅니다만, 집을 매수할 때 전액 현금으로 자금을 조달하는 사람은 드뭅니다. 대다수는 내가 가진 돈과 금융권에서 조달한 대출금으로 집을 사곤 하죠. 그래서 가용자금에 대출 가능 금액을 포함하는 것입니다.

차량을 구매할 때를 생각해 보면 내가 차량 구매에 쓸 수 있는 예산을 정하고, 그 예산으로 새 차를 살지 혹은 중고차를 살지, 어떤 모델을 구매할지 결정합니다. 집을 살 때도 마찬가지입니다. 내가 부동산 매수에 활용할 수 있는 금액을 먼저 파악해야 그에 알맞은 선택을 할 수 있습니다. 가용자금 중 대출 가능 금액에 대해서는 다음 장에서 알아보도록 하고, 이번 장에서는 현금화 가능 금액에 대해 알아보겠습니다.

현금화 가능 금액은 시기에 따라 달라집니다. 돈이 시기에 따라 달라진다니 이상하게 느껴지면서도 어찌 보면 당연한 이야기입니다. 직장인이라면 매달 월급을 받아 수입이 생기면 일정 금액은 지출하고 또 어느 정도의 금액은 저축합니다. 혹은 수입보다 많은 지출이 생기면 그동안 모아온 돈에서 추가로 지출하기도 하죠. 이렇게 매달 자금이 유입되거나 유출되며 나의 자금 상황에 변동이 생깁니다.

현금화 가능 금액이 시기에 따라 달라진다는 개념을 이해하는 것이 중요한 이유는 집을 사기로 결심한 시점에 내가 가지고 있는 돈이 내가 집을 살 때 필요한 돈과 같지 않아도 된다는 것을 이해하기 위해서입니다.

예를 들어보겠습니다. 부동산을 매수할 때 매수 금액을 크게 3번에 나누어 지급하게 됩니다. 계약할 때 지급하는 계약금, 매수 금액의 일부를 계약일과 잔금일 사이에 지급하는 중도금, 매수 금액 중 이미 지급한 액수를 제외한 나머지 금액을 모두 지급하며 소유권을 이전받는 잔금입니다.

부동산 매수 계약을 오늘 체결하고, 잔금일을 6개월 뒤로 정했다고 가정한다면 매수 금액 전액이 오늘 당장 필요한 것은 아닙니다. 일반적으로 매수 금액의 10%에 해당하는 계약금, 혹은 매도인과의 협의로 정해진 계약금만 있으면 매수 계약을 할 수 있습니다. 나머지 금액은 잔금일까지 마련하면 되는 것이죠. 잔금을 마련하기까지 6개월의 시간이 생기는 것입니다.

현금을 5억 원 보유하고 있고, 대출 없이 부동산을 매수하기로 결심한 부부가 매물을 알아본다고 생각해 보겠습니다. 여러 매물을 찾다 보니 마음에 드는 집이 나타났는데 매수 금액이 5억 2천만 원이라고 합니다. (취득세, 중개수수료 등 부대비용을 제외한 순수 매수 금액만 고려한다고 가정) 가지고 있는 돈에서 2천만 원이 부족한데 이 집을 포기해야 할까요? 아닙니다. 이 부부의 월 저축액이 500만 원이고 잔금일을 4개월 이후로 잡았을 때 잔금일까지 2천만 원을 더 저축할 수 있습니다. 계약일과 잔금일 사이의 기간 동안 자금을 조달하여 원하는 집을 매수할 수 있는 것입니다.

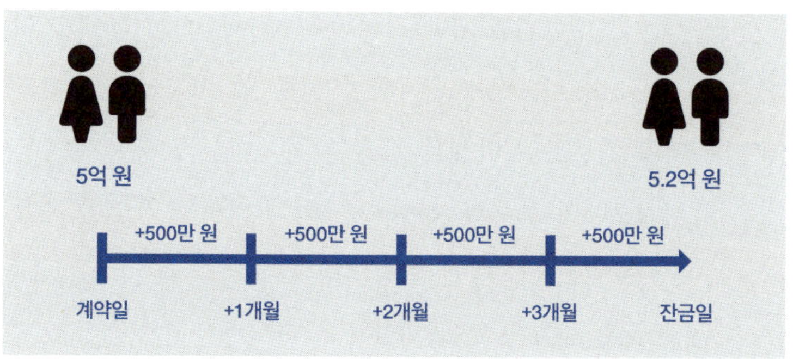

저축액을 예로 들었지만 특정 달에 회사 성과급이 나오거나, 적금 만기일이 도래하는 등 일시에 현금이 들어올 일이 있다면 현금화 가능 금액은 시기에 따라 크게 달라질 수 있습니다. 당장 가지고 있는 돈만 생각하기보다는 더 넓은 시야에서 현금화 가능 금액을 고려하면 자금 계획을 더욱 효율적으로 수립할 수 있습니다.

계약일과 잔금일간의 날짜 간격을 유용하게 활용할 수 있는 방법이 바로 청약, 분양제도입니다. "계약금만 있으면 분양받을 수 있어요!"라는 이야기를 많이 들어보셨을 겁니다. 대다수의 아파트 분양은 분양가의 10%인 계약금을 내면 분양 계약을 체결할 수 있습니다. 계약 이후에는 신용상의 문제가 없다면 중도금 대출을 이용해 중도금을 충당할 수 있고, 잔금 시점까지 돈을 마련하거나 잔금 대출을 받아 입주할 수 있습니다.

신규 분양 단지는 분양부터 잔금 지급 및 입주까지 평균 3~4년 정도가 걸립니다. 당장 돈이 없다고 분양을 포기하기보다는 현재 자금 상황과 잔금 시점까지의 자금 변화를 꼼꼼하게 따져보며 입주 시점에 현금화 가능한 금액이 얼마인지 판단한다면 현명한 결정을 할 수 있을 것입니다.

"나는 어떤 집에 살아야 행복할까?" 라이프스타일 점검표

현금화 가능 금액을 아는 것이 중요한 이유를 이해했다면 현금화 가능 금액을 구하는 방법을 알아야 합니다. 현금화 가능 금액을 알기 위해서는 가장 먼저 나의 현재 상황을 파악해야 합니다. 현재 상황을 파악한다고 하면 어떤 점을 알아보아야 할까요?

다음 자료는 다양한 부동산 고민을 가지고 저를 찾아오시는 수강생분들이 상담 전 작성하는 "개인 재정 상황 점검표" 자료입니다.

"개인 재정 상황 점검표"는 개인, 돈, 부동산 3개 카테고리의 27개 항목을 통해 나의 현 상황을 점검하는 자료입니다. 저와 주변인의 경험을 토대로 '이 정도는 알아야 부동산 매수의 기준을 세울 수 있다'라고 생각하는 항목을 모았습니다. 이 자료를 작성한 수강생분들의 이야기를 들어보면 "나"에 대해 작성하는 자료이니 쉽게 작성할 수 있을 거라 생각했다가 평소 고민하지 않았던 부분을 물어 당황스러웠다는 이야기가 많습니다. 그만큼 내가 생각지 못했던 나의 상황을 파악할 수 있고, 이를 통해 부동산 매수를 위한 올바른 판단을 할 수 있게 돕는 기초 자료입니다.

"개인 정체성 점검" 자료가 어떤 항목으로 구성되어 있는지 자세히 살펴보겠습니다.

먼저 "개인" 카테고리입니다. 이름, 나이, 거주지역, 형제 유무, 결혼 여부, 자녀 유무, 자녀 계획 여부, 가족 구성원, MBTI로 구성되어 있습니다.

나 자신에 대한 질문이라 금방 작성할 수 있는 항목들이지만 각각의 항목이 부동산 로드맵에 미치는 영향은 생각보다 큽니다. "개인" 카테고리에서는 결혼 여부와 자녀 유무를 포함해 나를 비롯한 가족에 대해 묻는 항목이 많습니다. 왜일까요?

많은 사람들이 부동산 매수를 결정하거나, 거주지를 옮기기로 결정하는 시기가 있으니 바로 결혼과 자녀 출산 및 육아입니다. 결혼을 하며 배우자와 함께 살 신혼집을 구하게 되고, 자녀

개인		돈		부동산	
닉네임		직장 연차		거주형태 (월세, 전세, 자가, 부모님)	
나이		월급 관리 주체		월세, 전세 얼마?	
거주 지역		• 본인 월급(세후 평균) • 배우자도 기재(대략)		부동산 매수 경험 유무	
형제 유무		고정 지출 비용 (대출이자, 통신비, 식비 등 항목별로)		보유 부동산 (매수 시기, 가격, 투자금)	
결혼 여부		저축금액(월)		부동산 이외 투자자산 (예 : 주식, 코인)	
자녀 유무		대출금액(신용, 주담대)		부동산 관심 지역 (실거주 or 투자)	
자녀 계획 여부		대출이율 / 월 이자		부동산에 언제부터 관심	
가족 구성원		가족 부양 여부 (금전적 지원이 들어가는가) (들어간다면 월급의 몇%?)		나는 돈 쓰는데 도전적인가? 아니면 안정추구형인가?	
나의 MBTI		현재 종잣돈 얼마? (현금 + 주식 등 항목별)		부동산에 관심을 가지게 된 계기 (최소 50자 이상)	

가 태어나면 더 넓은 집, 혹은 육아 환경이나 학군이 좋은 곳으로 이사하는 경우가 많습니다. 이런 점을 고려하지 않은 채 초등학생 자녀가 있는 가족이 학교가 멀고 주변 환경이 좋지 않은 곳에 있는 집을 매수한다면 실거주 만족도가 낮을 것입니다. 나와 내 가족에 대해 잘 알아야 실패를 최소화하는 부동산 매

수를 할 수 있기에 가족의 형태 및 가족 계획을 파악하는 것입니다.

다음은 "돈" 카테고리입니다. 이 카테고리에서는 직장 연차, 월급 관리 주체, 본인과 배우자의 월급, 고정 지출 비용, 월 저축 금액, 대출금액, 대출 이율 및 월 이자, 가족 부양 여부, 현재 종잣돈을 작성하게 됩니다.

"돈" 카테고리는 나 혹은 나를 포함한 가정의 자산과 현금 흐름을 정확하게 파악하기 위한 목적을 가지고 있습니다. 그러다 보니 내용을 작성하며 놀라는 경우도 많습니다. 그동안 벌면 버는 대로, 쓰면 쓰는 대로 살아왔는데 점검해 보니 월 고정 지출이 생각보다 많고, 저축 금액이 생각보다 적거나 아예 없는 것을 보며 놀라는 것이죠. 이러한 경우 불필요한 고정 지출은 줄이고 저축 금액을 늘리며 종잣돈을 모을 수 있는 시스템을 만드는 것이 중요합니다.

대출 이율을 정확하게 알지 못하다가 생각보다 높은 이율에 경악하는 경우도 많습니다. 대출 이자는 매달 지출되는 비용이므로 대출 갈아타기를 하거나, 우대금리 적용 조건을 충족하여 이율을 낮출 수 있는지 알아보는 것이 좋습니다.

"돈" 카테고리 작성을 요청하면 간혹 "저희는 각자 월급 관리를 해서 배우자의 월급이나 저축 금액을 몰라요."라고 이야기하는 부부가 있습니다. 미혼이라면 상관없지만 결혼을 앞둔 예비 신혼부부라면 이 부분은 특히 신경을 써야 합니다.

내 집 마련 상담을 많이 진행하다 보면 예비 배우자와의 경제관념이 달라서 내 집 마련을 쉽게 진행하지 못하는 분들이 생각보다 많습니다. 신혼집을 구하는 것은 큰 결정이자 자산 측면에서 부부가 처음으로 함께하는 의사결정이기에 각자의 재정 상황 파악과 공유는 필수입니다. 서로 다른 가치관을 가진 상태에서 갑자기 한 사람의 의견만 밀어붙이면 거부감을 느끼는 경우가 많습니다. 따라서 충분한 시간을 두고 서로의 지향점을 공유하는 것이 중요합니다.

각자의 현금흐름과 자산을 개별 관리하는 것이 최근 트렌드처럼 번지고 있지만 재테크 관점에서는 추천해 드리기가 어렵습니다. 부부가 자산 증식과 부동산 매수에 대한 공동 목표를 가지고 있다면 서로의 월급을 투명하게 공개하고, 지출을 관리하며 함께 종잣돈을 모아가기를 권장해 드립니다.

세 번째 카테고리는 "부동산"입니다. 부동산 카테고리는 현재 상황을 점검하는 거주 형태, 월세 혹은 전세로 거주하고 있다면 보증금과 월세, 부동산 매수 경험, 보유 부동산을 비롯해 부동산 매수에 영향을 미치는 사항인 관심 지역, 부동산에 관심 가진 시기, 돈을 쓰는 유형 및 부동산에 관심을 가지게 된 계기로 구성되어 있습니다.

이 카테고리를 통해 부동산에 대한 방향성을 정할 수 있습니다. 현재 부동산을 보유하고 있다면 해당 부동산을 계속 보유할지 혹은 매도를 통해 자금을 확보할 것인지를 생각해 볼 수 있습니다. 만약 부동산을 보유하고 있지 않지만, 매수에 관심이 있다면 부동산 매수의 목적이 실거주인지 혹은 투자인지, 어느 지역에 관심을 두고 있는지를 파악하여 부동산 매수 결정에 참고할 수 있습니다. 그리고 전세자금 대출을 받고 전세로 거주하고 있는 경우에는 주택담보대출 한도에 직접적인 영향을 주기 때문에 만기가 되는 시점도 굉장히 중요합니다.

한 페이지짜리 점검표이기에 별거 아니라고 생각할 수 있지만 모든 칸을 채우면 나의 현재 상황에 대해 작성 전보다 훨씬 많이 알게 됩니다. 무작정 부동산 매수만을 위해 달려가기보다는 현재 상황을 정확하게 파악한 후에 전략을 세우고, 의사 결정하는 것이 시행착오를 줄이며 성공에 이르는 지름길이라는 점을 생각하며 점검표를 꼭 작성해 보시기 바랍니다.

월세 호구, 전세 난민,
그리고 마침내 하우스 푸어?

매매 vs 전세 vs 월세,
냉혹한 장단점 팩트 폭행

나의 상황을 파악했다면 이제 거주 형태를 고민할 수 있습니다. 앞서 말씀드렸듯이 거주형태에는 매매, 전세, 월세가 있습니다.

매매 : 매도인과 매수인이 그 소유권의 변동을 목적으로 하는 매매계약을 체결, 이행하여 소유권이전등기를 하는 것

전세 : 임차인이 임대인에게 보증금을 맡기고 집을 임차한 뒤 계약기간이

끝나면 보증금을 돌려받는 주택 임대차 방식

월세 : 임차인이 임대인에게 월 단위로 집세를 내는 주택 임대차 방식

쉽게 말하자면 매매는 부동산을 사고파는 것, 전세는 보증

주요 용어 정리

다음의 용어는 부동산 분야에서 가장 자주 사용되는 용어입니다. 간단하지만 개념을 헷갈리는 경우가 많으니 꼭 알아두시기를 바랍니다.

용어	의미	용어	의미
매도	부동산을 파는 것	매도인	부동산을 파는 사람
매수	부동산을 사는 것	매수인	부동산을 사는 사람
임대	부동산을 빌려주는 것	임대인	부동산을 빌려주는 사람
임차	부동산을 빌리는 것	임차인	부동산을 빌리는 사람

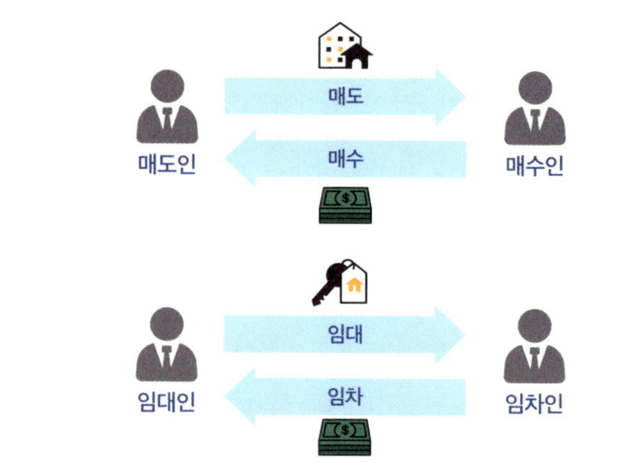

금을 한 번에 임대인에게 맡기고 계약 종료 시 돌려받는 것, 월세는 매달 임대인에게 집세를 내는 것입니다.

어떤 거주 형태를 선택할지는 하나의 정답이 있는 것이 아닌 각자의 상황에 따라 달라집니다. 이때 큰 영향을 미치는 것은 자금 상황입니다. 자금 상황은 현재 가지고 있거나 대출로 확보할 수 있는 가용자금과 매달 발생하는 현금흐름으로 나눌 수 있습니다.

가용자금이 많이 필요한 거주 형태는 매매와 전세이며, 월세는 비교적 적은 자금으로도 집을 구할 수 있습니다. 사회초년생 대다수가 월세로 거주하는 것이 이 때문입니다.

반면 거주를 위해 매달 지출해야 하는 비용은 어느 거주형태에서 더 크다고 말하기 어렵습니다. 매매를 통해 내 집에 거주한다고 해도 주택 매수를 위해 대출을 받아 원금을 상환하며 이자를 내고 있다면 매달 비용이 발생하기 때문입니다. 전세는 전세자금 대출로 인한 비용이 발생할 수 있으며, 월세는 그 성격상 매달 집세를 지급해야 한다는 점에서 고정적인 지출이 발생하는 거주 형태입니다.

이 때문에 거주 형태는 쉽게 정할 수 있는 것이 아닙니다. 현재 보유하고 있는 종잣돈, 대출을 통해 마련할 수 있는 자금, 매달 거주 비용으로 지출할 수 있는 금액을 파악한 뒤 나의 상황에서 할 수 있는 가장 나은 선택을 해야 합니다.

	가용자금	현금흐름
매매	주택 매수금 = 종잣돈 + 대출금 (주택담보대출, 신용대출 등)	대출원금 + 대출이자
전세	전세 보증금 = 종잣돈 + 대출금 (전세자금대출, 신용대출 등)	대출이자(+대출원금)
월세	월세 보증금 = 종잣돈 + 대출금 (신용대출 등)	대출이자 + 월세(+대출원금)

※ 대출원금 만기상환시 매달 대출원금 상환을 위한 지출은 불필요

매매, 전세, 월세는 어떤 특징이 있을까요? 목돈이 적게 드는 순서대로 살펴보겠습니다.

월세

먼저 월세입니다. 앞서 이야기했듯이 월세는 거주할 집을 가장 적은 돈으로 구할 수 있는 거주 형태입니다. 빌라 밀집 지역은 보증금 500만 원 이하로도 월셋집을 구할 수 있으며, 보증금이 비싸다고 해도 전세 혹은 매매를 위해 필요한 금액보다는 적습니다. 대신 월세는 매달 고정적인 지출이 발생한다는 것이 단점입니다. 매달 임대인에게 세를 지급해야 하므로 월세가 부담되기도 합니다.

계약기간이 비교적 짧다는 것은 장점이자 단점입니다. 일반적으로 월세의 계약기간은 2년으로, 추후 거주지를 옮길 계획

이 있다면 월세를 선택하는 경우가 많습니다. 혹여 계약기간을 채우지 못하고 이사하는 상황이 생기더라도 보증금으로 묶인 자금의 금액이 크지 않기 때문에 전세와 매매에 비해 거주지 이동이 쉬운 편입니다. 2년의 계약기간 이후 임대인이 월세를 올리거나, 퇴거를 요청할 수 있다는 점은 임차인 입장에서 단점이라 볼 수 있습니다.

전세

두 번째는 전세입니다. 전세는 계약기간 동안 임대인에게 보증금을 맡기고 거주하는 거주 형태입니다. 한번 돈을 지급하면 매달 지출되는 거주 비용이 적거나 없다는 점에서 많은 사람이 선호했으나, 최근 전세보증금을 임대인에게서 돌려받지 못하는 전세사기가 사회 문제로 대두되며 전세를 기피하는 현상이 나타나고 있습니다.

전세는 월세와 마찬가지로 일반적인 계약기간을 2년으로 두고 있으나, 계약갱신청구권을 활용하여 2년을 추가로 거주하는 경우가 많아 월세보다 주거 안정성이 높은 것으로 여겨지고 있습니다. 단, 전세보증금으로 수천만 원에서 수억 원에 이르는 자금이 묶인다는 단점이 있습니다. 또한 계약 만료 시점에 전세가가 상승하여 임대인이 전세보증금 인상을 요구하면 추가 자금이 필요하거나, 전세가가 하락하여 보증금을 돌려받는 등 전세가 변동에 따라 자금 사정이 변할 수 있습니다. 수강생분들 중

전세 때문에 아쉬워하는 분들이 많습니다. 전세 계약을 맺고나서 부동산에 관심을 가지게 되었고, 매수를 검토하다 보니 매수 자금이 부족한 것입니다. 전세자금 대출과 종잣돈 등 가용자금이 보증금에 묶여 있어서 원하는 시기에 실거주집을 마련하지 못하는 상황이 많이 발생합니다. 내 집 마련을 앞두고 있는 분이라면 전세보다는 월세를 선택하여 가용자금을 최대한 많이 확보해야 합니다.

매매

마지막으로는 매매입니다. 많은 사람이 매매를 선택하는 것에는 크게 두 가지 이유가 있습니다. 주거 안정성과 가격 상승을 통한 자산 형성입니다. 전세 혹은 월세로 주택을 임차하여 지내며 불편함을 겪는 경우를 심심치 않게 볼 수 있습니다. 못을 박지 못하거나 원하는 인테리어를 할 수 없다는 생활의 불편함을 감수하며 거주하던 사람도 "내 집을 사야겠다"라고 마음먹는 계기가 있습니다. 임대인이 퇴거를 요청하거나 월세, 혹은 보증금을 크게 올리는 경우입니다. 임대인의 요청으로 집을 비워야 하는 경우 나의 의지와 상관없이 집을 새로 구하고 이사해야 한다는 점이 거주 안정성을 크게 떨어뜨립니다. 내 집을 사서 거주하는 사람들이 "내 집이라서 마음이 편해요"라고 말하는 것이 이러한 이유입니다.

매매를 선택한다면 주거 안정성과 맞바꿔야 하는 것이 있으니, 이동이 어려워진다는 점입니다. 전세와 월세는 계약기간이 끝나면 거주지를 옮길 수 있지만 매매는 집을 매도하거나 타인에게 임대해야 한다는 어려움이 있습니다. "집을 팔고 다른 집을 사면 되는 거 아니야?"라고 생각하기에는 집을 매수할 때 내야 하는 취득세, 보유하고 있는 동안 내는 재산세, 매도 시 양도차액에 부과되는 양도세가 만만치 않다는 점에서 매도를 쉽게 결정할 수 없습니다. 집을 팔고 싶지만 시장 상황에 따라 매매가 쉽지 않아 어려움을 겪기도 합니다.

자산의 측면에서 매매를 바라보자면 매매하는 순간 집은 나의 자산이 되기 때문에 집값이 상승하면 자산이 늘어나는 효과를 누릴 수 있습니다. 집값이 오를 거라고 가정한다면 내 집에서 안정적으로 거주하면서 자산도 늘릴 수 있는 것입니다. 반면, 집값이 하락하면 고스란히 손실이 된다는 점에서 주택 매매는 양날의 검과 같습니다. 집값이 오른다는 뉴스에는 환호하고, 집값이 떨어진다는 뉴스에는 절망하게 됩니다. 이 때문에 부동산 시장에 대한 장기적인 관점이 매매 결정에 큰 영향을 미치게 됩니다.

실거주 vs 갭투자

이처럼 매매는 주거 안정성과 자산 형성이라는 두 가지 목적을 가지고 있습니다. 실제로 매매를 선택할 때 이 두 목적 중 어느 쪽에 더 중점을 두느냐에 따라 '실거주'와 '갭투자'라는 두 가지 형태로 나눌 수 있습니다. 부동산에 관심을 가지다 보면 자주 접하게 되는 이 두 용어의 개념을 알아보겠습니다.

먼저 '갭'이란 무엇일까요? 갭은 영단어 gap에서 온 용어로 격차, 차이를 뜻합니다. 부동산에서의 갭은 매매가와 전세가의 차이를 의미합니다. 일반적으로 매매가가 더 높고, 전세가는 매매가보다 더 낮은 가격을 형성하고 있어 두 가격 사이에 차이가 생기게 되는데, 이 차이를 갭이라고 합니다.

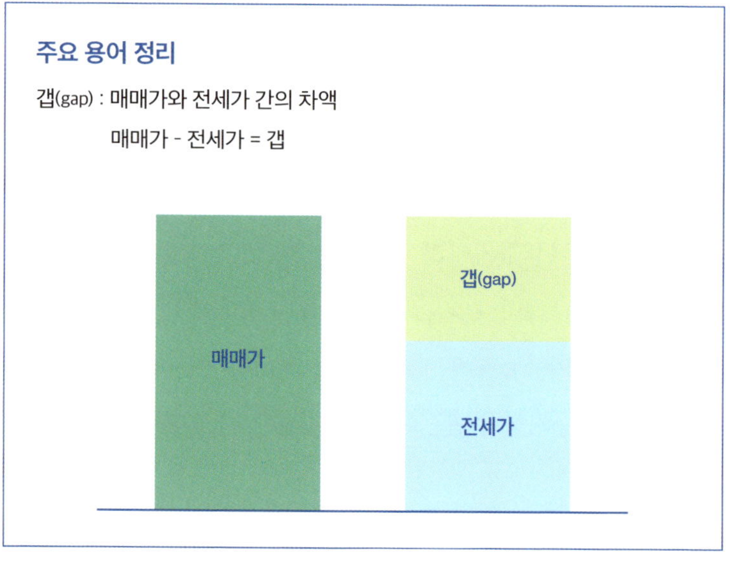

주택 소유자 중에는 직접 거주하는 경우와 전세 혹은 월세로 임대하는 경우가 있습니다. 자신이 소유한 집에 직접 살면 '실거주'라고 합니다. 반면, 시세차익을 기대하거나 나중에 거주할 목적으로 집을 매수하여, 매수한 집에 직접 살지 않고 전세를 주는 형태의 투자는 '갭투자'라고 합니다.

실거주와 갭투자의 개념을 알아야 하는 것은 두 방식의 자금조달 방법이 다르기 때문입니다. 실거주는 종잣돈과 대출 등을 통해 매수 자금을 만들어야 합니다. 이때 대출은 주로 주택담보대출을 활용합니다. 갭투자는 종잣돈, 대출과 더불어 전세 세입자로부터 받은 전세보증금으로 매수 자금의 일부를 충당할 수 있습니다. 대출은 신용대출을 주로 활용하며, 전세보증금 덕분에 비교적 적은 금액으로 집을 매수할 수 있다는 점에서 투자 관점으로 집을 매수할 때 갭투자를 하는 경우가 많습니다.

갭투자는 투자금을 줄일 수 있다는 장점이 있지만, 진행하기 전에 반드시 고려해야 할 사항이 있습니다. 바로 갭투자를 위해 매수한 집 외에 내가 거주해야 할 곳이 별도로 필요하고, 그에 따른 주거 비용이 추가로 발생한다는 점입니다. 특히 결혼을 하고 자녀가 생기며 가족 구성원이 늘어나면 거주 비용이 더욱 증가하게 됩니다. 이런 점들을 충분히 고려하여 매수 계획을 세우시기를 바랍니다.

실거주와 갭투자는 부동산 매수 지역 선정에서도 뚜렷한 차이를 보입니다. 실거주 목적의 경우, 말 그대로 내가 직접 거주하며 생활하는 공간이므로 직장 위치, 대중교통 접근성, 생활 편의 시설 등 일상생활의 편리함을 고려하여 매수 지역을 신중하게 선택해야 합니다. 반면, 갭투자는 내가 아닌 임차인이 거주하는 공간이기 때문에 투자자의 생활권과 무관하게 수익성과 임대 수요가 높은 지역이라면 전국 어디든 투자 대상으로 고려할 수 있습니다.

갭투자는 전세제도를 활용하는 만큼 전세가격이 중요합니다. 전세가가 얼마인지에 따라 같은 투자금으로 얼마의 집을 살 수 있는지가 달라지기 때문입니다. 이러한 실거주와 갭투자의 차이를 이해하고, 자신의 경제적 상황과 목표에 맞는 선택지를 고르시기 바랍니다.

	실거주	갭 투자
거주	본인	임차인
지역	본인 생활권	상관 없음
전세가격	**영향 없음**	**굉장히 중요**
자금	**주택담보대출**	**신용대출**

내게 딱 맞는 주거 형태를 찾는 결정적 체크리스트

지금까지 살펴본 내용을 바탕으로 생각해 보면, 주거 형태 선택은 단순히 트렌드를 따르는 것이 아니라 자신의 재정 상황, 라이프스타일, 그리고 장기적인 목표에 맞춰 신중하게 결정해야 함을 알 수 있습니다. 특히 매매는 단순한 거주 공간 마련을 넘어 중요한 자산 형성의 수단이 될 수 있지만, 그만큼 더 많은 자금과 책임이 따르는 선택입니다.

많은 사람이 부동산 시장의 변동성과 높은 주택 가격을 고려할 때 "지금이 집을 사기에 적절한 시기인가?"라는 질문을 합니다. 이러한 고민은 당연한 것이며, 실제로 매매를 결정하기 전에는 여러 요소를 종합적으로 고려해야 합니다. 실거주 목적이든 갭투자 목적이든, 결국 부동산 매수는 개인의 재정 상황과 밀접하게 연결되어 있기 때문입니다.

매매, 전세, 월세에 알아보며 "그래서 지금 집을 사야 해?!"라는 생각이 머릿속에 떠오르셨다면 판단할 수 있는 기준을 두 가지 말씀드리겠습니다.

1. 가용자금이 충분한가?

자신의 현재 상황을 파악해야 한다는 이야기를 거듭 강조하는 것은 지금 내가 어떤 상황이고, 돈을 얼마나 가지고 있는지가 매수 여부를 결정하는 중요한 요소이기 때문입니다. 돈이 없으면 집을 매수할 수 없습니다. 거주 비용이 크다면 이사를 하거나 부모님과 함께 사는 방법으로 거주 비용을 줄이고, 지출로 인해 돈을 모으기 힘들다면 불필요한 소비를 하는 것은 아닌지 점검하며 저축액을 늘려야 합니다.

얼마의 가용자금이 있어야 집을 매수할 수 있는지는 대출과 관련이 있기 때문에 다음 장에서 자세히 설명하겠습니다.

2. 부동산 공부가 되어 있는가?

돈이 있으면 집을 살 수 있습니다만, 무작정 집을 사는 것은 현명한 매수가 아닐 확률이 높습니다. 수 억원이 동반되는 결정을 하기 위해서는 좋은 결정을 하기 위한 준비가 필요합니다.

부동산은 돈이 있으면 쉽게 살 수 있지만 내가 원하는 때에 원하는 가격으로 매도하기 어려운 고가의 자산입니다. 잘못된 선택은 수 년간의 재정적 부담과 생활의 불편함으로 이어질 수 있습니다. 부동산 공부는 이러한 위험을 최소화하고 합리적인 의사결정을 하기 위한 필수 과정입니다.

어떤 지역, 어떤 단지를 선택할지에 대한 자신만의 기준이 없고 왜 이 매물을 매수해야 하는지 이유를 말하지 못한다면 아직 집을 살 준비가 되지 않은 것입니다. 이 준비가 되지 않으면 결정에 대한 확신 없이, 혹은 다른 사람의 의견에 따라 섣부른 결정을 내리게 됩니다.

부동산 공부의 장점은 더 많은 선택지를 갖게 된다는 점입니다. 부동산을 잘 모르면 "여기가 좋다더라, 여기가 오른다더라"하는 타인의 추천이나 인터넷의 정보에 의존할 수밖에 없습니다. 하지만 부동산을 공부하면 내가 세운 기준을 토대로 좋은 매물을 고를 수 있게 됩니다.

부동산 공부는 실수를 줄이는 방법이기도 합니다. 매물을 고를 때 어떤 점에 유의해야 하는지, 부동산 거래 시 세금은 얼마나 내야 하는지 등 꼭 알아야 할 사항들이 많습니다. 이러한 기본 지식이 있으면 불필요한 손해를 막을 수 있습니다.

결국 부동산 공부는 내 자산을 지키고 더 나은 선택을 하기 위한 과정입니다. 공부를 통해 수천, 수억 원의 손해를 막고 자산을 늘릴 수 있다면 분명 가치 있는 시간이 될 것입니다.

가용자금에 대한 파악과 부동산 공부, 이 두 가지 기준을 충족하지 못한 채 집을 구매하면 후회하는 경우가 많습니다. 단순히 매수를 목표로 삼고 이를 빠르게 이루려는 욕심에 부족한 돈으로 집을 사거나, 부동산에 대한 충분한 공부 없이 매수하기보다는 시간과 마음의 여유를 가지고 철저한 준비와 검토 후에 집을 매수하시기 바랍니다.

쫄지 마! 대출은 원래 남의 돈으로 내 집 사는 마법이야

부동산과 대출은 긴밀하게 연결되어 있습니다. 부동산을 매수하며 오로지 내 돈으로만 자금을 조달하는 경우는 드물고, 대다수는 대출을 통해 자금을 마련하기 때문입니다.

"저는 대출이 싫어요… 제가 가지고 있는 돈만 활용해서 매수하고 싶어요!"라며 대출을 거들떠보지 않는 사람도 있습니다. 대출 자체에 대한 두려움이 있거나, 돈을 빌린다는 행위에 대해 거부감이 있는 분들이라면 그럴 수 있습니다. 하지만 부동산에 관심을 가진다면 대출을 활용할 필요가 있습니다. 현금 3억을 가지고 있다고 가정할 때, 내가 가진 3억만 가지고 구할 수 있는 집과 대출을 이용하여 가용자금을 늘렸을 때 구할 수 있는 집이 다르기 때문입니다.

무리한 대출은 지양해야 하나, 감당할 수 있는 범위의 대출은 잘 활용한다면 큰 도움이 될 수 있습니다. 이번 장에서 대출을 이해하여 대출을 적으로 생각하는 것이 아닌, 자산 증식을 위한 좋은 친구로 만드시기 바랍니다.

외계어 같은 대출 용어 번역기

주담대와 신용대출, 뭐가 다르고 뭐가 유리할까?

본격적으로 대출에 대해 알아보겠습니다. 대출에는 종류가 있다는 사실을 알고 계실 텐데요, 부동산과 관련된 대출을 정확하게 알고 올바르게 활용하는 것이 중요합니다.

은행 등 금융권은 대출을 통해 고객에게 돈을 빌려주고 그 대가로 이자를 받아 수익을 창출합니다. 이때 가장 중요한 것은 고객이 빌린 돈을 제때 갚을 수 있는지 판단하는 것입니다. 은행이 고객의 상환능력을 어떤 방식으로 평가하는지에 따라 대출 종류가 나뉩니다. 주요 대출 유형으로는 주택담보대출과 신용대출이 있습니다.

주택담보대출은 부동산을 담보로 제공하고 그 가치에 기반하여 자금을 빌리는 대출 방식입니다. 주택이라는 안정적인 자산이 담보로 설정되기 때문에 금융기관은 상대적으로 큰 금액의 대출을 낮은 금리로 제공합니다. 또한 상환 기간을 30년, 40년까지 길게 설정할 수 있어 매월 갚아야 하는 원리금 부담이 줄어드는 장점이 있습니다. 이러한 특성 때문에 많은 사람이 주택을 구매할 때 주택담보대출을 활용합니다.

반면, 신용대출은 별도의 담보 없이 오직 개인의 신용도와 상환 능력을 평가하는 대출입니다. 금융기관은 대출 신청자의 직업과 재직 상태, 연간 소득 수준, 신용평가점수 등을 종합적으로 검토하여 대출 가능 금액과 이자율을 결정합니다. 쉽게 말해 신용대출은 '이 사람이 현재 소득으로 얼마만큼의 대출금을 안정적으로 갚을 수 있을까?'를 판단하여 그에 맞는 금액을 빌려주는 방식입니다.

앞서 실거주와 갭투자에서 각각 다른 종류의 대출을 주로 활용한다고 설명했습니다. 실거주는 주택담보대출을, 갭투자는 신용대출을 주로 이용합니다. 이 지점에서 자연스럽게 의문이 생길 수 있습니다. "갭투자도 집을 사는 건데, 주택담보대출을 받으면 안 되나요?"

결론부터 말씀드리자면, 주택담보대출을 활용하여 갭투자를 하는 것이 법적으로 불가능한 것은 아니지만 현실적으로는 매우 어렵습니다. 가장 큰 문제는 주택담보대출이 설정된 집은 전세 세입자를 구하기가 상당히 어렵다는 점입니다. 전세 계약의 핵심은 계약기간 종료 시 임대인으로부터 전세보증금을 온전히 돌려받을 수 있다는 신뢰입니다. 그렇기에 임대인을 신뢰하지 못하거나, 전세보증금을 돌려받기 힘들다고 생각되는 집은 계약하지 않고 다른 집을 알아보게 됩니다.

만약 임대인이 전세보증금을 반환하지 못하는 상황이 발생하면, 세입자는 해당 주택을 경매에 부쳐 매각 대금으로 전세금을 회수하게 됩니다. 그런데 주택담보대출이 있는 경우, 은행이 우선적으로 대출금을 회수할 권리를 갖게 되어 세입자는 그만큼 자신의 보증금을 돌려받기 어려워집니다. 이러한 위험 때문에 대부분의 전세 수요자는 대출이 없는 집을 선호하며, 공인중개사들도 대출이 설정된 주택의 전세 중개를 꺼리는 경향이 있습니다.

더불어, 정책적인 제약도 존재합니다. 무주택자 서민을 위한 상품인 정책대출에서는 부동산 투기와 가격 상승을 억제하기 위한 정부의 노력 중 하나로 주택담보대출을 받은 주택에 실제 거주할 것을 요구하는 등의 규제를 시행하고 있습니다. 이러한 규제하에서는 주택담보대출로 확보한 자금으로 갭투자를 진행하는 것이 제도적으로 어렵게 설계되어 있습니다. 이런 이유로 갭투자자들은 주택담보대출보다는 신용대출을 주요 자금조달 수단으로 활용하게 되는 것입니다.

LTV와 DSR? 은행원이 묻기 전에 미리 아는 척하기

주택담보대출과 신용대출에 대해 이해하셨다면 또 다른 중요한 대출 관련 지표에 대해 알아볼 필요가 있습니다. 바로 LTV와 DSR입니다. 부동산 뉴스나 경제 기사에서 대출 규제를 언급할 때 자주 등장하는 이 용어들은 주택 구매 계획에 직접적인 영향을 미치는 핵심 개념입니다.

> **LTV(Loan to Value)** : 담보인정비율, 자산의 담보가치에 대한 대출 비율을 의미하며, 우리나라에서는 주택 가격에 대한 대출 비율로 많이 알려져 있다.
> **DSR(Debt Service Ratio)** : 총부채원리금상환비율, 차주의 상환능력 대비 원리금 상환 부담을 나타내는 지표로서, 차주가 보유한 모든 대출의 연간 원리금 상환액을 연간 소득으로 나누어 산출된다. 대출에는 마이너스통장, 신용대출, 전세자금 대출, 자동차 할부금융 등이 모두 포함된다.
>
> → LTV 70% : 집값의 70%까지만 빌릴 수 있다.
> → DSR 40% : 연간 상환해야 하는 원리금이 소득의 40% 이내여야 한다.

LTV는 쉽게 말해 부동산 가치 대비 대출 가능 금액의 비율을 의미합니다. 예를 들어 LTV가 60%로 설정되어 있다면, 5억 원짜리 주택을 구매할 때 최대 3억 원까지만 대출을 받을 수 있다는 뜻입니다. 많은 분들이 "집을 담보로 하면 집 가격 전체를 대출받을 수 있지 않을까?"라고 생각하시지만, 실제로는 LTV 규제에 따라 일정 비율만 대출이 가능합니다. 따라서 주택 구매 시에는 나와 해당 주택에 적용되는 정확한 LTV를 파악해야 자금 계획을 세울 수 있습니다.

특히 중요한 점은 LTV가 모든 사람에게 동일하게 적용되지 않는다는 것입니다. 지역별 차이가 있을 뿐 아니라, 주택 보유 이력과 소득 수준에 따라서도 달라집니다. 2025년 6월 27일 대출 규제 이후 기존에 알고 있던 내용에서 많은 변화가 생겼습니다. 수도권 기준으로 생애 최초 주택 구매자(세대 구성원 모두가 과거에 주택을 소유한 적이 없는 경우)에게 적용되던 LTV 80%가 70%로 축소되며 대출 실행 한도가 줄었습니다. 자세한 사항은 6.27 대출 규제를 다룬 부록에 상세히 다뤘으니 꼼꼼하게 살피어 규제로 인해 매수 계획에 차질이 생기는 일이 없으시기 바랍니다.

또한, LTV는 정부의 부동산 정책에 따라 언제든지 변경될 수 있는 유동적인 지표라는 점을 유념해야 합니다. 따라서 가장 정확한 정보를 얻기 위해서는 은행 창구를 직접 방문 혹은 대출 상담사를 통해 맞춤형 대출 상담을 받거나, 네이버 금융 계산기와 같은 온라인 도구를 활용하여 현재 자신의 상황에 적용되는 LTV를 확인하는 것이 좋습니다.

● **대출**(주택구입목적 주담대) **종류·차주별 상세내용은 아래와 같음**

구분			10.15일 이전 非규제지역(수도권)	10.15일 이후 규제지역
금융권 대출[1]	일반 차주	LTV	70%	<u>40%</u>
		DTI[3]	60%(아파트 限)	조정대상지역(아파트 限) <u>50%</u> 투기과열지구 <u>40%</u>
		최대한도	6억원	15억이하₆.15~25억₄.25억초과₂ <u>억원</u>[2]
	생애최초 구매자[4]	LTV	70%	(좌동)
		DTI[3]	60%(아파트 限)	
		최대한도	6억원	15억이하₆.15~25억₄.25억초과₂ <u>억원</u>[2]
	서민· 실수요자[5]	LTV	70%	<u>60%</u>
		DTI[3]	60%(아파트 限)	(좌동)
		최대한도	6억원	15억이하₆.15~25억₄.25억초과₂ <u>억원</u>[2]
정책성 대출	디딤돌 대출	LTV	70%	(좌동)
		DTI	60%	
		최대한도	일반차주2.0억원 / 생애최초2.4억원 신혼 등3.2억원 / 신생아4.0억원	
	보금자리론	LTV	아파트70% / 非아파트65%	아파트<u>60%</u> / 非아파트<u>55%</u> * 생애최초[4], 실수요자[6]는 <u>좌동</u>
		DTI	60%	<u>50%</u> * 생애최초[4], 실수요자[6]는 <u>좌동</u>
		최대한도	일반3.6억원 / 생애최초4.2억원	(좌동)

주1) 무주택자(처분조건부 1주택자 포함) 기준   주2) 주택가격(시가) 구간별 차등 적용
주3) 금융권 대출은 DSR 규제(은행권 40%, 2금융권 50%, 규제지역 동일) 적용 중
주4) 세대 구성원 모두가 과거에 주택을 소유한 사실이 없는 자
주5) ①부부합산 연소득 9천만원 이하, ②주택가격 8억원 이하, ③무주택세대주 요건을 모두 충족하는 경우
주6) ①부부합산 연소득 7천만원 이하, ②주택가격 6억원 이하, ③무주택자 요건을 모두 충족하는 경우

출처 : 네이버 금융 계산기

LTV가 부동산 자산을 기준으로 대출 한도를 결정하는 지표라면, DSR은 대출 신청자의 상환 능력을 기준으로 대출 한도를 제한하는 핵심 지표입니다. 아무리 가치 있는 주택을 담보로 제공하더라도, 소득에 비해 과도한 대출은 상환 부담으로 이어질 수 있기 때문에 개인의 소득 대비 부채 상환 비율을 관리하는 것입니다. 연봉 3천만 원인 사람과 1억 원인 사람이 같은 주택을 구매하더라도 받을 수 있는 대출 한도가 크게 달라지는 이유가 바로 여기에 있습니다.

구체적으로 살펴보면, DSR은 '연간 소득 대비 모든 대출의 연간 원리금 상환액 비율'을 의미합니다. 예를 들어, 연봉이 1억 원인 직장인이 모든 대출을 합쳐 연간 원리금으로 4천만 원을 상환하고 있다면, 이 사람의 DSR은 40%입니다. 중요한 점은 DSR 계산에 주택담보대출뿐만 아니라 신용대출, 자동차 할부 금융, 마이너스통장 등 대부분의 금융권 대출 원리금이 모두 포함된다는 것입니다. 따라서 현재 보유한 모든 대출 상황을 정확히 파악하고, 추가 대출 계획을 세워야 원하는 주택 구매에 필요한 자금을 확보할 수 있습니다.

또한 알아두어야 할 점은 LTV가 주택 수나 지역에 따라 차등 적용되는 것처럼, DSR도 금융기관의 종류에 따라 다르게 적용된다는 것입니다. 일반적으로 1금융권(시중은행 등)은 40%, 2금융권(저축은행, 보험사 등)은 50%의 DSR 한도를 적용하고 있어, 필요한 대출 금액과 개인의 상환 능력에 맞게 금융기관을 선택하는 전략이 중요합니다.

	1금융권	2금융권
DSR	DSR 40%	DSR 50%

최근 금융 뉴스에서 자주 언급되는 '스트레스 DSR'은 미래의 금리 변동 위험을 고려한 개념입니다. 일반 DSR이 현재 금리 상황에서의 원리금 상환 부담을 측정한다면, 스트레스 DSR은 대출 기간 중 발생할 수 있는 금리 상승 가능성까지 고려하여 산정합니다. 특히 변동금리 대출을 이용하는 경우, 금리가 상승하면 원리금 상환 부담이 많이 증가할 수 있기 때문에, 이러한 위험 요소를 사전에 반영하여 대출자의 상환 능력을 더 보수적으로 평가하는 것입니다. 대출을 받는 입장에서는 스트레스 DSR이 적용되면 대출 한도가 줄어든다는 점에 유의해야 합니다.

다음의 자료는 연봉별 스트레스 DSR 3단계 적용에 따른 대출 가능 금액 변동을 보여주는 표입니다.

기타 대출 없는 경우 , 금리4.2% + 30년 '원리금 균등 상환'으로 계산

연봉/실수령액	월 상환액	수도권			지방
		주기형(0.6%↑) 4.8%	2025.10.15	주기형(1.2%↑) 5.4%	주기형(0.225%↑) 4.425%
3천 / 222만	100만 원	1.91억		1.78억	2억
4천 / 288만	133만 원	2.55억		2.37억	2.65억
5천 / 352만	166만 원	3.17억		2.97억	3.31억
6천 / 414만	200만 원	3.82억	→ → 25.10.15 규제 적용	3.56억	3.99억
7천 / 475만	233만 원	4.45억		4.15억	4.64억
8천 / 530만	266만 원	5.07억		4.75억	5.3억
9천 / 588만	300만 원	5.73억		5.33억	5.98억
1억 / 648만	333만 원	6.35억		5.93억	6.63억

연봉이 5천만 원인 사람이 금리 4.2%, 30년간 원리금 상환하는 조건으로 대출을 받는 경우, 10.15대책으로 강화된 스트레스 DSR 3단계 시행 이후 수도권 주기형을 선택했을 때의 대출 한도는 2.97억 원입니다. 스트레스 DSR은 원리금 상환액 증가를 가정하는 산출법을 이용하다 보니 기존 DSR에 비해 대출 한도가 낮게 설정되어 생각한 만큼 대출을 받지 못하는 경우가 많다는 점을 참고하시기 바랍니다.

자금이 빠듯한 상황에서 이러한 대출 한도 축소는 매수 계획에 큰 차질을 줄 수 있으므로 대출 계획을 세울 때는 대출 정책 등 대출에 영향을 주는 요소를 면밀하게 파악해야 합니다.

내 연봉으로 '안전하게' 땡길 수 있는 최대 대출금은?

여러 대출 중 부동산 매수 시 가장 많이 활용하는 대출 두 가지, 주택담보대출과 신용대출의 개념에 대해 알고 나면 자연스럽게 이런 궁금증이 머릿속에 떠오릅니다. "내 연봉으로는 대출을 얼마까지 받을 수 있을까?" 대출 금액에 따라 가용자금이 달라지니 부동산 매수를 고민하기 전 대출 금액을 알아보는 것이 중요합니다.

먼저, 신용대출을 이용할 계획이라면 은행에 방문하여 대출 상담을 통해 대출한도와 적용 금리를 알아볼 수 있습니다. 이때 재직증명서와 원천징수 영수증 등 소속과 재직 상태, 소득을 보여줄 수 있는 서류를 갖추어 은행에 방문해야 하며, 은행 지점에 따라 한도와 금리가 달라질 수 있습니다. 일반적으로 소득의 70%~200% 수준에서 한도가 결정되었지만 6.27 대출규제로 신용대출 최대 한도가 본인 소득까지로 변경되었습니다. 금리는 신용도와 해당 은행 거래 여부 등을 복합적으로 반영하여 정해집니다.

주택담보대출은 담보로 하는 주택과 대출을 받는 사람을 모두 고려하여 대출 사항이 정해지므로 신용대출에 비해 복잡한 편입니다. 예시를 통해 연봉별 대출 한도와 DSR 산출 방법에 대해 알아보겠습니다.

연봉에서 4대 보험과 소득세, 지방소득세를 제외한 실수령액을 보여주는 표입니다. 연봉 3천만 원이면 월 실수령액은 약 222만 원, 연봉 1억 원이면 월 실수령액은 약 648만 원입니다.

연봉	실수령액
3천만 원	222만
4천만 원	288만
5천만 원	352만
6천만 원	414만
7천만 원	475만
8천만 원	530만
9천만 원	588만
1억 원	648만

DSR은 원천징수 상 연봉을 기준으로 하며, 연봉별 DSR 40%를 적용해 연간 원리금 상환액을 산출해 보면 다음과 같습니다. 이렇게 산출된 연간 원리금 상환액을 12개월로 나누면 월 원리금 상환액이 나오고, 이를 월 실수령액에서 빼면 DSR 40%로 대출을 받았을 때 월 상환액을 제외하고 내가 매달 실제로 사용할 수 있는 돈의 액수를 구할 수 있습니다. 연봉에 따라 다르지만, 실수령액 대비 상환액 비율은 50% 내외입니다.

① 연봉 / 실수령액	② 연 상환액 (① X 40%)	월 상환액 (② ÷ 12개월)	실수령액 대비 월 상환액 비율
3천 / 222만	1,200만 원	100만 원	45%
4천 / 288만	1,600만 원	133만 원	46%
5천 / 352만	2,000만 원	166만 원	47%
6천 / 414만	2,400만 원	200만 원	48%
7천 / 475만	2,800만 원	233만 원	49%
8천 / 530만	3,200만 원	266만 원	50%
9천 / 588만	3,600만 원	300만 원	51%
1억 / 648만	4,000만 원	333만 원	51%

부동산 관련 기사를 보면 "영끌"이라는 단어가 자주 등장합니다. "영끌"은 영혼까지 끌어모아, 즉 대출을 최대한 활용하여 부동산을 매수하는 것을 의미합니다. 과연 어느 정도 대출을 받아야 영끌했다고 할 수 있을까요? 방금 계산해 보았듯이 DSR 40%를 적용하면 최대로 대출 가능한 한도는 실수령액의 약 50%입니다.

내 월급의 절반을 대출 원리금 상환에 사용하는 것은 "영끌"일까요? 이는 개인의 실수령액, 생활 환경, 지출 규모에 따라 다릅니다. 같은 돈을 가지고도 누군가는 빠듯하게 생활해야 하는 상황이 다른 누군가에게는 큰 불편 없는 상황이 될 수 있는 것입니다.

미혼 1인 가구, 신혼부부, 그리고 자녀를 양육하는 가정을 예로 들어보겠습니다. 이 세 가지 유형의 가족구성 중 지출을 가장 많이 줄일 수 있는 유형은 미혼 1인 가구입니다. 미혼 1인 가구는 의지만 있다면 식비, 의류비, 인테리어비 등을 충분히 줄일 수 있습니다. 부모님과 함께 거주한다면 주거비를 크게 줄일 수도 있습니다. 자녀가 없는 신혼부부는 신혼집을 꾸미며 가구, 가전에 비용을 쓰게 됩니다. 그럼에도 부부가 합심하여 절약에 대한 목표를 세운다면 둘이 벌어 적게 쓰며 빠른 시간내에 많은 돈을 모을 수 있는 시기이기도 합니다. 자녀가 생기며 식구가 늘면, 식비, 교육비 등 줄이기 힘든 필수 비용들이 늘어나게 됩니다. 지출을 아무리 줄여도 한계가 있을 수밖에 없습니다.

이러한 점을 모두 고려하여 매달 원금과 이자를 얼마나 감당할 수 있을지를 파악하여야 합니다. 막연하게 "대출을 최대한 받아야지!" 혹은 "대출은 무서운데… 대출받았다가 망하는 거 아니야?"라고 생각하기보다는 시뮬레이션을 통해 내가 얼마의 대출을 받을 수 있고, 매달 대출 원금과 이자는 얼마를 내야 하며, 남은 돈으로 생활할 수 있는지 계산하고 대출 여부와 금액을 판단해야 합니다.

대출에 대한 공부를 바탕으로 주택담보대출을 활용하여 집을 매수한 수강생의 사례를 살펴보면, 실수령액 대비 대출 원리금의 비율은 약 35% 였습니다. 자신의 상황에 비해 무리한 대출을 받는 것도 문제지만, 너무 적은 대출로 자금을 충분히 확

보하지 못하는 상황도 경계를 할 필요가 있다는 점도 알려 드립
니다.

보하지 못하는 상황도 경계를 할 필요가 있다는 점도 알려 드립
니다.

나라에서 주는 혜택 쏙쏙 빼먹기

얼마의 대출을 받을 수 있고, 감당할 수 있는지 알아보았다면 이번에는 담보대출의 종류를 알아보겠습니다. 담보대출의 종류에는 크게 두 가지, 정책대출과 은행대출이 있습니다. 각각의 특징을 이해하면 자신에게 가장 적합한 대출을 선택할 수 있습니다.

정책대출 : 정부가 특정 정책 목적(무주택자 지원, 서민 주거 안정 등)을 달성하기 위해 일반 대출보다 낮은 금리와 우대 조건을 제공하는 대출

은행대출 : 은행이 자체적으로 운영하는 대출 상품으로, 시장 금리와 차주의 신용도, 담보가치 등에 따라 대출 조건이 결정되는 대출

금리 깡패, '정책대출' 무조건 확인하기

　정책대출은 정부의 주택 정책을 실현하기 위해 시행되는 대출로, 서민과 실수요자의 주거 안정을 돕는 것을 주요 목적으로 하고 있습니다. 목적에서 알 수 있듯이 돈이 많은 사람을 대상으로 하기보다는 현재 주택이 없는 서민을 위한 대출이라고 생각하면 됩니다. 대출 조건이 비교적 까다롭지만, 시중 금리보다 낮은 금리를 제공한다는 점에서 가장 먼저 알아보고, 우선적으로 실행해야 하는 대출입니다.

　보금자리론, 디딤돌 대출 등이 정책대출의 대표적인 상품이며, 최근에 도입된 신생아 특례대출도 정책대출의 일종입니다. 정책대출을 운영하는 기관으로는 한국주택금융공사, 주택도시기금 등이 있으며, 각 기관의 홈페이지에서 대출 조건 및 한도, 금리를 안내하고 있으니 대출을 알아볼 때 확인하시기 바랍니다.

> 한국주택금융공사 : https://www.hf.go.kr
> 주택도시기금 : https://nhuf.molit.go.kr

　정책대출의 종류마다 주택 가격, 자격, 소득 기준이 다릅니

다. 처음 주택을 매수하며 대출을 이용하려고 한다면 보금자리
론과 디딤돌 대출을 활용하는 것이 좋습니다. 이 두 대출을 비
교하자면 디딤돌 대출은 대출금리가 낮은 편이나 매수할 수 있
는 주택의 가격 기준이 더 낮고, 면적 기준이 있는 등 대출의 대
상이 되는 주택이 더 한정적입니다. 미혼의 경우 보금자리론을
활용하는 것이 매수할 수 있는 주택 가격, 대출 한도 등의 측면
에서 더 많은 혜택을 받을 수 있습니다. 따라서 각 대출을 비교
하여 나의 상황에서 가장 유리한 대출을 선택해야 합니다.

신생아 특례대출은 비교적 최근 신설된 정책대출로, 대출신
청일 기준 2년 내 출산한 무주택 세대주를 대상으로 합니다. 부
부 합산 연 소득 기준이 1.3억 원에서 2억 원으로 상향되며 대
출 대상이 확대되었습니다.

정책대출의 뚜렷한 장점 중 하나는 대출 심사 시 DSR을 적
용하지 않는다는 점입니다. 과거에는 이 점을 활용해 신용대출
을 먼저 받고 이후에 주택담보대출을 실행하는 방식처럼 대출
순서를 전략적으로 조정해 한도를 극대화하는 경우도 많았습니
다. 다만 최근에는 전반적인 대출 한도 축소로 인해 이러한 "대
출 순서 전략"이 예전만큼 큰 효과를 발휘하기는 어렵습니다. 그
럼에도 불구하고 DSR을 보지 않는다는 사실 자체는 여전히 정
책대출의 중요한 장점으로 남아 있습니다.

대출 한도를 정할 때 DTI를 기준으로 하는 것 또한 장점입
니다. DSR과 DTI는 소득 대비 상환 비율을 나타낸다는 공통

점이 있지만 DTI는 모든 주택담보대출 원리금과 기타 대출의 이자를 포함하는 개념인 반면, DSR은 모든 주택담보대출 원리금과 기타 대출의 원리금을 포함하는 개념이라는 차이점이 있습니다. 쉽게 생각하자면 DSR을 적용할 때보다 DTI를 적용할 때 대출 한도가 더 늘어나므로 대출을 받는 입장에서 정책대출 시 DTI를 적용하는 것이 대출에 더 유리합니다.

여러 장점이 있는 정책대출이지만 주의할 점이 있습니다. 추가 주택 취득 금지 규정입니다. 정책대출은 대출을 받은 사람이 추가로 주택을 취득한 것이 확인되는 경우 6개월 이내에 추가 주택을 처분하지 않으면 기존에 받았던 대출을 회수하고 있습니다. 대출을 상환할 각오로 추가 주택을 매수해야 하는 것으로 사실상 추가 주택 매수를 금지하는 것입니다.

추가 주택 취득 금지

1. 디딤돌 대출 및 신생아 특례 디딤돌대출

Q : 대출 실행 이후 추가 주택 취득이 가능한지?

A :

- 2024.6.19 신규 접수분부터 대출실행 이후 본건 담보주택 외 추가 주택 취득이 확인된 경우 6개월 이내 추가주택을 처분하지 않으면 대출금 회수

- 예외

① 무주택으로 보는 경우

② 아래와 같이 부득이하게 추가주택을 취득하게 된 경우로서 각 처분기한 내 처분한 경우

- 상속으로 인하여 공유지분을 취득한 경우 국토교통부로부터 회신받은 날로 부터 3개월 이내에 처분한 경우(공매진행 중인 경우 그 기간만큼 처분기간 유예)

- 상속으로 인하여 단독으로 주택을 취득한 경우 국토교통부로부터 회신받은 날로부터 6개월 이내에 처분한 경우(공매진행 중인 경우 그 기간만큼 처분기간 유예)

- 혼인신고 전에 배우자가 주택을 소유한 경우로서 혼인신고를 통해 합가하여 추가주택을 취득한 자가 국토교통부로부터 확인받은 날로부터 3년 이내에 처분한 경우

- 「전세사기피해자 지원 및 주거안정에 관한 특별법」에 따라 전세사기피해주택을 낙찰받은 자가 국토교통부로부터 회신받은 날로부터 3년 이내에 처분한 경우

- 분양권(조합원 입주권 포함)을 취득한 경우 국토교통부로부터 회신받은 날로부터 3년 이내 처분한 경우

2. 보금자리론

Q : 보금자리론 실행 후 주택 취득시 보금자리론을 상환해야 하나요?

A :

- (2022.1.14. 이후 보금자리론 신청하신 경우)

보금자리론 실행 후 이용자격 유지여부 확인을 위해 대출실행일로부터 1년마다 담보주택 외 채무자 및 배우자(결혼예정자 및 세대 분리된 배우자를 포함하며, 본 건 대출 신청시점의 배우자로 한정)의 추가 주택 보유여부를 확인합니다.

※ 대출신청일로부터 3개월 내 채무자와 결혼예정임을 별도로 증빙한 배우자

- 추가주택 보유가 확인된 경우 처분기한 이내 추가주택을 처분해야 하며 처분기한 내 미처분 시, 기한이익상실처리되고 향후 3년 간 보금자리론 이용이 제한됩니다.

※ 처분기한 : 검증기준일로부터 6개월. 단, 분양권(조합원, 입주권 포함) 또는 상속, 전세사기피해자 낙찰로 추가주택 취득한 경우 3년 단, 분양권(조합권, 입주권 포함)의 경우 차회 검증기준일에 등기완료되었음이 확인되면 처분기한은 차회 검증기준일로부터 6개월로 단축됨을 유의바랍니다.

추가 주택 취득 금지 등 제한사항에만 유의한다면 정책대출은 은행대출에 비해 유리한 조건을 제시하는 경우가 많습니다. 정책대출의 대출 조건에 부합하여 대출 대상에 해당한다면 일반 은행 대출에 비해 유리한 금리로 대출을 실행할 수 있으므로 놓치지 말고 꼭 활용하시기 바랍니다.

1. 보금자리론 우대금리

- **전자계약** : 부동산 계약을 떠올리면 부동산 사무실에 앉아 종이 계약서를 쓰는 것을 생각하는 경우가 많지만 요즘은 종이 계약서를 작성하는 것보다는 전자계약을 우대하는 추세입니다. 주택담보대출 신청 시 전자계약으로 체결된 매매 건에 대해서는 은행별로 우대금리 0.1~0.2%p를 적용하고 있습니다. 3억원을 대출하는 경우 대출금리가 0.1% 낮아지면 매달 2만 5천 원의 이자를 줄일 수 있습니다. 0.1%라고 하면 작아 보이지만 매달 치킨 한 마리를 더 먹을 수 있는 금액이니 가능하면 전자계약을 통해 우대금리를 적용하는 것이 좋습니다. 단, 아직은 전자 계약에 익숙하지 않아 이를 거절하는 공인중개사가 종종 있어 실제 전자 계약 체결에 어려움을 겪을 수 있다는 점은 유의하시기 바랍니다.

- **신혼가구** : 보금자리론에서는 신혼가구에 대해 우대금리를 적용하고 있습니다. 신청일 기준 부부 합산 연 소득 7천만 원 이하인 신혼가구는 0.3%p의 우대금리를 적용받을 수 있습니다.

2. 신생아 특례 디딤돌 대출 우대금리

- **전자계약**

- **청약저축 가입자** : 신생아 특례 디딤돌 대출은 본인 또는 배우자가 청약 저축에 가입되어 있다면 우대금리 적용을 받을 수 있습니다. 가입 기간에 따라 연 0.3~0.5%p 범위에서 우대금리가 적용되니 대출신청

일 기준으로 5년 이상, 60회차 이상 납입한 청약저축이 있다면 잊지

말고 우대금리를 적용받으시기 바랍니다.

- **자녀** : 신생아 특례 디딤돌 대출은 저출산 해소를 목적으로 운영되는

대출이기에 자녀가 있다면 우대금리를 적용받을 수 있습니다. 자녀에

따른 우대금리는 자녀수 등 상황에 따라 다릅니다.

● 보금자리론 VS 내집마련 디딤돌 대출

<table>
<tr><th>항목</th><th>보금자리론</th><th colspan="2">디딤돌</th></tr>
<tr><td>주택가격</td><td>6억이하</td><td colspan="2">5억, 6억(신혼,2자녀이상), 3억(만30세↑ 미혼단독)</td></tr>
<tr><td>면적기준</td><td>없음</td><td colspan="2">85㎡ 이하 60㎡ 이하(만30세↑미혼단독)</td></tr>
<tr><td>소득</td><td>7천(부부합산)
8.5천(신혼부부)
9천(1자녀)
1억(다자녀)</td><td colspan="2">6천(부부합산)
7천(생초,2자녀)
8.5천(신혼부부)</td></tr>
<tr><td>자산</td><td>없음</td><td colspan="2">4.88억 이하</td></tr>
<tr><td>상환기간</td><td>10.15.20.30.40.50년</td><td colspan="2">10.15.20.30년 (1년 거치 가능)</td></tr>
<tr><td rowspan="2">최대한도</td><td rowspan="2">3.6억(기본)
4억(다자녀, 전세피해자)
4.2억(생애최초)</td><td>25.6.27 이전 계약건</td><td>25.6.28일 부터 계약건 (전 지역)</td></tr>
<tr><td>2.5억(기본)
3억(생애최초)
4억(신혼,2자녀)</td><td>2억(기본)
2.4억(생애최초)
3.2억(신혼,2자녀)</td></tr>
<tr><td>대출금리</td><td>4.35~4.65%</td><td colspan="2">2.85~4.15%
(지방은 0.2% 인하 적용)</td></tr>
<tr><td>전입의무</td><td>없음 → 6개월 이내로 변경</td><td colspan="2">1개월내 전입 , 2년 실거주</td></tr>
<tr><td rowspan="2">LTV</td><td>수도권 & 규제지역만 해당</td><td colspan="2">수도권 & 규제지역만 해당</td></tr>
<tr><td>생초 LTV 80→70%로 축소</td><td colspan="2">생초LTV 80→70%로 축소</td></tr>
<tr><td>중도상환 수수료</td><td>실행일 3년 이후 없음 (0.5%)</td><td colspan="2">실행일 3년 이후 없음 (1.2%)</td></tr>
<tr><td rowspan="2">방공제</td><td rowspan="2">아파트 없음</td><td>방공제 의무 아님</td><td>방공제 의무 적용</td></tr>
<tr><td>지방 & 수도권 비아파트</td><td>수도권 아파트
(연소득 4천 이하 & 3억이하 저가주택은 예외)</td></tr>
</table>

2025. 06. 27. 발표된 변동사항 반영(보금자리론 금리 공시일 26.4.1 기준)

출처 : 소나무우유

은행 VIP가 아니어도 괜찮아, '시중은행 대출' 공략법

은행 대출은 시중 은행에서 운영하는 대출상품을 말합니다. 은행이 대출을 해주고, 이자를 받아 수익을 내는 상업적 성격의 대출입니다. 은행의 자체 심사 기준에 따라 대출 여부와 한도가 결정되며, 정책대출에 비해 금리는 높지만 자격 제한이 적고 이용이 상대적으로 자유롭습니다.

많은 분들이 잘못 알고 있는 사실이 하나 있습니다. 급여와 연계되어 있는 주거래 은행이라면 "한도를 더 많이 주지 않을까?" 라고 생각할 텐데 크게 상관이 없으므로 나에게 맞는 조건의 대출 상품을 제공해주는 은행을 찾는 게 제일 현명합니다.

그렇다면 나의 조건을 맞춰줄 수 있는 은행 상품은 어떻게 찾아야 할까요? 은행을 방문하기위해 점심식사를 거르고 시간을 내거나 소중한 연차를 써서 가야할까요? 절대 그럴 필요 없습니다. 여러분의 소중한 시간을 아끼고 보다 효율적인 대출 상품을 찾는 방법을 알려 드리겠습니다.

비대면으로 나의 대출 한도를 확인할 수 있는 방법은 바로 '대출 상담사'와 상담을 하는 방법입니다. 쉽게 말해 대출상담사는 복잡한 대출 업무를 내 대신 알아봐 주고, 은행과 나 사이를 연결해 주는 '대출 전문 가이드'입니다. 은행 창구에 앉아있는 정규 직원은 아니지만, 은행의 위탁을 받아 대출 상품을 전문적

으로 상담하고 안내하는 역할을 합니다. 모든 정식 대출상담사
는 금융회사와 합법적인 위탁 계약을 맺은 '대출 모집법인'이라
는 전문 기업에 소속이 되어 있습니다.

대출 상담사는 전화, 문자 등 비대면 채널을 통해 퇴근 후나
주말에도 상담이 가능한 경우가 많습니다. 이 은행, 저 은행 돌
아다니며 금리를 비교할 필요가 없으며 상담사를 통해 내가 원
하는 조건(최저 금리, 최대 한도 등)의 상품을 찾아 제안해 줍니다.
그리고 많은분들이 "상담을 받으면 수수료를 내야 하는 건 아닐
까?" 걱정하시는데 대출 상담사는 대출이 실행되었을 때 금융기
관으로부터 수수료를 받을뿐 고객에게 '상담 수수료'를 요구할
수 없다는점 참고하시면 됩니다.

대출 상담사를 가장 손쉽게 찾을 수 있는 방법은 '우리동네
대출상담사 찾기' 사이트에서 해당 지역별로 등록된 상담사들
이 많으니 확인해서 상담을 받으면 됩니다.

여러 상품을 소개 받다보면 은행마다 대출 한도와 이율, 그
리고 부수 거래에 따른 우대금리 적용이 다르므로 여러 곳을
비교하는 것을 권장해 드립니다.

부수 거래란 은행에서 대출을 받을 때 고객에게 요구하는
추가적인 금융거래를 말합니다. 은행 대출 중 많은 주택담보대
출이 부수 거래 조건을 충족하면 대출 금리를 우대해 주기 때
문에 대출 이자를 줄이기 위해 부수 거래를 하는 경우가 많습
니다. 대표적인 부수 거래로는 급여 이체, 카드 실적, 자동이체,

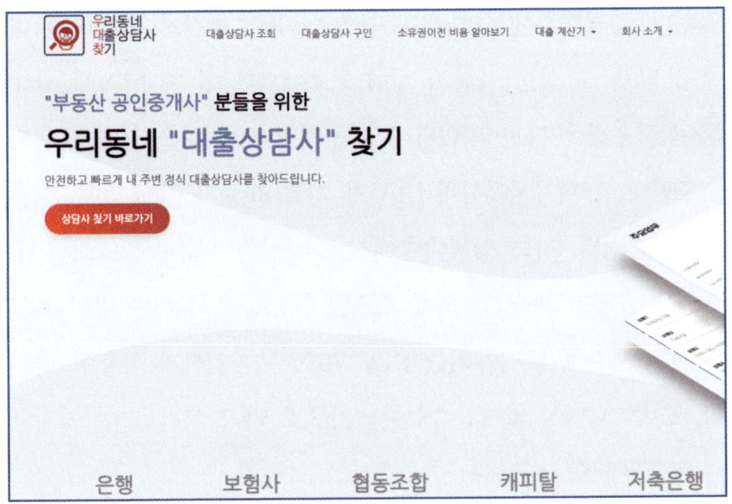

청약통장, 적금, 스마트 뱅킹 등이 있습니다. 각 부수 거래마다 적게는 0.1%p부터 0.4%p까지 금리 우대를 받을 수 있으니, 나의 상황에 맞는 부수 거래를 선택하고, 우대금리 적용 시의 대출금리를 비교하여 가장 유리한 대출을 실행할 수 있는 은행을 선택하시기 바랍니다.

정책대출과 은행대출, 섞어 쓰면 시너지가 폭발한다

정책대출과 은행대출에서 공통적으로 사용되는 용어이지만 그 의미가 다르게 적용되는 사례가 있습니다. 바로 '생애 최초'

입니다. 정책대출에서의 생애 최초는 대출 조건에 부합하여 대출을 받을 수 있는 사람이 생애 최초에 해당할 때 LTV를 확대하여 적용해 준다는 의미입니다. 하지만 6.27 대출 규제로 인해 수도권 & 규제지역에서의 LTV가 기존 80%가 아닌 70%로 축소되었습니다. 이는 정책대출에서도 마찬가지입니다. 그래서 수도권 비규제지역에서는 생애 최초일지라도, 주택 매수 경험이 있는 무주택자에게 적용되는 LTV 70%가 동일하게 적용이 됩니다. "그럼 혜택이 없어진 게 아닌가요?" 라고 생각할 수 있지만 규제지역에서는 다릅니다.

현재 규제 지역으로 지정된 지역은 무주택자가 주택을 매수할 때 LTV 40%가 적용됩니다. 소득이 충분히 높은데 LTV 탓에 대출한도가 낮게 나오는 매수자 입장에서는 아쉬울 수밖에 없습니다. 이때 생애최초 대출을 활용하면 정책자금과 다르게 주택 가격의 제한이 없으면서, 지역에 무관하게 LTV 70%가 적용되니 대출을 최대한 활용할 수 있게 됩니다. 대출한도가 최대 6억원, 혹은 그보다 적은 금액이라는 제한이 있지만 주택 가격이 고가에 속하는 규제 지역에서 LTV 30%의 차이는 주택 매수 결정에 큰 영향을 미치는 요소이니 활용할 수 있는 대출을 모두 알아보고 최선의 결정을 내리시기 바랍니다.

정책대출과 은행대출은 크게 금리, 소득, 주택 가격, 대출한도, 신용도 평가DSR에서 차이가 있습니다. 이 다섯 가지 사항을 고려하여 정책대출과 은행대출 중 어떤 대출을 받을 것인지 결정할 수 있습니다. 각각을 비교하자면 금리는 정책대출이 은행대출에 비해 낮게 형성되어 있다는 장점이 있지만 소득, 주택 가격, 대출한도의 제한이 있어 조건에 맞지 않으면 원하는 정책대출 자체를 받을 수 없다는 어려움이 있습니다. 은행대출은 DSR의 적용을 받지만, 정책대출은 DTI를 적용하는 것도 차이 중 하나입니다.

주택 매수를 위해 대출을 받을 때 정책대출을 받을 수 있는 자격조건에 부합한다면 정책대출을 이용하는 것이 이율 측면에서 더 유리합니다. 하지만 내가 매수하려는 주택의 가격이 정책대출의 조건보다 비싸거나, 나의 소득이 높아 정책대출을 받지 못한다면 은행대출을 이용하시기 바랍니다.

피 같은 이자 덜 내는
대출 실전 노하우

원금균등, 원리금균등, 체증식…
내 지갑을 지키는 상환 방식은?

대출을 공부하다 보면 원금 균등, 원리금 균등, 체증식이라는 생소한 용어를 듣게 됩니다. 이 용어들은 대출금을 어떤 구조로 갚아나갈지를 정하는 상환 방식입니다. 매달 상환해야 하는 원금과 이자를 어떻게 설정할지 그 방법을 구분한 것입니다.

원금균등분할상환 방식은 말 그대로 매달 원금을 균등하게 상환하는 방식입니다. 매달 원금을 갚으며 대출금액이 줄어들기 때문에 시간이 지날수록 이자가 줄어들어 월 상환액이 줄어드

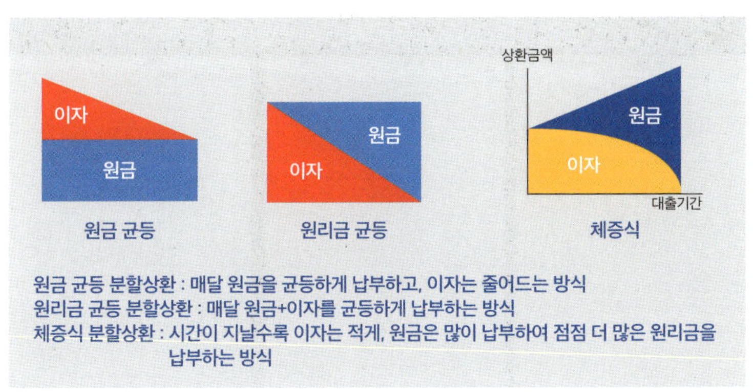

원금 균등 분할상환 : 매달 원금을 균등하게 납부하고, 이자는 줄어드는 방식
원리금 균등 분할상환 : 매달 원금+이자를 균등하게 납부하는 방식
체증식 분할상환 : 시간이 지날수록 이자는 적게, 원금은 많이 납부하여 점점 더 많은 원리금을
납부하는 방식

는 것이 특징입니다.

원리금균등분할상환 방식은 매달 상환하는 원금과 이자가 대출 기간 내내 동일한 상환 방식입니다. 체증식은 상환 초반에는 원리금 부담이 적지만 시간이 지날수록 매달 상환해야하는 원리금이 증가하는 방식입니다. 현시점에서 체증식 분할상환 방식은 정책대출을 받는 경우에만 선택할 수 있고, 은행 대출은 원금 균등 혹은 원리금 균등 중 한 가지 방식을 선택할 수 있습니다.

예시를 통해 세 가지 상환 방식을 비교해 보겠습니다. 3억 5천만 원을 금리 4.5%, 30년 상환 조건으로 실행했을 때 각 상환 방식의 회차별 상환 원금, 납부 이자, 납부 총액 등을 나타낸 표입니다.

1회차 이자는 세 가지 상환 방식 모두 1,312,500원으로 동일하지만, 상환원금은 체증식 〈 원리금 균등 〈 원금 균등 순으로

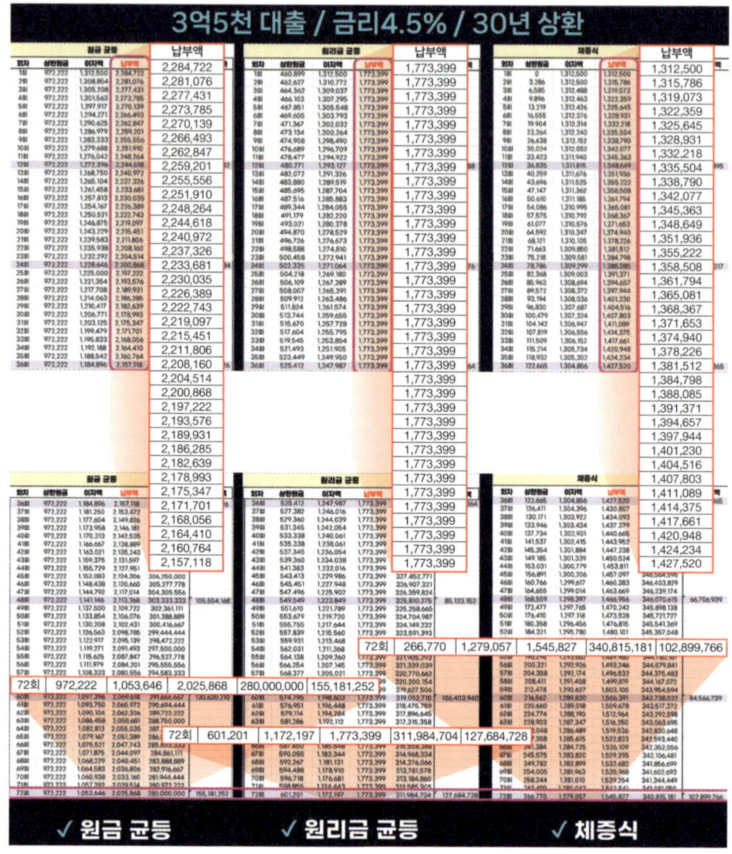

3억5천 대출 / 금리4.5% / 30년 상환

원금 균등

회차	상환원금	이자액	납부액	잔액	누적
1회	972,222	1,312,500	2,284,722		
2회	972,222	1,308,854	2,281,076		
3회	972,222	1,305,208	2,277,431		
4회	972,222	1,301,563	2,273,785		
5회	972,222	1,297,917	2,270,139		
6회	972,222	1,294,271	2,266,493		
7회	972,222	1,290,625	2,262,847		
8회	972,222	1,286,979	2,259,201		
9회	972,222	1,283,333	2,255,556		
10회	972,222	1,279,688	2,251,910		
11회	972,222	1,276,042	2,248,264		
12회	972,222	1,272,396	2,244,618		
13회	972,222	1,268,750	2,240,972		
14회	972,222	1,265,104	2,237,326		
15회	972,222	1,261,458	2,233,681		
16회	972,222	1,257,813	2,230,035		
17회	972,222	1,254,167	2,226,389		
18회	972,222	1,250,521	2,222,743		
19회	972,222	1,246,875	2,219,097		
20회	972,222	1,243,229	2,215,451		
21회	972,222	1,239,583	2,211,806		
22회	972,222	1,235,938	2,208,160		
23회	972,222	1,232,292	2,204,514		
24회	972,222	1,228,646	2,200,868		
25회	972,222	1,225,000	2,197,222		
26회	972,222	1,221,354	2,193,576		
27회	972,222	1,217,708	2,189,931		
28회	972,222	1,214,063	2,186,285		
29회	972,222	1,210,417	2,182,639		
30회	972,222	1,206,771	2,178,993		
31회	972,222	1,203,125	2,175,347		
32회	972,222	1,199,479	2,171,701		
33회	972,222	1,195,833	2,168,056		
34회	972,222	1,192,188	2,164,410		
35회	972,222	1,188,542	2,160,764		
36회	972,222	1,184,896	2,157,118		
37회	972,222	1,181,250	2,153,472		
38회	972,222	1,177,604	2,149,826		
39회	972,222	1,173,958	2,146,181		
40회	972,222	1,170,313	2,142,535		
41회	972,222	1,166,667	2,138,889		
42회	972,222	1,163,021	2,135,243		
43회	972,222	1,159,375	2,131,597		
44회	972,222	1,155,729	2,127,951		
45회	972,222	1,152,083	2,124,306	306,250,000	
46회	972,222	1,148,438	2,120,660	305,277,778	
47회	972,222	1,144,792	2,117,014	304,305,556	
48회	972,222	1,141,146	2,113,368	303,333,333	105,554,168
49회	972,222	1,137,500	2,109,772	302,361,111	
50회	972,222	1,133,854	2,106,076	301,388,889	
51회	972,222	1,130,208	2,102,431	300,416,667	
52회	972,222	1,126,563	2,098,785	299,444,444	
53회	972,222	1,122,917	2,095,139	298,472,222	
54회	972,222	1,119,271	2,091,493	297,500,000	
55회	972,222	1,115,625	2,087,847	296,527,778	
56회	972,222	1,111,979	2,084,201	295,555,556	
57회	972,222	1,108,333	2,080,556	294,583,333	
58회	[illegible]	[illegible]	[illegible]	[illegible]	
59회	[illegible]	[illegible]	[illegible]	[illegible]	
60회	972,222	1,097,396	2,069,618	291,666,667	130,630,710
61회	972,222	1,093,750	2,065,972	290,694,444	
62회	972,222	1,090,104	2,062,326	289,722,222	
63회	972,222	1,086,458	2,058,681	288,750,000	
64회	972,222	1,082,813	2,055,035	287,[illegible]	
65회	972,222	1,079,167	2,051,389	286,[illegible]	
66회	972,222	1,075,521	2,047,743	285,833,333	
67회	972,222	1,071,875	2,044,097	284,861,111	
68회	972,222	1,068,229	2,040,451	283,888,889	
69회	972,222	1,064,583	2,036,806	282,916,667	
70회	972,222	1,060,938	2,033,160	281,944,444	
71회	972,222	1,057,292	2,029,514	280,972,222	
72회	972,222	1,053,646	2,025,868	280,000,000	155,181,252

원리금 균등

회차	상환원금	이자액	납부액	잔액	누적
1회	460,899	1,312,500	1,773,399		
2회	462,627	1,310,772	1,773,399		
3회	464,362	1,309,037	1,773,399		
4회	466,103	1,307,295	1,773,399		
5회	467,851	1,305,548	1,773,399		
6회	469,605	1,303,793	1,773,399		
7회	471,367	1,302,032	1,773,399		
8회	473,134	1,300,264	1,773,399		
9회	474,908	1,298,490	1,773,399		
10회	476,689	1,296,709	1,773,399		
11회	478,477	1,294,922	1,773,399		
12회	480,271	1,293,127	1,773,399		
13회	482,072	1,291,326	1,773,399		
14회	483,880	1,289,519	1,773,399		
15회	485,695	1,287,704	1,773,399		
16회	487,516	1,285,883	1,773,399		
17회	489,344	1,284,055	1,773,399		
18회	491,179	1,282,220	1,773,399		
19회	493,021	1,280,378	1,773,399		
20회	494,870	1,278,529	1,773,399		
21회	496,726	1,276,673	1,773,399		
22회	498,588	1,274,810	1,773,399		
23회	500,458	1,272,941	1,773,399		
24회	502,335	1,271,064	1,773,399		
25회	504,218	1,269,180	1,773,399		
26회	506,109	1,267,289	1,773,399		
27회	508,007	1,265,391	1,773,399		
28회	509,912	1,263,486	1,773,399		
29회	511,824	1,261,574	1,773,399		
30회	513,744	1,259,655	1,773,399		
31회	515,670	1,257,728	1,773,399		
32회	517,604	1,255,795	1,773,399		
33회	519,545	1,253,854	1,773,399		
34회	521,493	1,251,905	1,773,399		
35회	523,449	1,249,950	1,773,399		
36회	525,412	1,247,987	1,773,399		
37회	527,382	1,246,016	1,773,399		
38회	529,360	1,244,039	1,773,399		
39회	531,345	1,242,054	1,773,399		
40회	533,338	1,240,061	1,773,399		
41회	535,338	1,238,061	1,773,399		
42회	537,345	1,236,054	1,773,399		
43회	539,360	1,234,038	1,773,399		
44회	541,383	1,232,016	1,773,399		
45회	543,413	1,229,986	1,773,399	327,452,771	
46회	545,451	1,227,948	1,773,399	326,907,321	
47회	547,496	1,225,902	1,773,399	326,359,824	
48회	549,549	1,223,849	1,773,399	325,810,275	85,123,152
49회	551,610	1,221,789	1,773,399	325,258,665	
50회	553,679	1,219,720	1,773,399	324,704,987	
51회	555,755	1,217,644	1,773,399	324,149,232	
52회	557,839	1,215,560	1,773,399	323,591,393	
53회	559,931	1,213,468	1,773,399		
54회	562,031	1,211,368	1,773,399		
55회	564,138	1,209,260	1,773,399		
56회	566,254	1,207,145	1,773,399		
57회	568,377	1,205,021	1,773,399		
60회	574,795	1,198,603	1,773,399	319,052,710	106,403,940
61회	576,951	1,196,448	1,773,399	318,475,759	
62회	579,114	1,194,284	1,773,399	317,896,645	
63회	581,286	1,192,112	1,773,399	317,315,358	
72회	601,201	1,172,197	1,773,399	311,984,704	127,684,728

체증식

회차	상환원금	이자액	납부액	잔액	누적
1회	0	1,312,500	1,312,500		
2회	3,286	1,312,500	1,315,786		
3회	6,585	1,312,488	1,319,073		
4회	9,896	1,312,463	1,322,359		
5회	13,219	1,312,426	1,325,645		
6회	16,555	1,312,376	1,328,931		
7회	19,904	1,312,314	1,332,218		
8회	23,264	1,312,240	1,335,504		
9회	26,638	1,312,152	1,338,790		
10회	30,024	1,312,052	1,342,077		
11회	33,423	1,311,940	1,345,363		
12회	36,835	1,311,815	1,348,649		
13회	40,259	1,311,676	1,351,936		
14회	43,696	1,311,525	1,355,222		
15회	47,147	1,311,362	1,358,508		
16회	50,610	1,311,185	1,361,794		
17회	54,086	1,310,995	1,365,081		
18회	57,575	1,310,792	1,368,367		
19회	61,077	1,310,576	1,371,653		
20회	64,592	1,310,347	1,374,940		
21회	68,121	1,310,105	1,378,226		
22회	71,663	1,309,850	1,381,512		
23회	75,218	1,309,581	1,384,798		
24회	78,786	1,309,299	1,388,085		
25회	82,368	1,309,003	1,391,371		
26회	85,963	1,308,694	1,394,657		
27회	89,572	1,308,372	1,397,944		
28회	93,194	1,308,036	1,401,230		
29회	96,830	1,307,687	1,404,516		
30회	100,479	1,307,324	1,407,803		
31회	104,142	1,306,947	1,411,089		
32회	107,819	1,306,556	1,414,375		
33회	111,509	1,306,152	1,417,661		
34회	115,214	1,305,734	1,420,948		
35회	118,932	1,305,302	1,424,234		
36회	122,665	1,304,856	1,427,520		
37회	126,411	1,304,396	1,430,807		
38회	130,171	1,303,922	1,434,093		
39회	133,946	1,303,434	1,437,379		
40회	137,734	1,302,931	1,440,665		
41회	141,537	1,302,415	1,443,952		
42회	145,354	1,301,884	1,447,238		
43회	149,185	1,301,339	1,450,524		
44회	153,031	1,300,779	1,453,811		
45회	156,891	1,300,206	1,457,097	346,564,595	
46회	160,766	1,299,617	1,460,383	346,403,829	
47회	164,655	1,299,014	1,463,669	346,239,174	
48회	168,559	1,298,397	1,466,956	346,070,615	66,706,939
49회	172,477	1,297,765	1,470,242	345,898,139	
50회	176,410	1,297,118	1,473,528	345,721,727	
51회	180,358	1,296,456	1,476,815	345,541,369	
52회	184,321	1,295,780	1,480,101	345,357,048	
56회	200,321	1,292,926	1,493,246	344,679,841	
57회	204,358	1,292,174	1,496,532	344,375,483	
58회	208,411	1,291,408	1,499,819	344,167,072	
59회	212,478	1,290,627	1,503,105	343,954,594	
60회	216,562	1,289,830	1,506,391	343,738,032	84,566,739
61회	220,660	1,289,018	1,509,678	343,517,372	
62회	224,774	1,288,190	1,512,964	343,292,598	
63회	228,903	1,287,347	1,516,250	343,063,696	
64회	[illegible],048	1,286,489	1,519,536	342,830,648	
65회	[illegible],208	1,285,615	1,522,823	342,593,440	
66회	241,384	1,284,725	1,526,109	342,352,056	
67회	245,575	1,283,820	1,529,395	342,106,481	
68회	249,782	1,282,899	1,532,682	341,856,699	
69회	254,005	1,281,963	1,535,968	341,602,693	
70회	258,244	1,281,010	1,539,254	341,344,449	
71회	262,499	1,280,042	1,542,541	341,081,908	
72회	266,770	1,279,057	1,545,827	340,815,181	102,899,766

✓ 원금 균등   ✓ 원리금 균등   ✓ 체증식

커집니다. 1회차 납부액 또한 체증식 〈 원리금 균등 〈 원금 균등 순으로 많습니다.

이렇게 6년을 납부하면 어떠한 차이가 생길까요?

원리금 균등 vs 원금 균등

은행 대출을 받을 때 선택할 수 있는 원리금 균등과 원금 균등 상환을 비교해 보겠습니다. 6년간 72회차까지 납입한 누적 납부액은 원리금 균등 127,684,699원, 원금 균등 155,181,240원입니다. 원금 균등 방식이 원리금 균등 방식보다 6년간 총 27,496,541원 더 납입하게 됩니다.

	원금 합계	이자 합계	납부액 합계
원리금 균등	38,015,295원	89,669,404원	127,684,699원
원금 균등	69,999,984원	85,181,256원	155,181,240원
차이 (원금 균등-원리금 균등)	31,984,689원	-4,488,148원	27,496,541원

세부 내역을 살펴보겠습니다. 6년간 낸 총 이자를 비교하면 원리금 균등 방식이 약 450만 원 더 많은 이자를 납입합니다. 차이가 커 보이지만 기간이 6년이기 때문에 연 단위로 환산하면 1년에 75만 원으로 생각만큼 크지는 않습니다.

6년간 납입한 원금은 원금 균등 방식이 약 3,200만 원이 많습니다. 인플레이션에 따른 화폐가치 하락을 고려한다면 원금 상환을 최대한 천천히 하는 것이 자본주의 시장의 원리를 적용하는 현명한 방법이라고 생각합니다. 그래서 동일한 조건에서 원리금 균등, 원금 균등 상환 방식을 비교한다면 원리금 균등 방식을 추천합니다.

원리금 균등 vs 체증식

	원금 합계	이자 합계	납부액 합계
원리금 균등	38,015,295원	89,669,404원	127,684,699원
체증식	9,184,821원	93,714,949원	102,899,770원
차이 (원리금 균등-체증식)	28,830,474원	-4,045,545원	24,784,929원

원금 균등 vs 체증식

	원금 합계	이자 합계	납부액 합계
원금 균등	69,999,984원	85,181,256원	155,181,240원
체증식	9,184,821원	93,714,949원	102,899,770원
차이 (원금균등 - 체증식)	60,815,163원	-8,533,693원	52,281,470원

세 가지 상환 방식의 특징을 비교하자면 다음과 같습니다.

- **원금 균등** : 한도가 많이 나오지만, 회차별 납입 원리금 비교적 많음

- **원리금 균등** : 한도가 적게 나오지만, 회차별 납입 원리금 비교적 적음

- **체증식** : 정책대출 시 선택 가능, 회차별 납입 원리금 최소화

　　원금 균등과 원리금 균등 간 대출 한도가 달라지는 것은 DSR의 영향에 의한 것으로, 원금 균등을 선택했을 때 대출한도가 더 높습니다.

　　그렇다면 어떤 상환 방식을 선택하는 것이 좋을까요? 회차별 납입 원리금이 작은 방식으로 선택하면 됩니다. 다만 체증식 방식은 정책대출 상품에서만 사용할 수 있으며 시중 은행에서는 취급하지 않습니다. 그래서 은행 대출 시 원리금 균등, 정책대출 시 체증식 상환 방식을 선택하는 것입니다. 만약 대출한도가 중요하다면 원리금을 더 부담하더라도 원금 균등을 선택해야 합니다.

　　대출을 실행할 때 상환기간을 30년, 40년으로 설정하여도 실제로 만기까지 대출을 상환하는 사례는 드뭅니다. 대다수가 매매, 이사를 경험하며 대출을 중도 상환하게 됩니다. 이 점을 고려하면 대출 기간 초반의 원리금 부담을 최소화하는 것이 이상적입니다.

　　또한, 물가 상승에 따라 화폐가치가 하락하기 때문에 같은 액수라고 할지라도 지금의 3억 5천만 원보다 30년 후의 3억 5천만 원의 실제 가치가 더 낮습니다. 2025년의 100만 원과 2050년의 100만 원을 비교하면 2050년에 100만 원을 상환하는 것이 덜 부담스러울 것입니다. 화폐가치가 높은 지금, 매달 대출 상환에 큰 금액을 쓰는 것보다는 그 금액을 모아 자유롭게 활용하는 것이 자산 증식에 도움이 됩니다. 대출을 만기까지 상

환한다는 생각을 버리고, 최대한의 레버리지로 활용하시기 바랍
니다.

남들은 다 놓치고 있는
'숨은 자금' 영끌 없이 확보하기

부동산을 매수하려는데 신용대출, 주택담보대출만으로 자금
이 부족한 경우가 생길 수 있습니다. 이런 상황에서 활용할 수
있는, 사람들이 잘 모르지만 자금 조달에 도움이 되는 다양한
대출 방법이 있어 소개해 드리겠습니다.

먼저 현재 재직하고 있는 회사에서 자체적으로 시행하는 대
출이 있을 수 있습니다. 대기업, 공기업 등의 여러 기업에서는 직
원의 복지를 위하여 자체 자금으로 대출을 시행하곤 합니다. 복
지를 목적으로 하는 대출이기에 일반적으로 은행 등 금융권에
서 받을 수 있는 대출에 비해 금리가 낮은 경우가 많습니다. 또
한, 금융권에서 최대 한도로 대출을 받았더라도 회사 대출은 사
내 기금으로 별도 운영되어 DSR 등의 제한이 없어 추가로 대출
실행이 가능할 수 있습니다. 회사마다 대출 한도와 조건, 이율이
다르므로 담당 부서에 확인하여 회사 대출을 적절하게 활용하
시기 바랍니다.

다음으로는 청약통장 대출이 있습니다. 청약통장은 주택 청

약을 위해 꾸준히 납입하는 통장이다 보니 당장 자금이 필요하다는 이유로 통장을 깨기는 아까워 통장을 해지할지 유지할지 고민하는 경우가 많습니다. 이런 상황에서 통장을 해지하기보다는 청약통장을 유지하면서도 어느 정도의 자금을 활용할 수 있는 청약 통장 대출을 이용하는 것을 추천해 드립니다. 청약통장을 보유하고 있다면 예금된 금액의 100% 이내 범위에서 한도가 결정되어 대출이 가능합니다. 이때 청약통장을 해지할 필요 없이 담보로 제공하면 되므로, 청약 기회를 포기하지 않아도 됩니다. 은행에서 '예적금 담보대출' 등의 상품명으로 상품을 운용하고 있으니 참고하시기 바랍니다.

보험약관대출도 알아두면 요긴한 대출상품입니다. 가입한 보험의 해약환급금을 담보로 대출하는 상품으로, 청약통장 대출과 비슷하게 보험을 해약하지 않고도 자금을 활용할 수 있는 대출입니다. 대출 한도와 금리는 내가 가입한 보험의 납입 금액과 보험사에서 정한 대출금리에 따라 다릅니다. 대출 실행 시 DSR 규제를 적용받지 않아 다른 대출이 있어도 추가로 대출을 받을 수 있습니다. 단, 보험약관대출을 실행한 이후 타 대출을 실행할 때는 보험약관대출이 DSR 산정에 포함된다는 점에 유의해야 합니다.

마지막으로는 근로복지공단 대출이 있습니다. 근로복지공단에서는 근로자가 결혼, 요양, 질병 등의 사유로 자금이 필요한 상황을 보조하기 위하여 대출을 운영하고 있습니다. '생활안정자금 융자'라는 서비스명으로 운영되고 있으며, 혼례비, 의료비, 장례비 등의 자금이 필요한 여러 상황에 대해 대출을 운영하고 있습니다. 단순히 자금이 필요하다고 해서 대출을 받을 수 있는 것이 아닌, 요건에 부합해야 대출 대상이 될 수 있으며 어떤 상황에 대하여 대출을 받는지에 따라 대출 조건이 달라집니다. 혼례비 대출을 예로 들어 근로복지공단 대출에 대해 알아보겠습니다.

근로복지공단 대출 - 생활안정자금 융자

[혼례비]

융자개요 : 근로자 본인 또는 자녀의 혼례 및 결혼생활 유지에 필요한 비용

융자한도 : 1,250만 원 범위 내(최소 신청금액 50만 원 이상)

대상 : 근로자, 특수형태근로종사자, 1인 자영업자(대상별 재직 요건에 부합해야 함)

소득 요건 : 월평균 소득 268만 원 이하(2026년 사업기준)

금리 : 연 1.5%

증빙서류 : 혼인관계증명서, 소득 증빙자료 등

대출 요건이 상당히 까다로우며 한도가 낮은 편이나 타 대출 상품에 비해 금리가 낮으므로 활용할 수 있다면 이자 부담을 줄일 수 있는 상품입니다.

이번 장에서 알려드린 회사 대출, 청약통장 대출, 보험약관대출, 근로복지공단 대출은 정책대출과 은행 대출에 비해 인지도

가 낮지만 잘 활용하면 자금 확보에 도움이 될 수 있는 대출입니다. 상황에 따라 알맞은 대출을 선택하시기 바랍니다.

4장

"그래서 얼마 있으면 되는데?" 예산별 실전 타격기

통장 잔고와 연봉으로
좌표 찍는 '현실적인' 우리 집

집을 사기로 마음먹은 분들께 가장 많이 듣는 질문이 있다면 "제 연봉이 0천만 원이고, 종잣돈이 N억인데 얼마짜리 집을 살 수 있을까요?" 입니다. 내가 가진 자원을 최대한 활용하여 현재 상황에서 가장 좋은 선택을 하기 위해 고민하는 분들이 많으신 것입니다. 이러한 고민을 해결해 드리기 위해 보유 자금에 따른 매수 가능 금액대를 계산할 수 있는 공식을 정리했습니다. 현실적으로 매수할 수 있는 집 값을 실거주와 갭투자의 사례로 나누어 알아보겠습니다.

먼저 실거주입니다. 실거주를 목적으로 할 때 구매 가능한 집값은 어떻게 계산할까요?

구매 가능한 집 값 = 종잣돈 × 배수

보유한 종잣돈은 앞서 재정 상황을 파악하며 알게 되었을 것입니다. 여기서 중요한 것은 '배수'입니다. 이 배수는 LTV에 따라 달라지고, LTV는 나의 상황과 구매하려는 집에 따라 달라집니다.

LTV 70% : 종잣돈의 3.3배 가격의 집 구매 가능

- 예 종잣돈 1억 원 → 3억 3천만 원짜리 집 구매 가능

- **계산법** : 1억 원 ÷ 30%(100% - 70%) = 3.33억 원

LTV 50% : 종잣돈의 2배 가격의 집 구매 가능

- 예 종잣돈 1억 원 → 2억 원짜리 집 구매 가능

- **계산법** : 1억 원 ÷ 50%(100% - 50%) = 2억 원

LTV에 따른 배수만 고려한다고 되는 것은 아닙니다. 소득에 따라 대출한도가 충분히 나오지 않을 수 있기 때문입니다. 은행 대출을 활용한다고 가정할 때 종잣돈에 따라 매수할 수 있는 집 값의 상한선과 이때 필요한 연봉을 계산해 보겠습니다.

생애최초 적용으로 대출 시 LTV가 70%라고 할 때 종잣돈이 1억 원이라면 살 수 있는 집 값은 최대 3.33억 원이고, 이때 필요한 대출은 2.33억 원입니다. 2.33억 원을 대출받으려면 연봉

이 약 4천만 원을 넘어야 하는 것을 연봉별 대출 가능 금액 산출표를 통해 알 수 있습니다.

● **30년 원리금 균등 상환 / 금리 4.8%**

연봉 / 실수령액	평균 대출 한도
3천 / 222만	1.67억
4천 / 288만	2.22억
5천 / 352만	2.78억
6천 / 414만	3.34억
7천 / 475만	3.89억
8천 / 530만	4.45억
9천 / 588만	5억
1억 / 648만	5.56억

이제 갭투자 주택 매수의 핵심 개념과 실질적인 계산 방법에 대해 알아보겠습니다. 갭투자에서 가장 중요한 지표는 바로 '전세가율'입니다. 전세가율이란 주택 매매가 대비 전세가의 비율을 의미하며, 이는 투자자가 실제로 부담해야 할 자금 규모를 결정짓는 핵심 요소입니다. 예를 들어, 매매가 10억 원인 아파트의 전세가가 6억 원이라면 전세가율은 60%가 되고, 전세가가 5억 원이라면 전세가율은 50%가 됩니다.

갭투자에서 매수자가 실제로 준비해야 하는 자금은 '매매가

- 전세가'로 계산할 수 있습니다. 이것이 바로 '갭'에 해당하는 금액입니다. 따라서 전세가율이 높을수록 매수자가 직접 부담해야 하는 자금은 줄어들게 됩니다.

> **전세가율 60% : 필요 자금 = 매매가의 40%**
> **전세가율 50% : 필요 자금 = 매매가의 50%**

이러한 구조적 특성 때문에 갭투자에서 전세가율은 투자금과 수익성을 결정하는 매우 중요한 변수가 됩니다. 전세가율이 높을수록 적은 종잣돈으로 높은 가치의 부동산을 구매할 수 있는 레버리지 효과가 커지기 때문입니다.

갭투자를 계획할 때는 자신이 가진 종잣돈으로 어느 정도 가격대의 주택을 매수할 수 있는지 계산하는 것이 중요합니다. 갭투자 시 구매 가능한 집값은 다음과 같은 공식으로 계산할 수 있습니다. 이때, '배수'는 전세가율에 따라 달라지며, 전세가율이 높을수록 배수가 커집니다.

> **갭투자 가능 집값 = 종잣돈 × 배수**

만약 종잣돈이 2억 원이라면 전세가율에 따라 살 수 있는 집 값은 다음과 같습니다.

전세가율	배수	구매 가능 집값
50%	2배	4억
60%	2.5배	5억
70%	3.3배	6.6억
80%	5배	10억

갭투자는 주택담보대출이 아닌 신용대출을 활용하여 매수 자금을 확보할 수 있습니다. 종잣돈뿐만 아니라 신용대출을 통한 추가 자금까지 활용하는 경우 종잣돈에 비해 높은 금액대의 주택을 매수할 수 있습니다. 이 경우 종잣돈과 신용대출 금액을 합한 총 가용자금에 전세가율에 따른 배수를 곱하면, 최종적으로 매수 가능한 주택의 가격대를 산출할 수 있습니다. 이러한 계산을 통해 자금 상황에 따라 매수 가능한 금액대를 파악하고 적절한 투자 대상을 선별할 수 있습니다.

싱글, 예비부부, 딩크족…
내 호적 상태에 최적화된
대출 테크트리

　대출에 대해 전반적인 이해를 하고, 종잣돈과 소득에 따른 매수 가능한 집값을 계산하고 나면 궁금증이 생깁니다. "소나무 우유님, 저는 어떤 대출을 활용해 어떤 전략으로 집을 매수하는 게 좋을까요?" 누군가에게는 꼭 활용해야 할 대출이 다른 누군가는 조건을 충족하지 못해 활용하지 못하는 대출이 되기도 합니다. 혹은 나의 상황에 적합한 매수 전략이 있는데 그 방법을 알지 못해 아쉬운 선택을 하기도 합니다. 최선의 선택을 하기 위해서는 나에게 맞는 대출과 전략을 선택하는 것이 중요합니다. 결혼 여부, 혼인신고 여부에 따라 선택할 수 있는 전략을 소개해 드리겠습니다.

나 혼자 산다, 근데 대출은 얼마나 나오지?
(미혼 1인 가구)

먼저 미혼 1인 가구의 전략입니다. 대출을 활용해 주택을 매수하고자 할 때는 정책대출을 활용하는 것이 좋습니다. 미혼 1인 가구가 활용할 수 있는 정책대출에는 보금자리론과 디딤돌대출이 있습니다. 이 중 디딤돌 대출은 미혼 1인 가구가 활용하기 사실상 어렵다고 생각하면 됩니다. 만 30세 이상 일반 세대주의 경우 직계존속이 모두 6개월 이상 무주택이어야 하며, 연봉이 6천만 원 이하여야 디딤돌대출의 자격요건을 갖출 수 있습니다. 직계존속이란 부모, 조부모 등을 포함하니 이들이 모두 무주택이어야 하는 것입니다. 이 조건을 갖추어도 주택 가격 3억 원 이하, 면적 $60\,m^2$ 이하인 주택에 대해서만 대출을 받을 수 있습니다. 이렇듯 조건이 까다로워 디딤돌 대출의 대상이 되기가 어려우니 보금자리론을 알아보시는 것을 더 추천해 드립니다.

　보금자리론은 미혼이더라도 소득이 7천만 원 이하이면 소득 요건을 충족하고, 주택 가격은 6억 원으로 제한됩니다. 주택 가격이 6억 원일 때 대출한도는 3억 6천만 원이고, 처음으로 주택을 매수하는 경우 생애최초에 해당되어 대출한도가 4억 2천만 원으로 늘어납니다. 6.27 대출 규제 적용 전에는 전국에서 전입 의무가 없어 실거주하지 않고 전세를 주는 갭투자가 가능하다는 점이 장점이였지만 현재는 지방만 가능합니다. 금리가 시중 금리에 비해 낮은 편이므로 정책 대출, 그중에서도 보금자리론을 눈여겨보시기를 바랍니다.

　이미 1주택자인 미혼 1인 가구는 갈아타기를 할지, 추가 주택 매수를 고려할지 고민하게 됩니다. 과거에는 1주택자라 하더라도 기존에 어떤 대출 상품을 이용했는지에 따라 전략적 선택지가 비교적 다양했습니다. 예를 들어 일반 은행 대출을 이용한 경우, 주택담보대출 한도가 남아 있거나 신용대출을 통해 자금을 보충해 갭투자나 분양권 투자를 검토할 수 있었습니다.

　하지만 최근 대출 규제 강화로 전체 한도가 크게 줄어들면서, 1주택자가 신용대출을 활용해 갭투자 자금을 마련하는 방법은 제한적입니다. 주택담보대출도 LTV·DSR 규제로 한도가 줄어들다 보니, 예전처럼 추가 매수를 통해 포트폴리오를 확장하는 전략을 활용하기가 쉽지 않습니다. 정책대출을 받은 경우에는 규정상 추가 주택을 취득할 수 없기 때문에, 현실적으로는 은행 대출 이용자든 정책대출 이용자든 추가 매수보다 갈아타기 중심의 전략이 더 현실적입니다.

앞서 언급했듯 정책대출 이용자가 추가로 주택을 취득한 사실이 확인될 경우 6개월 이내에 기존 주택을 처분해야 하며, 이를 이행하지 않으면 정책대출이 회수됩니다. 즉, 정책대출을 받은 상태에서는 추가 주택 매수가 사실상 불가능합니다. 그렇다고 정책대출을 받았다고 해서 더 이상의 투자가 완전히 막히는 것은 아닙니다. 정책대출 이용자에게는 분양권 투자가 하나의 대안이 될 수 있기 때문입니다. 분양권은 완공 전 단계의 '입주권'에 해당하므로 정책대출의 추가주택 취득 금지 규정에 바로 해당하지 않습니다. 일반적으로 분양가의 10% 정도 되는 계약금만 있으면 계약할 수 있고, 1주택자라도 중도금 대출을 받을 수 있습니다.

많은 분들이 "분양권도 취득하면 6개월 이내 처분해야 하지 않나요?"라고 묻지만, 분양권은 일반 주택과 달리 3년 이내에 처분하거나 실거주하도록 규정되어 있어 상대적으로 시간적 여유가 있습니다. 완공된 주택으로 갈아탈 수도 있고, 그 이전에 가격 상승이 있을 경우 분양권을 매도해 차익을 얻을 수도 있습니다. 단, 전매제한·실거주의무는 단지마다 다르므로 반드시 확인이 필요합니다.

분양권 투자를 고려할 때는 대출 실행 순서에 주의해야 합니다. 주택을 먼저 매수해 주택담보대출을 받은 후 분양권 중도금 대출을 받는 경우에는 중도금 대출 실행 시 DSR을 따지지 않아 대출 실행이 가능합니다. 반면 분양권 중도금 대출을 먼저 받은 뒤 주택담보대출을 받으려고 하면 중도금 대출이 DSR에 포함되어 주담대 한도가 크게 줄어들거나, 대출 승인 자체가 어려워질 수 있습니다.

현재는 주택담보대출·신용대출·중도금 대출 모두 심사 기준이 예전보다 강화되어 과거처럼 '주택 + 분양권' 조합을 동시에 가져가는 전략이 쉽지는 않지만, 여전히 가능성이 열려 있는 분야입니다. 따라서 분양권 매수 계획이 있다면 반드시 주택담보대출을 먼저 실행한 후 분양권을 취득하는 것이 유리합니다.

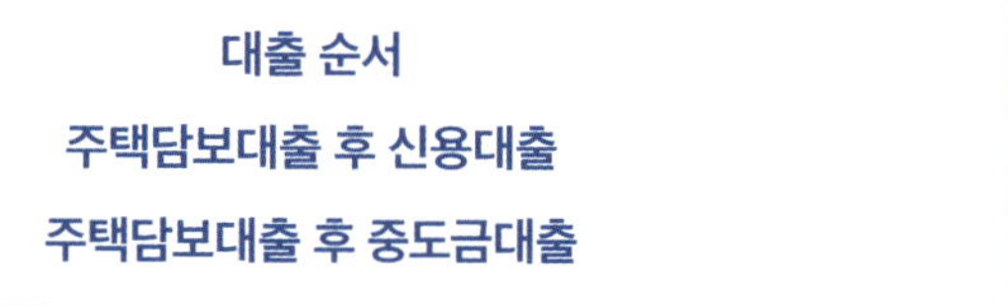

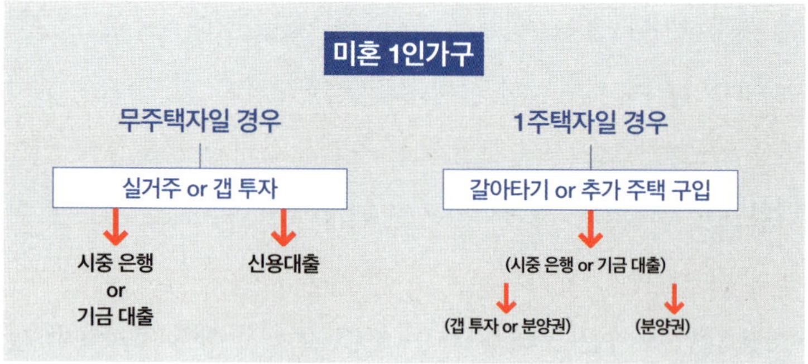

결혼은 하지만 혼인신고는 전략적으로 미루겠습니다 (예비 부부)

다음으로는 예비 신혼부부 혹은 결혼한 부부의 상황별 대출 전략을 알려드리겠습니다. 예전에는 결혼하면 혼인신고를 하는 것을 당연하게 여겼지만 요즘은 결혼을 앞두고 있거나 결혼을 한 신혼부부가 혼인신고를 하지 않는 경우도 많습니다. 결혼했다고 무조건 혼인신고를 하는 것보다 혼인신고에 따른 유불리를 따져 전략적인 선택을 하는 것입니다.

부동산에서도 혼인신고 여부에 따라 선택지가 달라집니다. 먼저 혼인신고를 하지 않은 경우를 살펴보겠습니다. 부부 중 소득이 높은 사람을 A, 소득이 낮은 사람을 B라고 하겠습니다.

첫 번째 방법은 A는 주택담보대출을 받고, B는 신용대출을 받아 자금을 마련하여 하나의 주택을 매수하는 것입니다. 소득에 따라 주택담보대출 한도가 달라지기에 소득이 높은 A가 주택담보대출을 받는 것이 더 많은 자금을 확보할 수 있습니다. A가 매수하는 주택에 대해 B가 주택담보대출을 받는 것은 불가하므로 B는 신용대출을 통해 자금을 마련하여 A의 주택 매수 자금에 보탤 수 있습니다. 두 사람이 활용할 수 있는 대출을 통해 자금을 모아 비교적 높은 금액대의 주택을 매수하는 방법입니다.

두 번째 방법은 A와 B가 주택 한 채씩을 매수하는 방법입니다. A와 B가 각자 주택담보대출을 받아 1주택을 매수하고, 추후 혼인신고 시 혼인합가 비과세를 이용하여 세금 혜택을 받을 수 있습니다. 이 방법은 주택을 총 두 채 매수하는 방법이므로 주택 담보대출을 통한 자금 확보 외에도 주택 매수에 필요한 자금을 어느 정도 보유하고 있어야 가능한 방법입니다.

혼인합가 비과세

1주택을 보유하는 자가 1주택을 보유하는 자와 혼인함으로써 1세대가 2주택을 보유하게 되는 경우 (중략) 각각 혼인한 날부터 10년 이내에 먼저 양도하는 주택은 이를 1세대1주택으로 보아 제154조제1항(1세대 1주택)을 적용한다. 「소득세법 시행령 155조 제5항」

혼인합가 비과세란 1주택을 보유하고 있는 사람끼리 결혼하여 1세대 2주택이 되었을 때, 결혼 전에 취득한 주택임을 감안하여 먼저 양도하는 주택을 1세대 1주택으로 간주하여 양도세 비과세를 적용하는 것입니다. 이때 '혼인한 날'은 혼인신고일이며, 혼인신고일로부터 10년 이내에 양도하여야 혼인합가 비과세를 적용받을 수 있습니다.
결혼 전 부동산을 매수하였거나, 혼인신고를 미루고 부동산 매수를 할 계획이라면 혼인합가 비과세 혜택을 받을 수 있다는 점을 기억하여 알맞게 활용하시기 바랍니다.

세 번째 방법은 소득이 높은 A가 주택담보대출을 받아 주택을 매수한 후 해당 주택을 월세로 세팅하고, 소득이 낮은 B가 전세자금대출을 받아 전셋집에 A와 B가 같이 거주하는 방법입니다. 이 방법을 이야기하면 많은 분이 공통으로 하는 질문이 있습니다. "주택담보대출로 집을 사고 월세로 임대해도 되나요?" 답변드리자면 주택담보대출 실행 시 전입요건, 실거주 요건이 없는 경우 가능한 방법입니다. 2025년 중 시행된 대출 규제로 수도권에서는 주택담보대출을 받으면 전입 요건이 있기 때문에, 현재는 지방에서만 활용 가능한 방법입니다.

월세 임차인 입장에서 대출이 없는 집을 선호하는 것은 사실이나, 소액임차인 우선변제 제도를 알면 대출이 있는 집에도 월세 임대를 할 수 있습니다. 소액임차인 우선변제 제도는 임차주택이 경매 또는 체납처분에 따라 매각되는 경우 소액임차인에 해당하는 임차인이 일정액을 우선하여 변제받을 권리를 가지는 제도입니다. 서울특별시는 보증금이 16,500만 원 이하인 임차인이 소액임차인에 속하며 5,500만 원까지 우선변제를 받을 수 있습니다. 대출이 있는 주택이지만 제도를 통해 최악의 상황에도 일정 금액을 돌려받을 수 있다는 점을 활용해 월세 세입자를 유치한다면 세 번째 방법을 이용할 수 있습니다.

단, 앞서 이야기하였듯이 월세 임차인으로서는 대출이 있는 집을 임차하는 것이 불안하고, 대출이 없는 집이 있다면 그 집을 선호하는 것이 사실입니다. 월세 임차인을 구하기 위해서는 월세를 시세보다 낮게 받거나, 인테리어를 하는 등의 노력이 필요하며 일부 대출이 있지만 보증금 반환의 어려움이 없는 등 안전한 집임을 알려줄 부동산 소장님과의 합이 중요한 전략입니다.

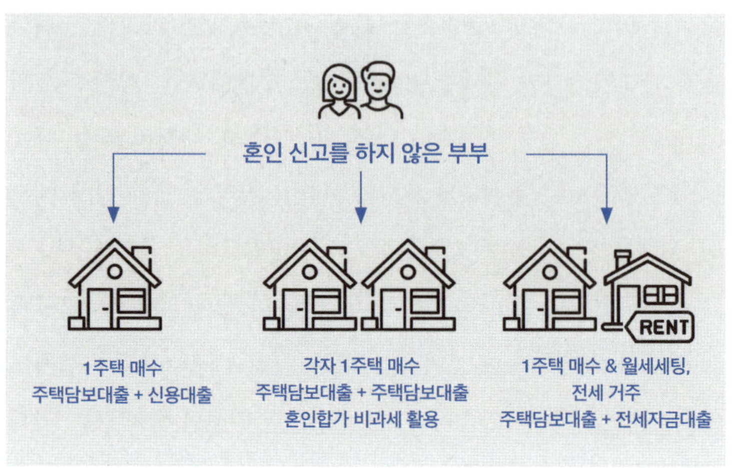

결혼을 준비하고 있거나, 결혼 후 혼인신고를 하지 않은 부부라면 이 세 가지 방법 중 현재 상황, 그리고 미래 계획을 고려하여 가장 적합한 방법을 선택하는 전략을 세우시기 바랍니다.

합법적 부부의 영혼 끌어모으기 파워 (신혼부부 / 기혼)

다음으로는 혼인신고를 한 부부의 케이스를 살펴보겠습니다. 혼인신고를 했다면 1세대를 구성한 것으로, 부부 각자의 명의로 주택을 매수하여도 두 사람이 보유한 주택 수가 더해져 해당 세대의 주택 수가 됩니다. 각자 한 채만 보유해도 1세대 2주택으로 다주택자가 되니 세금 측면에서 불리한 사항이 많습니다.

혼인 신고를 한 부부의 전략은 하나, 합산 소득을 활용하시기 바랍니다. 합산 소득을 활용하면 부부의 소득을 합한 소득을 기준으로 대출을 받을 수 있습니다. 기준 소득이 늘어나며 자연스럽게 대출 한도도 늘어나는 효과가 있어 대출을 통해 더 많은 자금을 확보할 수 있습니다. 공동 명의가 아닌 단독 명의로 부동산을 매수할 때도 합산 소득을 적용할 수 있습니다. 예를 들어 부부 A, B가 A 단독 명의로 집을 매수하는 상황을 가정해 보겠습니다. A를 차주로 주택담보대출을 받을 때, 배우자 B의 소득을 끌어와서 합산 소득으로 대출 심사를 받을 수 있습니다. 혼인신고를 한 부부라면 합산 소득을 적극적으로 활용하여 자금을 확보, 더 많은 선택지를 두고 고민하시기 바랍니다.

"그래서 넌 어떻게 샀는데?" 뼈 때리는 실전 내 집 마련 썰

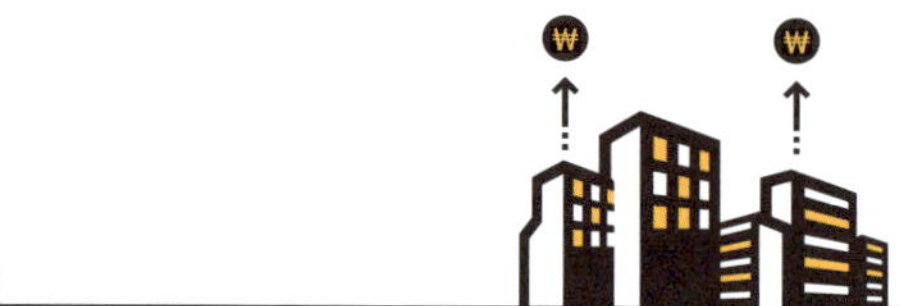

내 집 마련에 대해 이론으로 배워도 막상 내 상황에 적용하는 것에는 어려움을 느끼는 분들이 많습니다. 경험이 없으니 어디서부터 어떻게 시작해야 할지를 모를 수 있습니다. 이럴 때 다른 사람들의 실제 사례를 보고 나와 유사한 사례를 참고하는 것이 도움이 됩니다. 제가 실제로 상담을 진행했던 여러 사례를 소개해 드리니 현재 상황과 가까운 사례를 찾아 참고하시기 바랍니다. (대출 금리 및 주택 가격은 시장 상황에 따라 유동적으로 변화되므로 구체적인 수치보다는 접근 방법을 살펴보시면 도움이 됩니다.)

1. 미혼 1인 가구

나이 : 33세

결혼 여부 : 미혼

함께 거주하는 가족구성 : 1인 가구

연봉 : 6.5천만 원

종잣돈 : 1억 원

직장 : 사당

거주지 : 안양

고민 : 실거주 집을 알아보고 있어요. 어디에 얼마짜리 집을 알아보면 좋을까요?

Solution

상담자는 한 번도 집을 구매한 적 없는 미혼 1인 가구로 실거주 집을 매수하기 위해 상담을 요청하였습니다.

상담을 시작하며 먼저 지금 가지고 있는 종잣돈으로 구매할 수 있는 최대 집값을 계산했습니다. 시중은행 대출을 활용한다면 대출이 매매가의 70%까지 나오기 때문에 종잣돈 1억 원으로 매수할 수 있는 최대 집값은 3.3억 원임을 알 수 있습니다. 이때 2.3억 원을 대출받을 수 있는지는 소득과 DSR을 확인하여야 합니다. 이율 4.2%, 30년 만기 원리금균등상환 조건으로 2.3억 원을 대출받으면 매달 상환해야 하는 원리금은 약 112만 원입니다. 상담자의 연봉은 6,500만 원, 매달 실수령액은 약

448만 원으로 실수령액의 약 25%를 매달 상환에 써야 합니다. 이정도 비율이면 대출 원리금을 충분히 감당할 수 있습니다. 하지만 3.3억 원이라는 집 값보다 훨씬 더 높은 금액대로 접근할 수 있는 방법이 있기 때문에 다른 방법을 소개드리겠습니다.

재정 상황 분석 : 시중은행 대출 활용 시

상담자 프로필

대상 : 미혼 1인 가구 (무주택) | 연봉 : 6,500만 원 | 종잣돈 : 1억 원
목적 : 생애최초 실거주 주택 매수

구분	금액	비고
종잣돈	1억 원	자기자금
매수 가능 집값	3.3억 원	LTV 70% 기준
필요 대출금	2.3억 원	집값 - 종잣돈
월 상환금	112만 원	금리 4.2%, 30년

월 실수령액 대비 상환 부담

0원   25%

월 상환금 112만 원   월 실수령액 448만 원

상환 후 가용 생활비 : 336만 원

바로 정책대출을 활용하는 방법입니다. 상담자의 상황에서 가장 활용하기 좋은 정책대출의 종류는 보금자리론입니다. 보

금자리론을 활용하면 매매가 5.4억 원의 집을 매수할 수 있습니다. 이때 대출은 LTV 70% 최대 대출한도인 약 3억 8천만 원까지 받을 수 있습니다. 종잣돈 1억 원에 대출을 3억 8천만 원 받으면 6천만 원이 모자라는데요? 이럴 땐 신용대출을 활용하면 됩니다. 보금자리론은 DSR이 아닌 DTI를 적용하기 때문에 신용대출과 보금자리론을 함께 활용할 수 있습니다. 단, 대출 실행 순서에 따라 대출이 불가능한 경우가 있으니 신용대출을 먼저 실행한 후 보금자리론을 실행하는 등 순서에 유의해야 합니다.

보금자리론 3억 8천만 원과 신용대출 6천만 원, 총 4억 4천만 원을 대출받으면 은행대출로 2.3억을 대출받을 때보다 대출 원금이 많으니 원리금 상환 부담도 크지 않을까요? 상담자는 만 39세 이하이기 때문에 보금자리론 만기 40년을 선택할 수 있습니다. 금리 4.05% 체증식 상환 방식을 선택하는 경우 보금자리론에 대한 월 상환금액은 1회차 128만 원에서 시작해 회차별로 조금씩 높아지게 됩니다. 신용대출 6천만 원을 금리 5%로 실행하면 매달 상환해야하는 이자는 약 25만 원입니다. 보금자리론과 신용대출로 총 4억 4천만 원을 대출하고 매달 부담해야 하는 원리금은 약 153만 원으로 시작해 체증식 상환 방식에 따라 매달 조금씩 높아지는 것입니다. 연봉 6,500만 원의 실수령액인 448만 원의 약 34%에 해당하는 액수입니다.

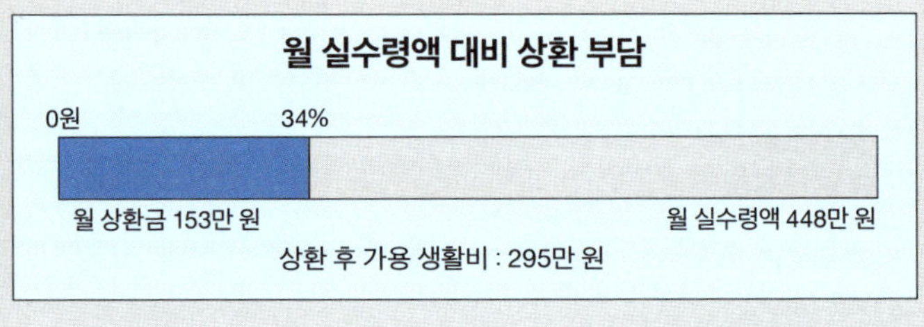

구분	금액	비고
종잣돈	1억 원	자기자금
매수 가능 집값	5.4억 원	보금자리론 활용
보금자리론	3.8억 원	금리 4.05%, 40년
신용대출	6천만 원	금리 5%
월 상환금 합계	153만 원	보금자리론 128만 원+ 신용대출 25만 원

은행대출과 정책대출을 활용하는 방법을 비교해 보면, 정책대출을 활용했을 때 더 큰 액수를 대출받고도 더 낮은 이율의 원리금을 부담한다는 것을 알 수 있습니다. 이러한 점 때문에 정책대출의 대상이 되는 분들께는 정책대출을 추천하는 것입니다.

상담자의 경우 시중은행 대출을 활용하면 최대 3.3억, 정책 대출을 활용하면 최대 5.4억까지 고려할 수 있으니 전략에 따라 결과물이 달라집니다. 보금자리론을 활용하여 최대 5.4억 원의 주택을 매수하는 것이 집의 자산가치로 볼 때 나은 선택이라고 할 수 있습니다. 물론 실제로 주택을 매수할 때는 취득세, 중개 수수료 부대비용을 고려해야 한다는 점을 명심해야 합니다.

만약 실거주가 아닌 갭투자를 선택한다면 어떨까요? 종잣돈 1억 원과 신용대출 6천만 원을 활용하고, 전세가율이 60%인 집에 갭투자를 한다고 할 때 매수 가능한 집의 가격은 4억 원 입니다. 이때 내가 실거주할 집을 따로 구해야 하니 전세 또는 월세 등의 거주 비용을 함께 고려해야 하니 본인에게 유리한 조건으로 선택하면 됩니다.

2. 예비 신혼부부

결혼 여부 : 예비 신혼부부(혼인신고 ×)

함께 거주하는 가족구성 : 2인 가구

연봉 : 5,500만 원 & 4,500만 원

종잣돈 : 2억 원

직장 : 수원 & 성수

고민 : 결혼을 준비하고 있는 예비 신혼부부입니다. 5~6억 원 대 전세를 구할까요? 아니면 구리나 서울에 6~7억 원 대 매매를 할까요?

상담자는 곧 결혼을 앞둔 예비 신혼부부로 각각 수원과 성수에 있는 직장을 다니고 있으며, 전세를 구할지 매매를 할지, 그리고 어느 지역에 거주할지 고민 중이었습니다.

먼저 특별히 주목해야 할 점은 혼인신고 여부입니다. 혼인신고 여부에 따라 전략이 크게 달라집니다. 상담자의 경우 혼인신고를 아직 하지 않은 상태이기 때문에, 이에 따른 전략을 세워야 합니다.

혼인신고를 하지 않았을 경우의 선택지는 다음과 같습니다.
① 소득이 높은 A가 주택담보대출을 받고, 소득이 낮은 B는 신용대출을 받아 자금을 보태는 방법
② 각자 한 채씩 대출을 받아 매수하고 나중에 혼인신고를 하는 방법

상담자는 전세와 매매 중 어느 쪽을 선택해야 할지 고민하고 있었습니다. 종잣돈이 2억 원이고 합산 소득이 연 1억 원이라면, 5~6억 원대 전세를 고려하더라도 3~4억 원의 대출이 필요합니다. 현재 전세자금 대출 이자가 4% 초반으로 주택담보대출의 금리와 크게 차이가 나지 않습니다. 상담자분들이 충분한 종잣돈을 가지고 있고, 서울 및 경기 주요 지역의 전셋값이 계속 상승하고 있는 시장 상황을 고려할 때, 매매가 더 나은 선택이라

고 판단했습니다.

종잣돈 2억 원으로 매매를 고려한다면, 연봉 1억으로 대출 6억 원까지 받을 수 있습니다(금리4.2% 30년 원리금 상환). 이 경우 대출 이자는 약 293만 원이 됩니다. 두 사람의 합산 실수령액이 약 700만 원이므로, 이자 부담률은 약 42%로 감당가능한 이자부담률의 최대치인 50% 이내입니다. 단, 6억 원을 모두 대출받으려면 혼인신고를 하고 합산 소득을 활용해야 합니다.

혼인신고 여부에 따른 대출 금액 비교

상담자 프로필

예비 신혼 부부 | A : 연봉 : 5,500만 원, B: 연봉 : 4,500만 원 | 종잣돈 : 2억 원
합산 연봉 1억 원 | 합산 실수령액 월 700만 원

혼인신고 안함

구분	금액
종잣돈	2억 원
매수 가능 집값	약 6억 원
A 주택담보대출(연봉 5,500만 원)	3.5억 원
B 신용대출(연봉 4,500만 원)	4,500만 원
월 상환금 합계	220만 원

월 실수령액 대비 상환 부담

0원   31%

월 상환금 220만 원   월 실수령액 700만 원

상환 후 가용 생활비 : 480만 원

혼인신고 여부에 따른 대출 금액 차이를 살펴보면 혼인신고를 하지 않을 경우 합산소득을 인정받지 못하여 소득이 높은 A(5,500만 원)가 최대 3.5억 원의 주택담보대출을 실행할 수 있습니다. B가 신용대출 4.5천만 원으로 자금을 보탠다면 총 6억 원대의 주택을 구매할 수 있으며, 매달 부담해야 하는 이자는 월 220만 원 수준으로, 실수령액 대비 31%입니다.

혼인신고 여부에 따른 대출 금액 비교

상담자 프로필

예비 신혼 부부 | A : 연봉 : 5,500만 원, B : 연봉 : 4,500만 원 | 종잣돈 : 2억 원
합산 연봉 1억 원 | 합산 실수령액 월 700만 원

혼인신고 함

구분	금액
종잣돈	2억 원
매수 가능 집값	약 8억 원
합산소득 대출(연봉 1억 원)	약 6억 원
월 상환금 합계	약 293만 원

월 실수령액 대비 상환 부담

0원   42%

월 상환금 293만 원   월 실수령액 700만 원

상환 후 가용 생활비 : 407만 원

혼인신고를 하는 경우 합산 소득을 인정받아 앞서 언급했듯 최대 6억 원의 대출을 실행할 수 있습니다. 종잣돈과 대출을 통해 조달한 자금을 합치면 최대 7~8억 원의 주택을 구매할 수 있습니다. 이때, 매달 부담해야 하는 이자는 약 월 293만 원으로 실수령액 대비 42%입니다.

사례 비교를 통해 알 수 있듯이 혼인신고 여부에 따라 구매할 수 있는 주택 가격이 1억 원 이상 차이 나므로 매수할 수 있는 지역도 달라집니다.

상담자가 구리와 서울에 살고 싶다는 고민에 대해서는 실제 거주지와 직장 위치가 중요한 고려 사항입니다. 성수와 수원 사이의 거리가 멀기 때문에 거주지를 정하는 것이 쉽지 않습니다. 만약 상담자의 의견대로 구리에 거주할 경우 수원까지는 편도로 최소 1시간 30분 이상 소요되므로 매일 출퇴근하기에는 무리가 있습니다. 수원으로의 출퇴근을 생각하면 서울에서도 성수보다 북쪽에 있는 지역은 후보 지역에서 제외해야 합니다.

현실적인 대안으로 용인시 수지구를 추천해 드렸습니다. 수지구청역과 성복역 주변은 교통이 좋고, 수원과 성수 양쪽으로의 접근성이 양호합니다. 신분당선을 타고 강남역까지 가서 2호선으로 환승하면 성수까지 1시간이 소요되며, 7억 원대의 주택 매수가 가능한 지역입니다. 수지구 내에서도 위치에 따라 가격 차이가 있으며, 특히 역세권과 학원가가 밀집한 상권 주변의 가격이 높습니다. 7억 원대 주택으로는 20평형대 아파트를 구매할 수 있고 거래량도 활발한 지역입니다.

실제로 상담 이후 상담자는 수지구에 집을 마련하셨고 시장 상황을 고려할 때 좋은 시기에 매수한 것으로 판단됩니다. 매수 이후에는 2년 정도 시장 상황에 대한 걱정 없이 안정적으로 거주할 수 있으며, 경제 상황과 금리 추이를 고려할 때 전셋값은 계속 상승할 가능성이 높습니다.

결론적으로, 예비 신혼부부인 상담자에게 전세보다는 매매를, 그리고 지역으로는 양쪽 직장으로의 접근성이 좋은 용인시 수지구의 역세권을 말씀드렸습니다. 실행력을 바탕으로 빠르게 결정한 덕분에 좋은 시기에 적절한 매수가 이루어진 사례입니다.

3. 신혼부부

나이 : 30대 중반

결혼 여부 : 기혼

함께 거주하는 가족구성 : 2인 가구

연봉 : 7,000만 원 & 5,000만 원

종잣돈 : 1억 원

직장 : 마포 & 부천

월 소비액 : 생활비 250만 원, 저축 450만 원

고민 : '영끌'의 기준은 무엇인가요? 종잣돈 1억 원으로 얼마짜리 집을 살 수 있을까요? 실거주 집을 구할 때 지역은 어디가 좋을까요?

상담자는 30대 중반 신혼부부로, 월 생활비 250만 원, 월 저축액 450만 원으로 저축률이 매우 높은 편입니다. 종잣돈은 1억 원이며, 각각 마포와 부천에 있는 직장에 다니고 있습니다.

첫 번째 고민인 '영끌의 기준'에 대해 살펴보겠습니다. 일반적으로 월 실수령액 대비 원리금 상환 비율은 최대 50%를 넘지 않는 것이 좋습니다. 상담자의 월 실수령액이 약 700만 원이라면, 원리금 상환에 최대 350만 원까지 감당할 수 있는 상황입니다.

그러나 처음 대출을 받는 분들에게 이 금액이 심리적으로 부담될 수 있습니다. 비록 저축률이 높고 재정 관리를 잘하고 있더라도, 대출에 대한 경험이 없어 100만 원이든 200만 원이든 상환 부담이 있다면 마인드셋 조정이 필요합니다. 대출 공부를 하고 매수를 하는 분들의 평균적인 대출 비율을 살펴보면 월 실수령액 대비 30%대가 가장 많습니다.

두 번째 고민인 '종잣돈 1억으로 얼마짜리 집을 살 수 있는지'에 대해 알아보겠습니다. LTV 70%를 고려할 때, 상담자는 종잣돈 1억 원과 대출 2.3억 원을 활용하여 3.3억 원 주택을 구매할 수 있습니다. 종잣돈이 적기 때문에 대출을 통해 자금을 늘리는 전략을 사용해서 더 높은 가격대의 주택을 매수할 수 있습니다. 혼인신고를 한 상태이므로 남편 명의로 주택담보대출을 받고, 아내는 신용대출과 공제회대출을 받을 수 있습니다. 아내가 신용대출과 공제회대출로 약 1억 2천만 원을 대출 받는다면, 가용자금이 총 2억 2천만 원으로 늘어납니다.

이렇게 되면 남편 명의로 주택담보대출을 받을 경우, 약 6억 중반 수준의 주택을 구매할 수 있게 됩니다. 매달 상환해야 하는 원리금은 약 250만 원으로, 실수령액 830만 원의 약 30%에 해당합니다.

실제 대출은 마인드셋의 문제가 큽니다. 처음 대출을 받는 분들은 이자 부담에 대한 두려움이 있어 실행에 어려움을 겪는 경우가 많습니다. 하지만 상담자의 소득과 저축 습관을 고려할 때, 적절한 마인드셋만 갖추면 충분히 감당할 수 있는 수준입니다.

세 번째 고민인 '실거주 집 지역'에 대해 알아보겠습니다. 상담자의 직장은 마포와 부천으로, 수도권 서쪽에 위치해 있습니다. 많은 분들이 "서울이 최고"라고 생각하지만, 6억 원 대의 예산으로는 서울 내 마포 인근에서 100세대 미만의 나홀로 아파트나 비선호 지역, 거래가 활발하지 않은 곳만 매수 가능합니다. 서울이 무조건 최고라는 생각보다는 실거주와 투자 가치의 균형을 고려할 필요가 있습니다. 실거주 가치는 마트, 공원, 병원 등 생활 인프라가 잘 갖춰진 편리한 환경을 의미하고, 투자 가치는 미래 자산가치 상승 가능성을 뜻합니다. 마포와 부천으로 출퇴근할 수 있으며, 신혼부부가 안정적으로 정착할 수 있는 주거지로 다음의 네 지역을 추천해 드립니다.

1) 개봉 : 1호선 개봉역 인근의 아파트는 25평형이 6억 원 대에 거래되고 있습니다. 조용한 환경과 안양천 등 자연환경도 갖추어져 있으며, 인근 광명 뉴타운(1, 2, 4, 5구역)의 개발로 향후 발전 가능성도 있습니다.

2) 광명 : 7호선 철산역 인근은 철산중학교를 중심으로 학군이 좋은 지역입니다. 철산중학교 인근 단지는 다소 비싼 편이나 철산역 남서쪽에서는 브라운스톤, 도덕파크 등 5~6억 원 대 물건을 찾아볼 수 있습니다. 광명사거리역 인근의 광명 한진타운은 24평형이 6억 중반대에 거래되고 있으며, 11구역, 12구역 재개발의 간접적인 수혜가 예상됩니다.

3) 부천 : 7호선 부천시청역 부근에서는 30평형 아파트를 살 수 있습니다. 역세권으로 포도삼보영남, 미리내마을 등이 있습니다. 33평형은 약 6~7억 원 선으로, 평수를 늘리고자 한다면 이 지역을 고려해 볼만합니다. 굴포천역 인근은 학원가가 있어 선호도가 높습니다. 삼산타운 주공 6, 7단지 32평이 6~7억 원 대에 거래되고 있으니 후보 지역으로 생각해도 좋습니다.

4) 검단 : 아라역 인근이 메인 지역으로, 29평형 아파트가 6억 원 대에 거래됩니다. 2025년 6월 연장 개통한 인천1호선과 계양역에서 이어지는 공항철도를 통해 마포까지 빠르게 이동할 수 있습니다.

6~7억 원 대로 서울의 비선호 지역을 고집하기보다, 위의 지역들을 고려해 볼 것을 권장합니다. 실거주와 투자 가치의 균형

을 고려하여, 생활 인프라를 누리면서도 주거 만족도를 높일 수 있는 선택지입니다. 100% 완벽한 선택은 없지만, 자신의 상황과 우선순위에 맞는 최적의 선택을 하는 것이 중요합니다.

4. 청약

Solution

상담자는 인천 검단 지역 청약에 당첨되었으나, 소득이 낮고 종잣돈이 부족하여 잔금 납부 가능 여부와 미래 가치에 대해 고민하고 있습니다.

먼저 검단 지역에 대한 분석부터 살펴보겠습니다. 인천 검단은 서쪽 끝에 위치하며, 청라, 루원시티와 인접해 있는 2기 신도시로 현재 건설 중인 지역입니다. 지리적 특성상 아라역, 신검단

중앙역, 검단호수공원역 생활권으로 나뉘어 있으며, 각 생활권 사이에 산과 언덕으로 단절되어 있어 통합된 주거 벨트 형성이 어렵다는 특징이 있습니다.

청약에 당첨된 단지는 아라역 생활권 내 위치하고 있으며, 인근의 호우금(호반써밋, 우미린, 금호어울림의 앞 글자)이라 불리는 단지들은 34평형이 7억~8억 원에 거래되고 있습니다. 반면 상담자의 청약 당첨 단지 34평형 분양가는 5억 6천만 원으로 주변 시세보다 매우 저렴한 상황입니다.

분양가 상한제로 인해 저렴하게 책정된 분양가와 주변 시세를 고려할 때, 미래 가치가 현재 분양가 이하로 떨어질 가능성은 매우 낮습니다. 따라서 이런 기회는 포기하지 말고 잔금을 마련할 방법을 찾는 것이 중요합니다.

아파트 구매 시 자금이 필요한 시점은 크게 세 단계로 나눌 수 있습니다.

1) 계약금 : 분양가의 10% 정도를 납부합니다. 상담자는 이미 5,500만 원 정도를 납부하여 종잣돈이 천만 원만 남은 상황입니다.

2) 중도금 : 보통 분양가의 60% 정도이며, 대부분은 중도금 대출로 해결할 수 있습니다. 상담자도 현재 중도금 대출을 받고 있습니다.

3) 잔금 : 분양가 중 나머지 30%와 중도금 대출 상환이 필요한 시점입니다. 이때 잔금 대출을 통해 중도금 대출을 상환하고 잔금을 납

니다. 상담자는 잔금 시점에 약 5억 원 초반의 자금이 필요하지만, 종잣돈이 천만 원밖에 없는 상황입니다.

하지만 희망적인 부분은 다음과 같습니다.

1) 월 소득 600만 원 중 230만 원을 꾸준히 저축하고 있습니다.
2) 14개월 된 자녀가 있고 2025년 6월에 둘째 임신을 하였습니다.

이러한 상황에서 최선의 전략은 '신생아 특례대출'을 활용하는 것입니다.

신생아 특례대출은 다음과 같은 특징이 있습니다.

- 9억 이하 주택에 적용 가능

- 최대 대출한도 5억 원(6.27규제 이전 당첨 : 종전 규정 적용)

- 일반 주택담보대출보다 낮은 금리

신생아 특례 대출을 활용하면 분양가 5억 6천만 원의 80%인 4억 5천만 원까지 대출이 가능합니다. (6.27규제 이전 당첨 : 종전 규정 적용) DTI를 활용하면 추가로 신용대출도 가능하며, 모든 대출을 합쳐 월 100만 원 정도의 상환금으로 관리할 수 있습니다. 입주까지 남은 기간이 16개월인 점을 고려하면, 매달

230만 원 이상의 저축으로 3,700만 원을 모아 입주를 위한 부대 비용으로 활용할 수 있습니다.

상담자는 둘째를 임신 중이라 입주시점에 신생아 특례대출을 활용할 수 있어 시중은행 대출에 비해 소득대비 더 큰 금액을 대출받을 수 있고, 대출금액 대비 원리금 상환 부담도 크게 줄일 수 있습니다. 만약 시중은행 주택담보대출을 활용하여 4.5억을 대출받아(금리 4.2% 30년 원리금 균등상환) 잔금을 납부한다면 약 220만 원의 월 상환금이 예상되나, 신생아 특례 대출을 활용하면(금리 2.7% 30년 체증식 상환) 약 100만 원의 월 상환금이 예상되어 매달 50% 이상 비용을 줄일 수 있습니다.

최악의 경우 입주 시점에 매도하는 방법도 있습니다. 현재 주변 시세와 개발 전망을 고려할 때, 매도 시 충분한 수익이 예상됩니다.

결론적으로, 이 청약 당첨은 상담자에게 큰 기회입니다. 신생아 특례대출을 활용하고 철저한 자금 계획을 세운다면 충분히 잔금 납부가 가능하며, 입주 후에도 자산 가치 상승이 기대됩니다. 검단 지역 기존 입주자들이 경험한 것처럼, 분양가 대비 높은 시세 차익이 예상되는 로또와 같은 기회이므로 포기하지 말고 반드시 잡아야 합니다.

내가 살 동네 픽하기 :
강남은 못 가도,
똘똘한 한 채는 찾고 싶어

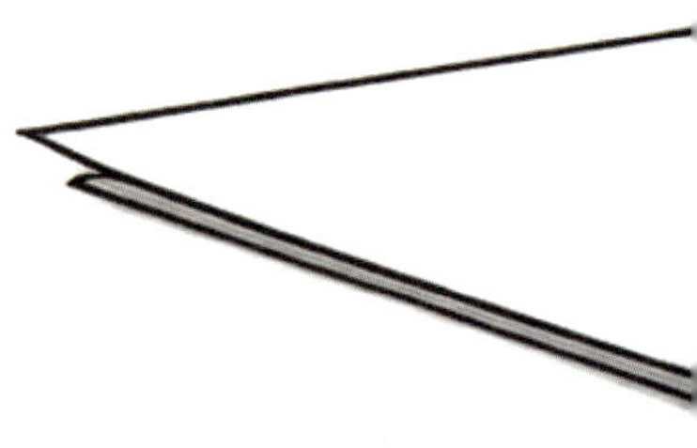

내 통장 잔고로 비벼볼 수 있는 동네 지도 그리기

지금까지 부동산 매수를 '자금' 관점에서 알아보았다면 이제는 '지역' 관점으로 바라보겠습니다.

처음 집을 사려고 하면 누구나 설렘과 두려움을 동시에 느낍니다. 평생 모은 돈으로 사는 첫 집이다 보니 신중해지는 것이 당연합니다. 특히 지역 선택은 가장 먼저 마주하게 되는 큰 고민거리입니다. 어디서부터 시작해야 할지, 어떤 기준으로 지역을 선택해야 할지 많은 분들이 막막해합니다.

대부분의 사람은 자신이 잘 아는 동네나 현재 살고 있는 지역을 중심으로 집을 알아보기 시작합니다. 낯선 지역을 새로 공부하는 것보다는 익숙한 곳을 살펴보는 것이 상대적으로 부담이 적기 때문입니다. 하지만 이런 접근 방식은 좋은 기회를 놓치게 할 수 있습니다. 시야를 익숙한 지역에만 한정해서 부동산을 매수했다가, 나중에 더 나은 선택지가 있었다는 사실을 알고 "그때 왜 그 동네를 몰랐을까?" 하며 후회하지 않으려면 체계적인 지역 선정 방법을 알아야 합니다.

가장 흔한 실수부터 짚어보겠습니다. 많은 사람들이 집을 산다고 하면 다음과 같은 생각으로 접근합니다. "신축 아파트여야 해요.", "커뮤니티에 헬스장이 있었으면 좋겠어요.", "화장실은 무조건 두 개는 있어야 해요.", "출퇴근을 생각하면 역세권이 좋겠어요." 신혼부부라면 "남편 회사가 여의도고 제 회사는 강남인데, 중간에서 적당한 곳을 찾고 있어요."라고 여러 조건을 나열하는 경우가 많습니다.

하지만 이런 조건에 부합하는 집은 상상 속에만 존재하는 경우가 많습니다. 현실의 부동산 시장에서는 이 모든 것을 충족하는 매물을 찾기가 정말 어렵습니다. 찾는다 해도 내가 감당할 수 있는 가격을 벗어나곤 합니다. 그래서 내가 원하는 집의 조건을 먼저 정하고 집을 알아보면 좌절감만 느낄 뿐, 나에게 맞는 집을 찾기가 어렵습니다.

그렇다면 어떻게 시작해야 할까요? 답은 의외로 단순합니다. 바로 가용자금을 기준으로 지역을 찾아나가는 것입니다. 예를 들어 가용자금이 6억 원이라고 해보겠습니다. 이제 이 금액으로 살 수 있는 지역들을 찾아보는 겁니다.

여기서 중요한 포인트가 있습니다. 실거주냐 갭투자냐에 따라 접근 방식이 달라집니다. 갭투자의 경우는 직장 출퇴근 거리를 고려할 필요가 없습니다. 내가 직접 거주할 집이 아니니 오로지 시세 상승 가능성만 보면 됩니다. 하지만 실거주의 경우는 다릅니다. 출퇴근 거리가 매우 중요한 고려 사항이 됩니다.

실제로 지역을 찾아나가는 과정을 함께 살펴볼까요? 회사가 사당역에 있고, 가용자금이 6억 원인 직장인이 실거주할 집을 구한다고 가정해 보겠습니다. 처음에는 네 가지 도구를 활용합니다. 바로 카카오맵, 호갱노노, 아실, 네이버지도입니다.

먼저 카카오맵을 엽니다. PC 화면의 오른쪽 상단을 보면 '레이어'라는 기능이 있습니다. 이 버튼을 클릭하면 법정 경계나 행정 경계를 볼 수 있습니다. 이 기능을 이용하면 잘 몰랐던 지역의 이름과 경계가 한눈에 들어옵니다. 이게 왜 필요할까 싶겠지만 법정동, 행정동을 알아두면 지역에 대한 감이 생기고, 나중에 매물을 찾을 때 유용합니다.

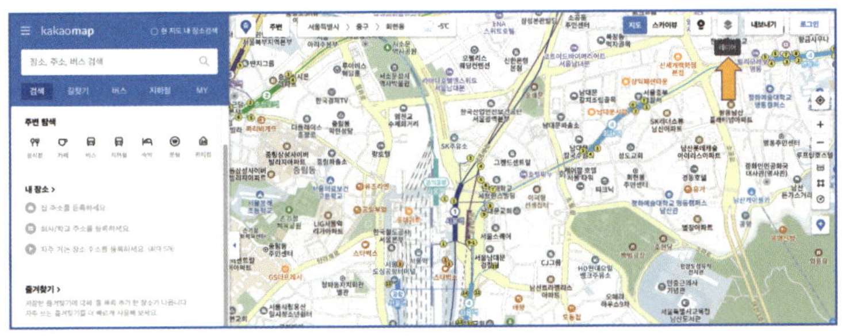

출처 : 카카오맵

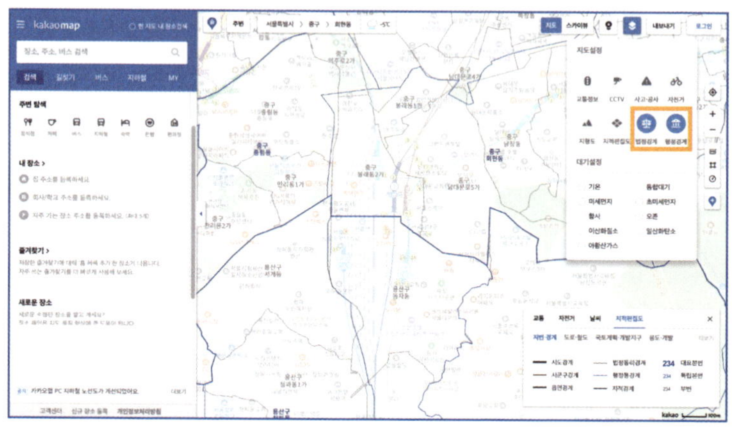

출처 : 카카오맵

법정동 : 예로부터 전래되어온 동명으로 개인의 권리·의무 및 법률행위 시 주소로 사용되는 동 명칭

행정동 : 주민의 편의와 행정능률을 위하여 적정한 규모와 인구를 기준으로 동주민센터를 설치 운영하는 동 명칭

처음에는 지도를 보며 지역에 대한 감을 익힙니다. "사당역은 서울에서도 서초구, 동작구, 관악구의 경계에 위치해 있네. 서초구 서쪽에는 동작구가 있고, 동작구 남쪽에는 관악구가 있구나! 과천시는 서초구, 관악구와 붙어있으니 서울 접근성이 좋네!"라는 식으로 지도를 살펴보면 됩니다. 지도를 외운다기보다는 대략적인 위치를 파악한다고 생각하면 되며, 지도를 자주 보다 보면 자연스럽게 머릿속에 각 지역의 지리가 떠오르게 될 것입니다.

그다음, 사당역을 중심에 두고 지도를 보며 "이 정도 반경이면 출퇴근할 만하겠는데?"라고 생각되는 범위를 그려봅니다. "인천에서 출퇴근할 수 있을까? 아무래도 의정부는 너무 멀겠네."라는 정도면 됩니다. 특정 지역을 정하기보다는 지도를 보며 감을 잡는 단계이니 지도를 살펴보며 괜찮은 지역을 눈에 담아 봅니다.

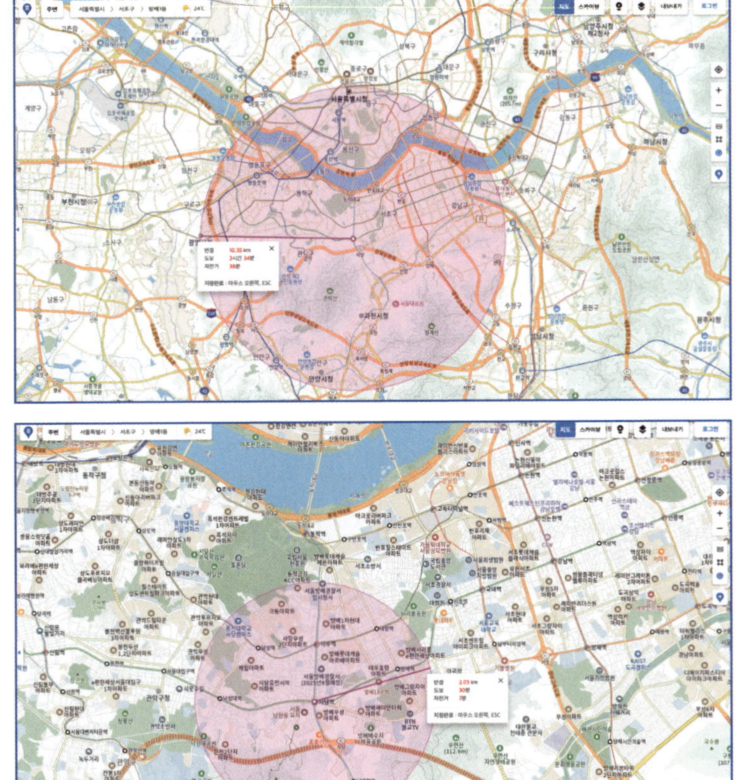

출처 : 카카오맵

다음은 지역별 시세를 알아보는 단계입니다. 시세를 살펴보기 위해 부동산 플랫폼의 필터 기능을 활용합니다. 부동산 플랫폼에는 네이버 부동산, 호갱노노, 아실 등이 있습니다. 네이버 부동산은 부동산 거래를 목적으로 하는 플랫폼으로 거래를 원하는 호가가 게시되고, 호갱노노와 아실은 부동산 빅데이터를 기반으로 여러 정보를 제공하는 플랫폼으로 이미 거래가 완료된 실거래가 중심으로 열람할 수 있습니다. 호가와 실거래가에는 다소 차이가 있을 수 있는데, 대략적인 시세를 알아보는 단계이므로 실거래가 위주로 살펴보겠습니다.

호갱노노를 활용하여 지역별 시세를 알아보겠습니다. PC로 호갱노노에 접속한 화면입니다.

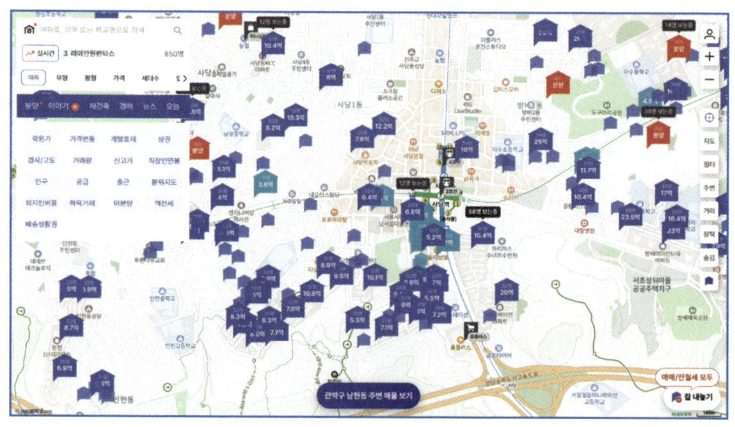

출처 : 호갱노노

왼쪽 상단에 있는 "매매, 유형, 평형, 가격" 등의 버튼을 누르

면 내가 원하는 조건에 맞는 단지만 볼 수 있는 "필터" 기능의
조건이 나옵니다.

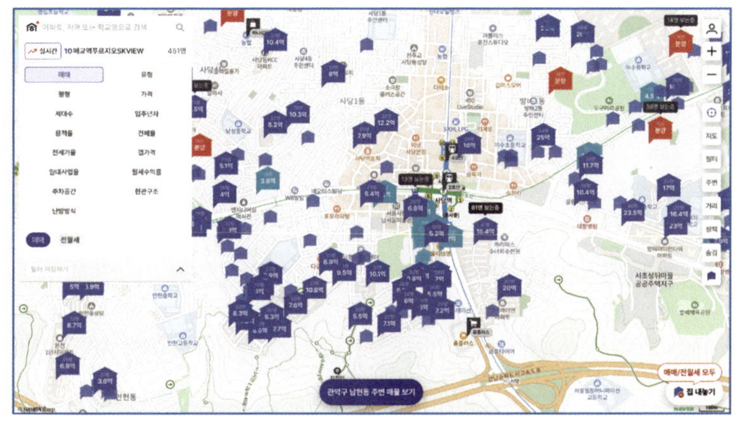

출처 : 호갱노노

　우선 아파트로 매물 종류를 한정하고, 가격대는 5억 원에서
6억 원, 면적은 20평대인 단지를 찾아보겠습니다.

“유형”을 클릭하면 아파트, 오피스텔, 경매 등 주택의 유형을 선택할 수 있습니다. 실거주할 아파트를 찾는다면 “아파트”를 선택하면 됩니다.

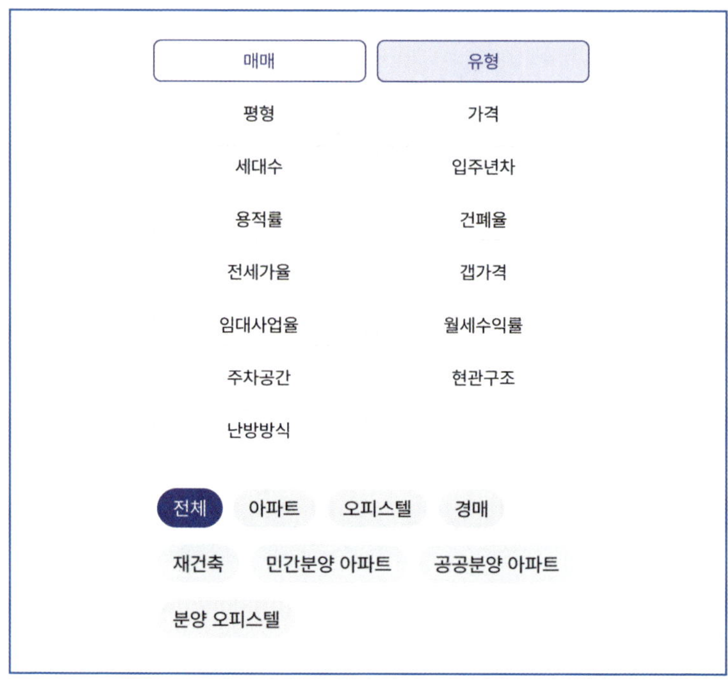

출처 : 호갱노노

그다음으로, 가용자금이 6억 원이니 “가격”을 눌러 가격 범위를 설정합니다. 가용자금 이내의 모든 집을 알고 싶다면 가격 범위를 ~6억 원으로 설정하고, 가용자금 내에서 최대한 고가의 집을 알아보고 싶다고 하면 가격 범위를 5억 원~6억 원, 혹은

5.5억 원~6억 원으로 더 세부적으로 설정하면 됩니다.

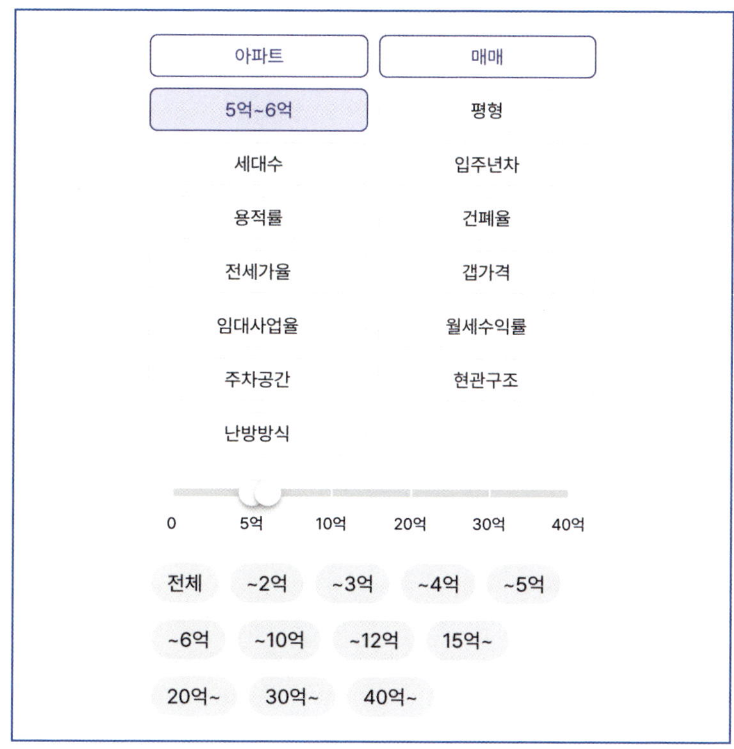

출처 : 호갱노노

"평형"을 눌러 20평대를 선택하면 기본적인 조건은 모두 적용되었습니다.

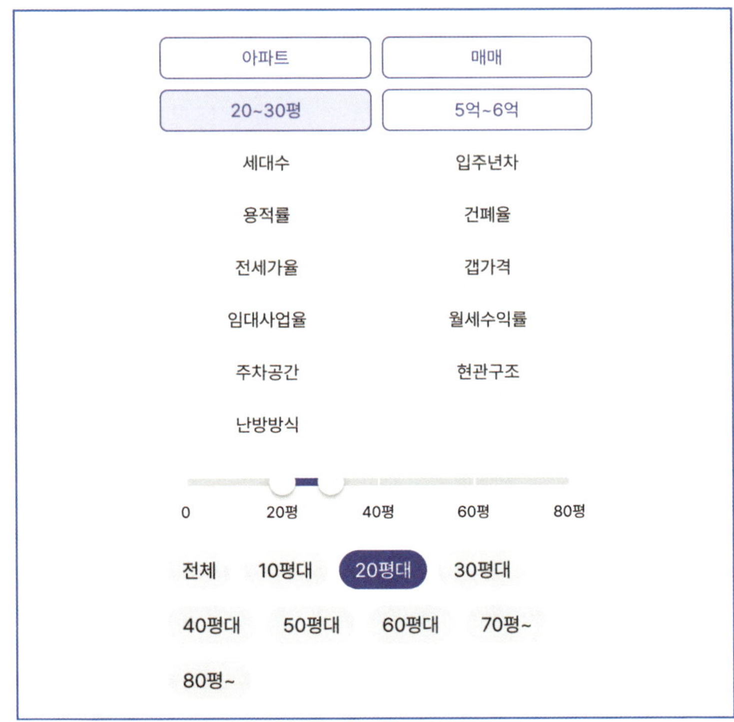

출처 : 호갱노노

여기서 중요한 팁 하나를 드리자면, 세대수를 500세대 이상으로 설정하는 것이 좋습니다. 왜 그럴까요? 세대수가 많은 단지가 여러 면에서 유리하기 때문입니다. 관리가 더 체계적이고, 편의시설도 잘 갖춰져 있습니다. 입주자대표회의의 영향력이 커서 단지 관리나 각종 민원 처리도 수월한 편입니다.

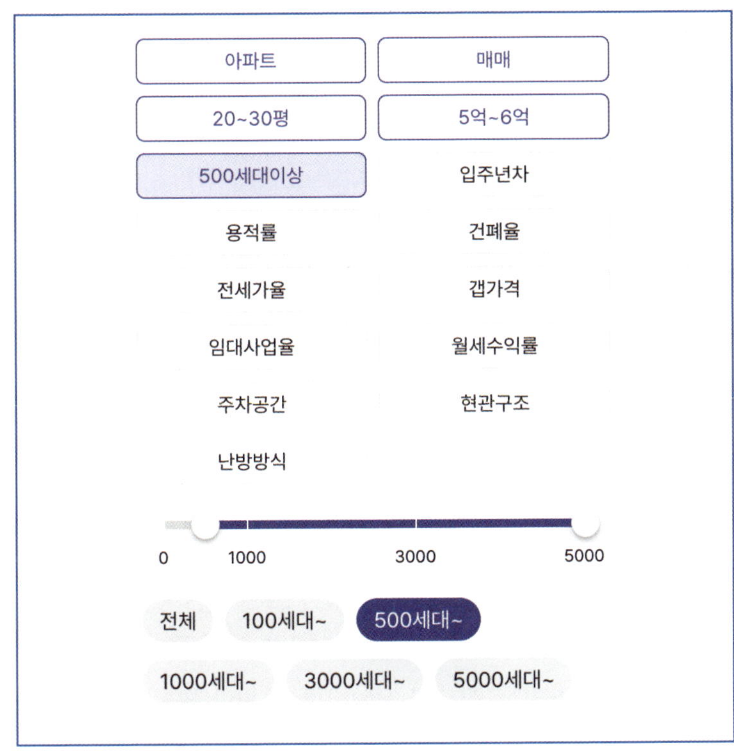

출처 : 호갱노노

"입주년차"를 조건으로 설정할 수 있으나 수도권에서 6억 원으로 매수할 수 있는 신축단지는 찾기 힘들다는 점에서 조건을 설정하지 않았습니다.

이렇게 유형, 평형, 가격, 세대수에 대한 조건을 설정하면 지도에 해당 조건에 부합하는 단지만 보이게 됩니다.

출처 : 호갱노노

이제 지도에 보이는 단지 중 괜찮아 보이는 단지를 찾아봅니다. 이때 첫 번째 단계에서 지도를 보며 생각했던 출퇴근 가능한 범위를 떠올려 봅니다. 사당역을 중심으로 보니 강남 인근은 가용자금 6억 원으로는 힘들어 보입니다. 하지만 관악, 구로, 광명 등에는 조건에 맞는 단지가 여러 군데 보입니다. 시야를 더 넓히면 평소 생각지 않았던 선택지를 발견할 수 있습니다.

7호선을 따라가 보니 부천에 괜찮은 단지들이 보입니다. "인천은 먼 것 같고, 역세권 위주로 보니 부천에도 조건에 맞는 단지가 몇 군데 있네?"라고 생각해 보는 것입니다. "27평형에 5억 7천 원인 단지가 있구나" 하고 기록해 둡니다.

4호선을 따라가 볼까요? 평촌에도 예산에 맞는 단지가 있는 것을 알 수 있습니다. 1호선으로는 어디까지 갈 수 있을까요? 역곡, 수원까지도 매물이 보입니다. 이렇게 지하철 노선을 따라가

144

면서 후보지를 찾는 게 좋습니다. 특히 수도권에서는 역세권을 우선적으로 살펴보는 게 현명합니다. 역세권 위주로만 봐도 크게 실수할 일이 없기 때문입니다.

모든 단지를 볼 필요는 없습니다. 이 단계에서 "이 단지에서 사당까지 실제로 얼마나 걸리지?"라고 검색해 보지 않아도 됩니다. 대략의 후보 지역을 정하는 단계이니 "A동 7호선 근처 23평 5억 7천만 원", "B동 1호선 인근 27평 5억 9천만 원" 등 괜찮아 보이는 단지를 메모해 둡니다.

이렇게 후보지가 어느 정도 모였다면, 이제 현실적인 검증이 필요합니다. 후보지 우선순위로는 3가지를 확인하면 됩니다. 첫 번째, 거리파악, 두 번째로는 시세파악, 세 번째는 교통, 일자리, 학군, 상권, 개발호재 등을 파악하는 것입니다.

지도를 통해 살펴본 지역, 단지 간의 우선순위를 정하려면 가장 먼저 거리를 파악해야 합니다. 여기서 거리는 직장과 단지 간의 거리를 말하는 것으로, 출퇴근 시간을 가늠하기 위함입니다.

매일 출근하는 직장인이라면 가장 중요한 건 역시 출퇴근 시간입니다. 출퇴근 시간이 길어지면 체력적으로도 힘들고, 퇴근 후 자유롭게 활용할 수 있는 시간이 줄어들기에 출퇴근 시간을 줄이는 것을 중점으로 단지를 알아보아야 합니다. 그렇다고 직장과 매우 인접한 지역에 있는 아파트를 매수하기에는 금액대가 높은 경우가 많으니 적정 출퇴근 시간의 기준을 정하고 지역의 우선순위를 정하는 것입니다.

수도권이라면 편도 1시간 정도까지는 감당할 만한 출퇴근 시간이라고 생각됩니다. 지방에 거주하는 분들은 "한 시간이나 걸리나요?"라고 놀라는 경우가 있지만, 수도권에서는 이 정도가 평균적인 출퇴근 시간이니 편도 1시간을 기준으로 정하고 지역을 추려보겠습니다.

거리를 파악할 때는 네이버 지도나 카카오맵의 길찾기 기능을 활용하면 됩니다. 예를 들어 사당역에서 수원역까지는 얼마나 걸릴까요? 지하철 4호선과 1호선을 이용해 50분이 소요됩니다. 사당역에서 평촌역까지는 4호선을 이용해 19분이 걸려 수원역에서 보다 더 적은 시간이 소요됩니다.

이렇게 지하철역에서 다른 역까지 가는 데 걸리는 시간을 알아보았다면 해당 역 인근에 있는 단지를 찾아봅니다. 단지가 역에서 멀면 집에서 출발해 지하철역까지 가는 데에도 시간이 꽤 걸린다는 점을 고려하여 역세권 단지에 우선순위를 두고, 역에서 거리가 있는 단지는 후순위로 두는 것이 좋습니다.

이 과정을 통해 이제 후보 지역이 어느 정도 추려졌을 겁니다. 다음 단계는 각 지역의 대표 아파트, 이른바 '대장아파트'의 시세를 확인하는 일입니다. 이건 왜 중요할까요? 그 지역의 집값 천장이 어디인지 가늠할 수 있기 때문입니다.

예를 들어볼까요? 서초구 반포의 대장아파트는 34평형이 60억을 호가합니다. 반면 강동구 고덕동의 대장아파트는 20억

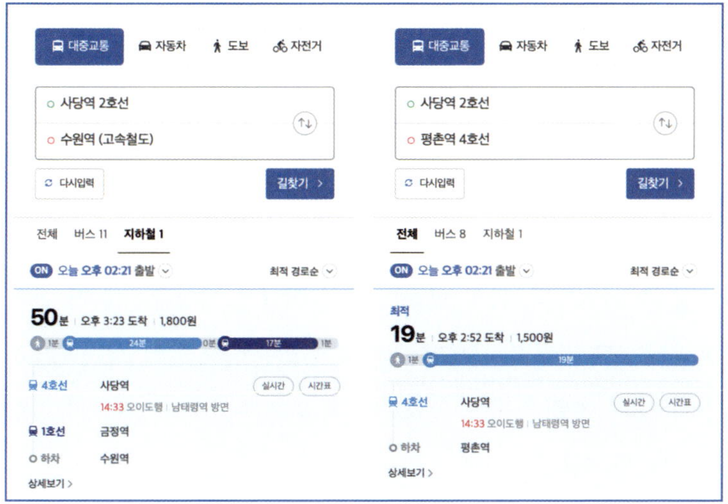

출처 : 호갱노노

대의 시세를 형성하고 있습니다. 같은 서울이라도 지역에 따라 가격 차이가 큽니다. 여러분이 고른 후보지의 대장아파트 시세를 보면 그 지역의 미래 시세 상승 가능성을 어렴풋이 가늠할 수 있습니다.

대장아파트가 중요한 이유가 또 있습니다. 한 지역의 아파트들은 대장아파트 시세를 기준으로 서열이 정해지고, 가격 상승의 상한선도 정해지기 때문입니다. 예를 들어 대장아파트가 20억대라면, 그 지역의 다른 아파트들은 아무리 좋아도 그 이상으로 가격이 올라가기는 쉽지 않습니다.

각 지역을 대표하는 대장아파트의 시세를 정하고 그 지역에서 대장아파트를 따르는 단지들을 줄 세워 봅니다. 부동산 시장

에는 겉으로 드러나지 않지만 어느 정도 정해져 있는 규칙이 있
습니다. 같은 지역 내에서 아파트 입지는 쉽게 변하지 않기 때문
에 가장 선호되는 비싼 아파트부터 시세 상승이 시작되고 다음
단지로 상승세가 퍼지면서 시세 흐름이 변하게 됩니다.

단지별 평당가를 계산하면 지역 내 아파트 단지의 서열을 확
인할 수 있습니다. 관심 있는 단지의 서열은 어디쯤 되는지 살펴
본 다음, 그 앞뒤로 시세가 형성되어 있는 단지들의 실거래가와
현재 나온 매물 가격을 살펴보면 시장 흐름의 타이밍을 어느 정
도 판단할 수 있습니다.

이 단계까지 진행했다면 이제 발로 뛸 준비가 된 겁니다. 하
지만 그전에 한 가지 더 강조하고 싶은 점이 있습니다. 처음부
터 너무 많은 조건을 생각하는 것은 좋은 지역, 좋은 매물을 선
택하는 데에 도움이 되지 않습니다. "신축이어야 해", "수영장이
있어야 해", "남향이어야 해" 이런 것들은 나중에 고려해도 됩니
다. 일단 가용자금으로 갈 수 있는 지역부터 찾아보고, 그 안에
서 최선의 선택을 하시기 바랍니다.

지금까지의 과정을 요약하자면 이렇습니다. 먼저 카카오맵으
로 전체적인 지리를 파악하고, 그다음 부동산 플랫폼으로 실제
매물을 검색합니다. 그리고 실거래가 조회로 시세를 확인합니다.
이 모든 과정에서 역세권을 우선적으로 보되, 출퇴근 시간을 체
크합니다. 마지막으로 대장아파트 시세까지 확인하면 됩니다.

이런 방식으로 지역을 찾다 보면, 처음에는 생각지도 못했

던 곳들이 후보로 떠오르게 됩니다. 익숙한 곳에만 눈길을 주기보다는 넓은 시야로 조건에 맞는 곳을 탐색하는 것이 성공적인 부동산 매수를 위해 필수적입니다.

부린이도 당장 써먹는 입지 분석 '야매' 스킬

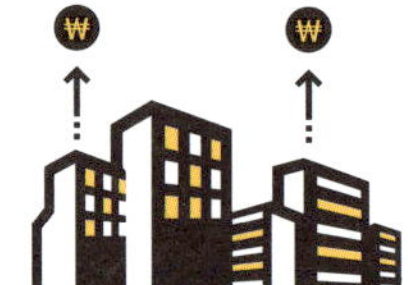

지역을 선정했다면 이제 본격적인 분석이 필요합니다. "지역 분석"이라고 하면 조금 거창하게 들리기도 하고, 부동산 관련 서적이나 전문가들의 분석을 보면 복잡하고 어렵게 느껴질 수 있습니다. 지역분석은 '현재' 기준으로 누릴 수 있는 인프라를 파악하고, '미래'의 호재를 파악하여 집 값에 영향을 주는 요소들을 찾는 것입니다. 친숙한 예시로 설명해 보겠습니다.

우리 모두에게 익숙한 쇼핑몰을 생각해 보겠습니다. 새로운 쇼핑몰에 처음 방문할 때를 떠올려보세요. 대부분의 사람은 먼저 쇼핑몰의 위치와 가는 방법을 알아보며 어느 쇼핑몰에 갈지를 정합니다. 쇼핑몰에 도착하면 층별 안내도를 보면서 전체 구성을 파악하고, 각 층에 어떤 매장들이 있는지 살펴봅니다. 1층 명품관부터 시작해서 위층으로 올라가며 남성복, 여성복 등 각 층의 구성을 파악한 다음, 찾아가려는 층의 세부 안내도를 확인합니다. 그 다음 자신이 관심 있는 브랜드의 매장을 찾아가게 됩니다.

지역 분석도 이런 방식으로 진행하면 됩니다. 이를 저는 '탑다운Top-down 분석법'이라고 부릅니다. 위에서부터 아래로, 큰 그림에서 세부 사항으로 내려가는 방식입니다. 마치 위성에서 지구를 보다가 점점 더 가까이 다가가면서 세부적인 것들을 발견하는 것과 같습니다.

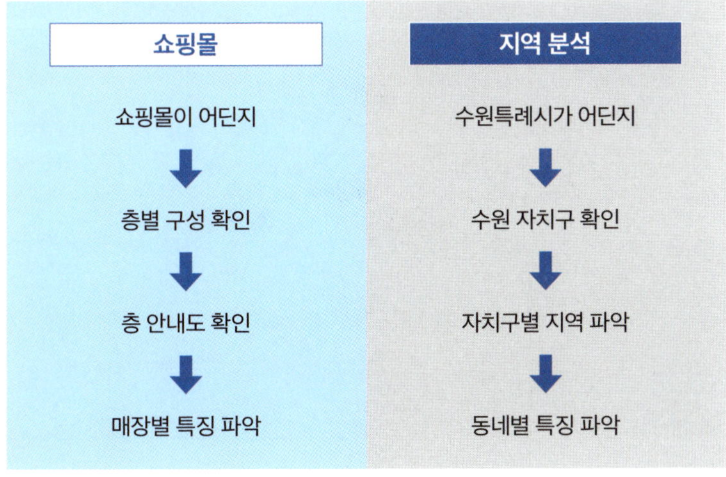

예를 들어 수원을 분석한다고 가정해 보겠습니다. 많은 초보

투자자가 가장 많이 하는 실수는 처음부터 특정 동네나 아파트 단지만을 보는 것입니다. 이는 마치 숲을 보지 못하고 나무만 보는 것과 같습니다. 처음에는 수원이라는 도시 전체를 조망해야 합니다. 수원은 인구 120만의 경기도 대표 특례시이며, 삼성전자를 비롯한 대기업이 자리 잡은 경기 남부의 핵심 도시라는 점을 먼저 이해합니다.

그다음 단계에서는 수원의 네 개 구를 살펴봅니다. 장안구, 권선구, 팔달구, 영통구는 각각 어떤 특성이 있는지, 주요 인프라는 어떻게 구성되어 있는지를 파악합니다.

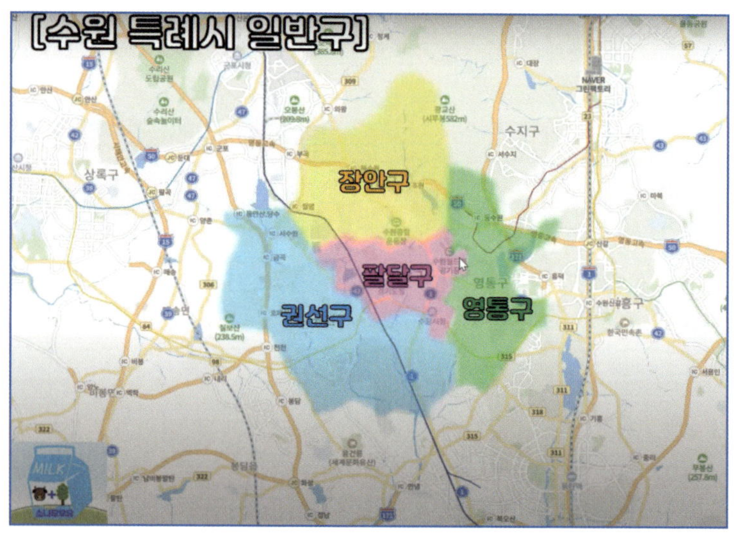

만약 영통구에 관심이 있다면, 그때 비로소 영통구를 자세히 들여다보는 것입니다. "광교가 수원시 영통구에 있는 지역이

었구나! 영통구에는 신분당선이랑 수인분당선이 다니네?" 등 큰 맥락에서 영통구를 파악합니다. 영통구를 구성하는 영통동, 매탄동, 망포동 등 주요 동네의 특성과 그들 사이의 관계를 이해하는 것이 동네별 특징 파악 단계에서 할 일입니다.

　동네별 특징을 파악하는 단계에서 본격적으로 부동산 가치에 영향을 미치는 핵심 요소를 살펴보게 됩니다. 교통, 일자리, 학군, 상권, 상품성 그리고 입주 물량입니다. 각 요소가 무엇을 뜻하는지 바로 이해하셨을 텐데요, 6가지 요소 중 어떤 의미인지 헷갈리는 요소가 있다면 상품성입니다. '상품성'은 쉽게 말해 신축인지 혹은 구축인지를 의미합니다. 요즘 '얼죽신'(얼어 죽어도 신축)이라는 말이 흔히 사용될 정도로 신축 단지에 대한 선호도가 높다 보니 신축이 곧 상품성으로 여겨지는 것입니다. 여섯 가지 요소는 지역의 현재 가치와 미래 가치를 결정하는 가장 중요한 변수들입니다. 이 요소들은 각종 프롭테크를 활용하여 알아볼 수 있습니다.

프롭테크란 자산을 의미하는 Property와 기술을 의미하는 Technology의 합성어로, 각종 부동산 어플이 프롭테크의 일종입니다. 호갱노노, 아실, 리치고, 부동산지인 등이 있으며 각각의 플랫폼에서 원하는 정보를 이용할 수 있습니다. 프롭테크를 활용하여 여섯 가지 요소를 확인해 보겠습니다.

교통

먼저 교통을 살펴보겠습니다. 교통은 단순한 이동 수단이 아닙니다. 특히 수도권에서 교통은 생활의 질과 아파트의 자산 가치를 결정하는 핵심 요소입니다. 교통 호재에 따라 집 값이 크게 상승할 만큼 부동산에 있어 교통은 매우 중요한 요소이므로 꼼꼼하게 살펴보는 것이 중요합니다. 네이버 지도 등 지도 서비스에서도 지하철노선 등 교통에 대한 정보를 얻을 수 있지만,

부동산과 관련하여 교통을 파악하고자 할 때는 부동산 플랫폼을 이용하는 것을 추천해 드립니다. 부동산 플랫폼에서는 현재의 교통뿐만 아니라 미래의 교통 호재까지 한눈에 볼 수 있어 신분당선 연장이나 GTX 노선과 같은 미래의 교통 개발 계획을 일일이 찾아보지 않아도 쉽게 확인할 수 있습니다.

아실을 통해 교통 호재를 파악해 보겠습니다. PC 혹은 모바일 어플로 아실에 접속하여 지도 오른쪽에 있는 교통망 버튼을 누르고, 교통망 보이기를 활성화합니다.

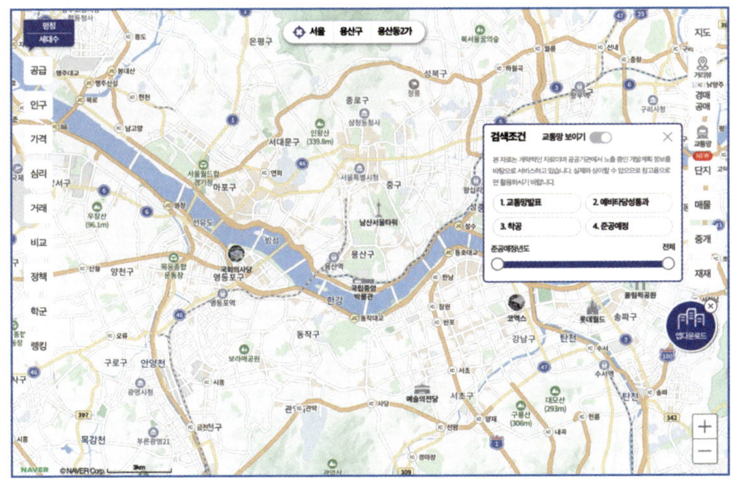

출처 : 아실

기능을 활성화하면 지도에 교통망이 표시되는 것을 확인할 수 있습니다. 이때 보이는 교통망은 아직 개통되지 않은, 개발 예정인 교통망으로 진행 단계에 따라 교통망발표, 예비타당성통과, 착공, 준공예정 단계를 선택하여 원하는 단계에 있는 교통망을 표시할 수 있습니다. 특정 노선이 어디로 이어지는지 궁금하다면 노선을 클릭하여 해당 노선에 대한 정보를 확인할 수 있습니다.

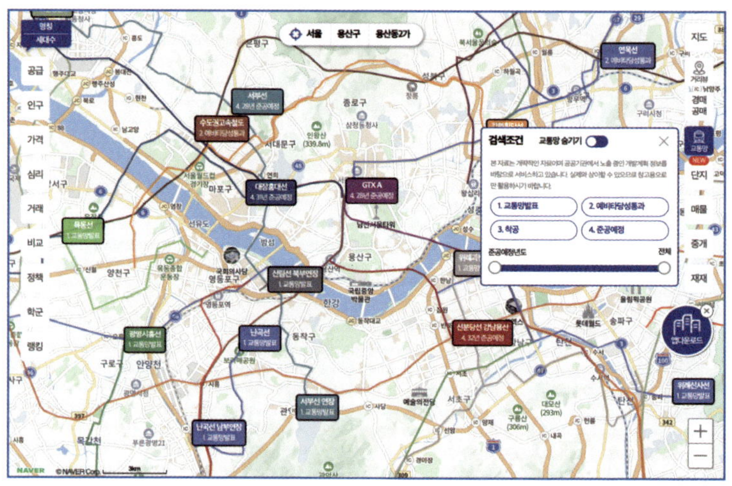

출처 : 아실

교통을 분석할 때 가장 중요한 것은 단순히 '지하철이 들어온다'라는 사실이 아닙니다. 그 노선이 어디로 연결되는지가 더 중요합니다. 예를 들어 수원에서 GTX C 노선을 이용하면 강남까지 한 번에 갈 수 있게 됩니다. 기존에는 1호선을 타고 금정역에서 가서 4호선으로 갈아타고, 다시 사당역에서 2호선으로 갈아타야 했습니다. 이런 복잡한 환승 과정이 단숨에 해결되는 것입니다. 이는 단순한 편의성 향상을 넘어, 해당 지역의 가치를 크게 높일 수 있는 요소가 됩니다.

출처 : 아실

일자리

두 번째로 일자리에 대해 알아보겠습니다. 일자리는 지역의 실수요를 만들어내는 가장 강력한 동력입니다. SGIS 통계정보 서비스를 활용하면 각 지역의 일자리 현황을 정확히 파악할 수 있습니다. SGIS란 통계청에서 운영하는 통계지리정보서비스 입니다. SGIS 사이트에 접속하여 상단의 카테고리 중 통계주제도 – 노동과 경제를 선택, 왼쪽 목록에서 사업체 수 분포 현황을 선택하면 일자리 정보를 확인할 수 있습니다.

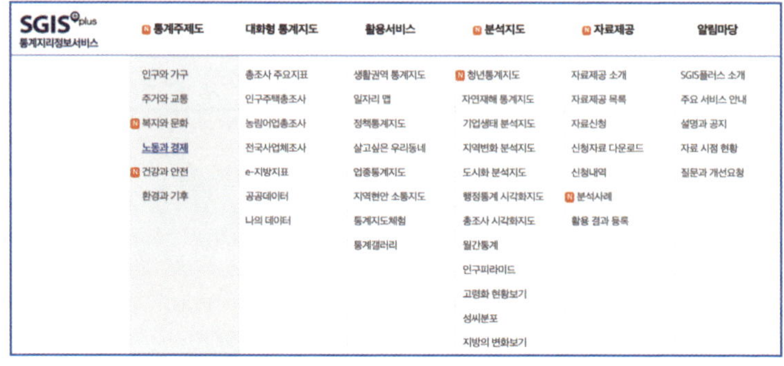

출처 : 통계지리정보서비스

색상이 진할수록 사업체 수가 많은 것이며, 해당 지역에 위치한 사업체를 구체적으로 확인하는 것도 가능합니다. 예를 들어 강남구에는 사업체가 10만 개, 서초구에 7만 개, 송파구에 7만 개가 있습니다. 24만 개의 사업체가 강남 3구에 밀집해 있다는 사실은 이 지역의 부동산 가격이 높은 이유, 그리고 강남

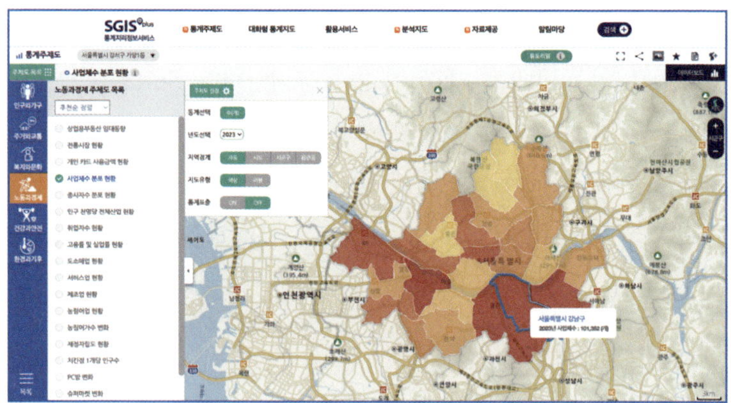

출처 : 통계지리정보서비스

권 접근성이 좋은 지역의 선호도가 높은 이유를 보여줍니다.

마곡이나 판교와 같은 새로운 업무지구도 주목해야 합니다. 마곡이 위치한 강서구는 이미 5만 3천 개가 넘는 사업체가 있습니다. 이들 기업에 근무하는 직원들의 높은 구매력은 주변 지역의 부동산 가치에 직접적인 영향을 미치고 있습니다.

부동산 플랫폼인 "부동산지인"에서도 일자리 정보를 확인할 수 있습니다. 부동산지인에 접속하여 상단 카테고리 중 빅데이터지도 – 경제 지도를 선택하면 됩니다.

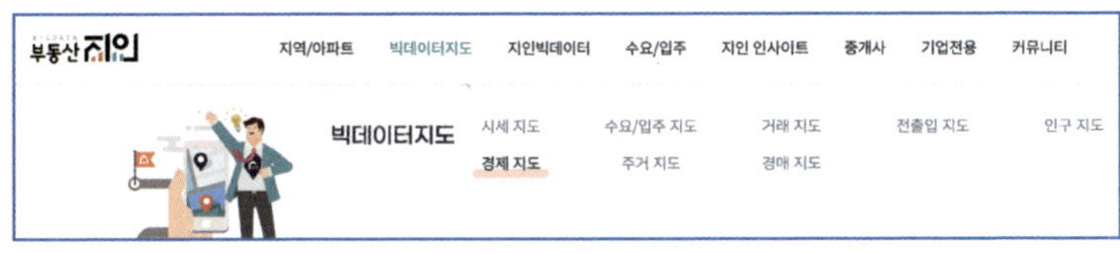

출처 : 부동산지인

화면 오른쪽에서 구분을 법인사업체로, 설정값을 국민연금 가입자 수로 설정하면 지도에 지역별 국민연금 가입자 수가 나옵니다.

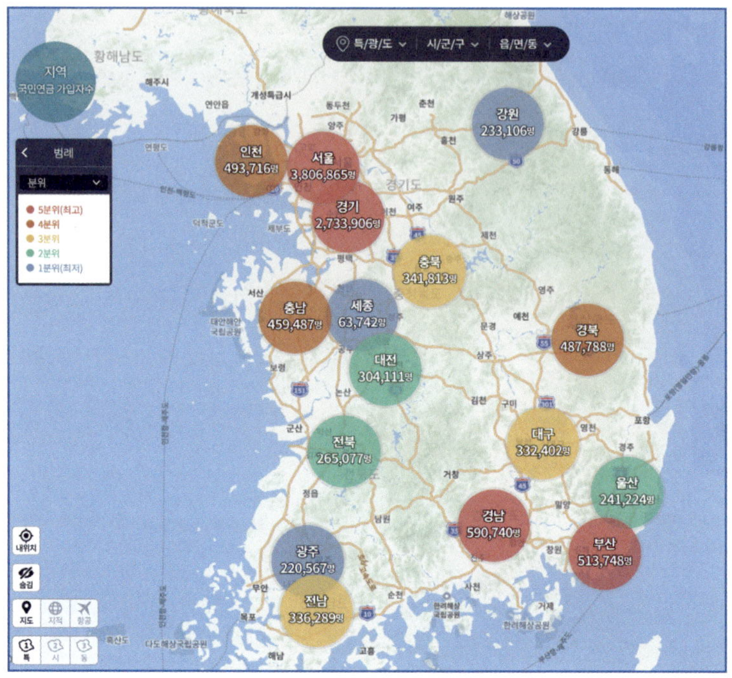

출처 : 부동산지인

지도를 확대하면 시, 군, 구별 국민연금 가입자 수를 확인할 수 있습니다. 수원시를 예로 들어 보면, 수원시에 위치한 법인사업체에 국민연금을 가입한 사람은 약 27만 명임을 알 수 있습니다.

수원시에 대해 자세히 알아보면 삼성전자라는 단일 기업이 10만 명 이상의 직원을 고용하고 있습니다. 이렇게 대규모의 고소득 직장인들이 있다는 것은 주변 지역의 주택 수요와 상권 발전에 결정적인 영향을 미칩니다. 판교테크노밸리에 IT 기업들이

160

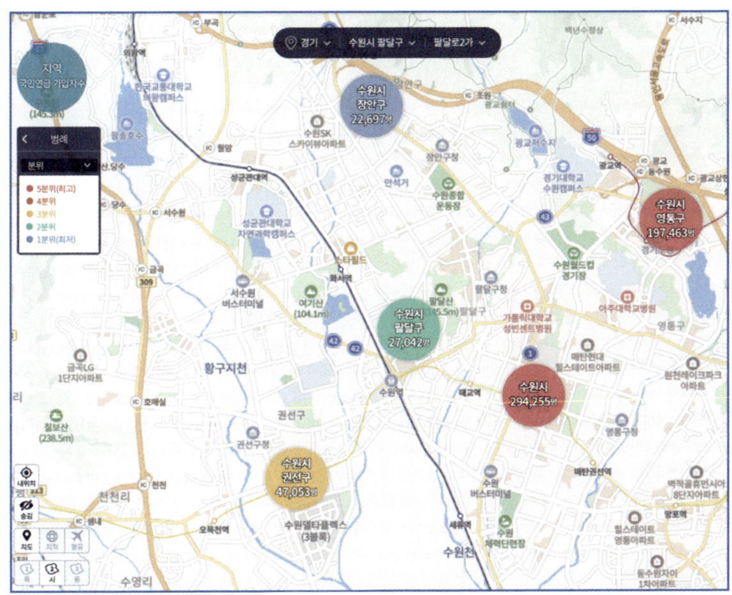

출처 : 부동산지인

밀집해 있다는 점을 생각하면 강남부터 판교, 수원으로 이어지는 지역에 일자리가 풍부하다는 것을 알 수 있습니다. 이 점이 바로 분당과 판교, 수지 지역의 주거 선호도가 높은 이유입니다.

학군

세 번째, 학군입니다. 학군은 특히 실거주자들에게 중요한 고려 사항입니다. 여기서 흥미로운 사실이 있습니다. 많은 분들이 초등학교나 고등학교를 중요하게 생각하지만, 실제로는 중학교가 가장 핵심적인 역할을 합니다. 이는 우리나라 교육 시스템의 특성 때문입니다. 좋은 고등학교에 진학하기 위해서는 중학교

성적이 결정적이며, 중학교 시기의 학습 태도와 실력이 이후의
학업 성취도를 좌우하게 됩니다.

학군 정보는 '아실'에서 확인할 수 있습니다. 아실에 접속하
여 지도 왼쪽에 있는 버튼 중 학군을 선택하면 학군 리스트와
더불어 지도에 학교별 학업 성취도가 퍼센티지로 표시됩니다.
이때 표시되는 퍼센티지는 국가수준 학업성취도 평가에서 보통
학력 이상을 보인 학생의 비율을 보여줍니다. 퍼센티지가 높을
수록 학업성취도가 높고, 교육열이 높은 학교라고 생각할 수 있
습니다.

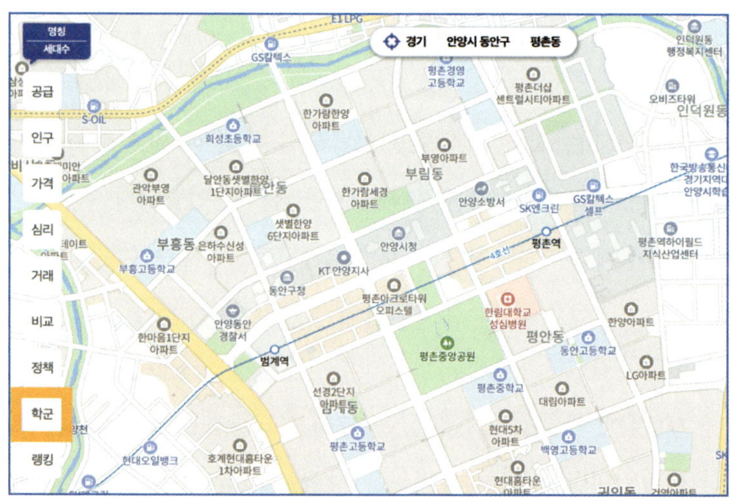

출처 : 아실

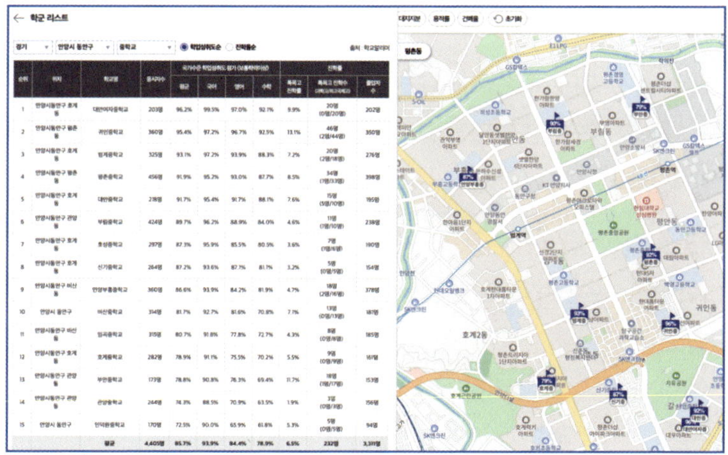

학군 리스트

경기 | 안양시 동안구 | 중학교 | ● 학업성취도순 ○ 진학률순　　출처 : 학교알리미

순위	위치	학교명	응시자수	국가수준 학업성취도 평가 (보통학력이상)				특목고 진학률	진학률	졸업자 수
				평균	국어	영어	수학		특목고 진학수 (과학고/외고/국제고)	
1	안양시동안구 호계동	대안여자중학교	203명	96.2%	99.5%	97.0%	92.7%	9.9%	20명 (0명/20명)	202명
2	안양시동안구 평촌동	귀인중학교	360명	95.4%	97.2%	96.7%	92.5%	13.1%	46명 (2명/44명)	350명
3	안양시동안구 호계동	범계중학교	325명	93.1%	97.2%	93.9%	88.3%	7.2%	20명 (2명/18명)	276명
4	안양시동안구 평촌동	평촌중학교	456명	91.9%	95.2%	93.0%	87.7%	8.5%	34명 (1명/33명)	398명
5	안양시동안구 호계동	대안중학교	218명	91.7%	95.4%	91.7%	88.1%	7.6%	15명 (5명/10명)	195명
6	안양시동안구 관양동	부림중학교	424명	89.7%	96.2%	88.9%	84.0%	4.6%	11명 (1명/10명)	238명
7	안양시동안구 호계동	호성중학교	297명	87.3%	95.9%	85.5%	80.5%	3.6%	7명 (1명/6명)	190명
8	안양시동안구 호계동	신기중학교	264명	87.2%	93.6%	87.7%	81.7%	3.2%	5명 (0명/5명)	154명
9	안양시동안구 비산동	안양부흥중학교	360명	86.6%	93.9%	84.2%	81.9%	4.7%	18명 (2명/16명)	378명
10	안양시 동안구	비산중학교	314명	81.7%	92.7%	81.6%	70.8%	7.1%	13명 (0명/13명)	187명
11	안양시동안구 비산동	임곡중학교	315명	80.7%	91.8%	77.8%	72.7%	4.3%	8명 (0명/8명)	185명
12	안양시동안구 호계동	호계중학교	282명	78.9%	91.1%	75.5%	70.2%	5.5%	9명 (0명/9명)	161명
13	안양시동안구 관양동	부안중학교	173명	78.8%	90.8%	76.3%	69.4%	11.7%	18명 (1명/17명)	153명
14	안양시동안구 관양동	관양중학교	244명	74.3%	88.5%	70.9%	63.5%	1.9%	3명 (0명/3명)	156명
15	안양시 동안구	인덕원중학교	170명	72.5%	90.0%	65.9%	61.8%	5.3%	5명 (0명/5명)	94명
평균			4,405명	85.7%	93.9%	84.4%	78.9%	6.5%	232명	3,311명

출처 : 아실

학군지로 유명한 평촌을 살펴보겠습니다. 평촌에서는 귀인중학교가 96%라는 높은 퍼센티지를 보이고 있는데, 실제로 평촌에서 가장 선호되는 중학교가 귀인중학교라는 점을 생각하면 이 지표를 신뢰하며 학군지를 알아볼 수 있습니다. 자녀가 있는, 혹은 자녀 계획이 있는 가정이라면 실거주 지역을 선택할 때 이러한 정보를 활용하여 학군을 고려하시기 바랍니다.

상권

네 번째 요소는 상권입니다. 상권은 우리의 일상생활과 밀접한 관련이 있는 요소입니다. 하지만 상권을 분석할 때는 단순히 상가의 수만 보면 안 됩니다. 상권의 질적 구성이 더 중요합니다. 유흥업소와 같은 유해시설의 비중은 작고, 마트나 병원, 은행과 같은 생활편의시설이 잘 갖춰져 있는지를 봐야 합니다. 또한 상권이 얼마나 밀집되어 있는지, 도보권 내에서 필요한 시설을 모두 이용할 수 있는지도 중요한 체크포인트입니다.

상권을 알아보기 좋은 부동산 플랫폼은 호갱노노입니다. 호갱노노의 여러 버튼 중 상권을 선택하면 지도에 지역별 상권의 규모와 개수가 표시됩니다.

아파트, 지역 또는 학교명으로 검색
실시간   9 송도더샵G5   661명
매매   유형   평형   가격   세대수   유
분양   이야기 N   재건축   경매   뉴스   오늘
학원가   가격변동   개발호재   상권
경사/고도   거래량   신고가   직장인연봉
인구   공급   출근   분위지도
외지인비율   하락거래   미분양   역전세
배송생활권

출처 : 호갱노노

이렇게 표시된 상가의 개수가 많다고 해서 무조건 좋은 것은 아닙니다. 앞서 이야기했듯 상가의 구성이 중요하기 때문에

164

호갱노노를 통해 주요 상권을 파악한 후 해당 지역을 직접 방문하여 생활편의시설이 많은지, 분위기는 어떠한지 등을 확인하는 것이 좋습니다. 만약 직접 방문이 어렵다면 네이버 지도의 로드뷰 등을 이용하여 온라인으로 상권을 확인하는 것이 도움이 됩니다.

입주물량

마지막으로 입주물량을 살펴보겠습니다. 입주물량을 쉽게 이해하자면 햄버거에 비유할 수 있습니다. 아침에 햄버거를 세 개 먹었다고 가정해 보겠습니다. 점심때 또 많이 먹을 수 있을까요? 저녁때는 어떨까요? 마찬가지로 어떤 지역에 입주 물량이 갑자기 많이 들어오면, 그 지역의 시장이 이를 소화하는 데는 시간이 필요합니다. 그래서 입주물량을 분석할 때는 최소 전후 3년은 봐야 합니다. 2026년을 기준으로 한다면, 2023년부터 2029년까지의 입주물량을 모두 확인해야 한다는 뜻입니다.

한 지역에서 소화할 수 있는 입주물량에는 한계가 있기 때문에 입주물량이 많은 해가 있다면 해당 물량이 여러 해 동안 영향을 미칠 수 있습니다. 이때 적정 입주물량과 실제 입주 물량을 비교해야 하며, 적정 입주 물량은 인구수의 0.5%로 보는 경우가 많습니다.

아실을 통해 입주 물량을 확인해 보겠습니다. 아실 상단 메뉴 중 입주 물량을 선택하면 지역별 입주물량에 대한 정보가 펼

쳐집니다. 왼쪽에는 입주물량에 대한 그래프가, 오른쪽에는 단지별 입주 시기와 세대수가 나타나 입주물량에 대한 정보를 한눈에 볼 수 있습니다.

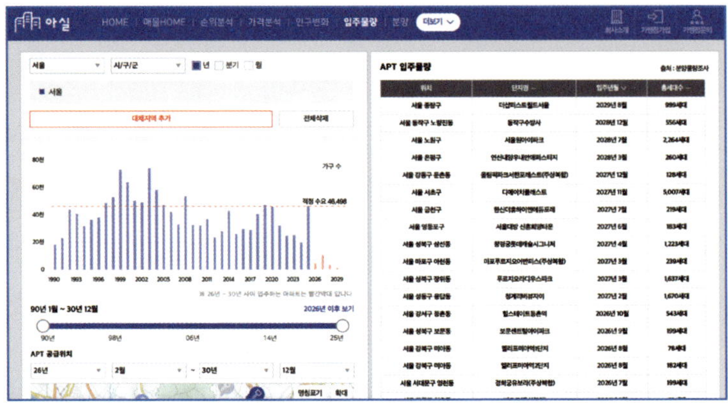

APT 입주물량   출처 : 분양물량조사

위치	단지명	입주년월	총세대수
서울 용산구	다산피스트힐드서울	2029년 8월	999세대
서울 동작구 노량진동	동작구수암사	2028년 12월	556세대
서울 노원구	서울원아이파크	2028년 7월	2,264세대
서울 은평구	연신내캐상우내안애피스티지	2028년 3월	260세대
서울 강동구 둔촌동	올림픽파크서한포레스트(주상복합)	2027년 12월	128세대
서울 서초구	다에이치클레스트	2027년 11월	5,007세대
서울 금천구	한신더휴하이엔에듀포레	2027년 7월	219세대
서울 영등포구	서울대방 신혼희망타운	2027년 6월	183세대
서울 성북구 삼선동	창경궁롯데캐슬시그니처	2027년 4월	1,223세대
서울 마포구 아현동	마포푸르지오어반피스(주상복합)	2027년 3월	239세대
서울 성북구 장위동	푸르지오라디우스파크	2027년 3월	1,637세대
서울 성동구 응답동	청계리버뷰자이	2027년 2월	1,670세대
서울 강서구 등촌동	힐스테이트등촌역	2026년 10월	543세대
서울 성북구 보문동	보문센트럴아이파크	2026년 9월	199세대
서울 강북구 미아동	엘리프미아역1단지	2026년 8월	76세대
서울 강북구 미아동	엘리프미아역2단지	2026년 8월	182세대
서울 서대문구 영천동	경희궁유보라(주상복합)	2026년 7월	199세대

출처 : 아실

인천을 예로 들어 입주물량을 확인해보겠습니다. 인천의 인구는 약 300만 명으로, 아실에서는 적정 수요를 15,266가구로 설정하였습니다. 2026년을 중심으로 전후 3년간의 입주물량을 살펴보면 2026년부터는 입주 물량이 적정수요보다 적으나, 2023년부터 2025년까지 인천의 입주물량이 적정 수요를 크게 초과하였음을 알 수 있습니다. 이렇게 수요를 초과하는 공급은 해당 지역의 부동산 시장의 정체 혹은 가격 하락의 요인이 될 수 있습니다.

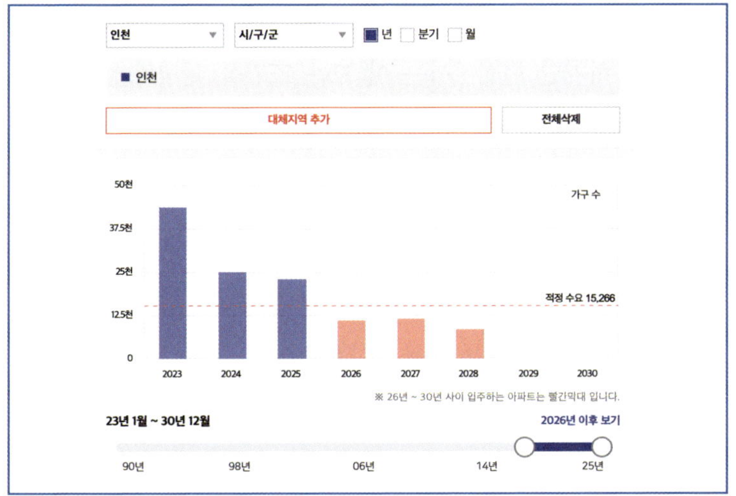

출처 : 아실

특히 입주 물량이 많으면 전세 매물도 많아지고, 이는 자연스럽게 전세 가격 하락으로 이어질 수 있어 매매와 전세 모두 입주 물량의 영향을 받습니다. 입주물량 증가가 해당 지역 전체에 영향을 주는 것은 아니며, 같은 지역이라 하더라도 생활권이 다르면 입주 물량에 따른 영향이 적을 수 있습니다. 신축 단지의 입주가 나에게 어떠한 영향을 줄지를 알고 싶다면 단순히 입주 물량의 수만을 확인하기보다는 어느 위치에 어떤 단지가 입주하는지를 확인하는 것이 좋습니다.

결론적으로, 지역 분석은 여섯 가지 요소를 종합적으로 고려해야 하며, 한 가지 요소만으로 판단해서는 안 됩니다. 교통이 좋고, 일자리가 많으며, 학군이 우수하고, 상권이 잘 갖춰져 있으면서 입주 물량도 적절한 균형을 이루는 곳을 찾는 것이 이상적입니다. 하지만 현실에서는 이 모든 조건을 완벽하게 갖춘 곳을 찾기는 쉽지 않습니다. 그래서 우리는 우선순위를 정해야 합니다.

실거주를 목적으로 한다면, 직장과의 거리와 교통이 가장 중요할 것입니다. 자녀가 있는 가정이라면 학군도 높은 우선순위가 될 것입니다. 반면 투자 목적이라면 일자리 환경과 개발 호재를 더 중요하게 볼 수 있습니다. 매수 목적과 상황에 맞게 우선순위를 설정해 최선의 선택을 하시기 바랍니다.

호가 말고 실거래가!
낚이지 않고
진짜 동네 분위기 읽어내는 법

앞서 살펴본 교통, 일자리, 학군, 상권, 입주물량을 포함해 여러 요소를 종합하여 정해진 것이 단지별 시세입니다. 그래서 지역분석을 할 때는 한 지역 내에서도 어느 단지의 시세가 높은지, 혹은 낮은지를 파악하는 것이 중요합니다.

내가 거주하고 있거나, 익숙한 단지라면 이러한 시세를 파악하는 것이 어렵지 않지만 처음 보는 지역이라면 어떨까요? 어디서부터 어떻게 시세를 알아봐야 할지 막막하기만 합니다. 이럴 때 활용할 수 있는 기능이 있으니 바로 호갱노노의 분위지도 입니다.

출처 : 호갱노노

분위지도란 아파트 단지를 기준에 따라 4개 그룹으로 나누어 지도에 색상으로 나타낸 것을 말합니다. 평당가격을 기준으로 한다면 남색으로 표시된 단지의 평당가격이 가장 높고, 회색으로 표시된 단지의 평당가격이 가장 낮습니다. 이때, 그룹의 기준은 지도에 표시된 단지 간의 비교이기 때문에 지도 범위를 어디로 설정하는지에 따라 같은 단지라도 색상이 다르게 표시될 수 있습니다.

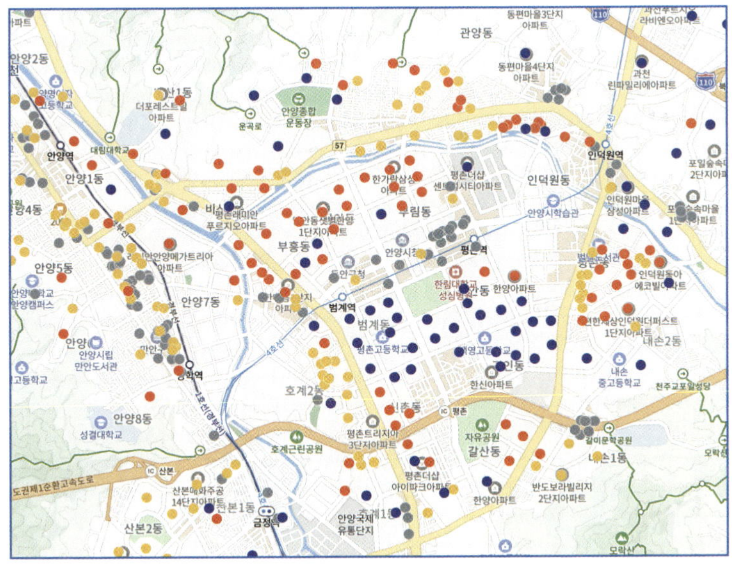

이 기능은 생소한 지역이라도 시세를 한눈에 파악할 수 있어 새로운 지역을 공부할 때 도움이 됩니다. 만약 평촌에 대해 알고자 한다면 4호선 북쪽보다 남쪽에 있는 단지의 시세가 높다는 것을 확인하고 "왜 이 단지들의 시세가 더 높지?"라는 의문을 시작으로 해당 지역을 공부할 수 있습니다.

각 지역에 대해 파악할 때는 최고가가 얼마인지를 아는 것도 중요합니다. 최고가는 아실에서 확인할 수 있습니다. 아실 상단의 메뉴에서 더보기 – 최고가를 선택합니다.

출처 : 아실

최고가 순위는 지역, 평형, 기간을 설정하면 해당 기간 조건에 맞는 단지 중 가장 비싸게 거래된 단지와 거래가를 보여줍니다. 2025년 12월부터 2026년 3월 중순까지 서울 영등포구 문래동에서 거래된 단지 중 31평~35평 매매 최고가 순위를 알아보면 1위는 문래자이로 18억 3천만 원에 거래된 것을 알 수 있습니다.

최고가 단지를 아는 것이 중요한 이유는 최고가 단지가 지역의 전반적인 시세를 이끌어가는 경향이 있기 때문입니다. 최고가 단지의 시세가 올라가면 다른 단지의 시세가 상승할 여력이 생기는 것이고, 시세가 내려가면 다른 단지의 시세도 내려갈 가능성이 높아집니다. 새로운 대장 아파트가 등장하지 않는 이상 그 지역의 다른 아파트가 아무리 좋고, 시세가 아무리 오른다

출처 : 아실

해도 최고가 아파트의 시세를 넘어서기는 쉽지 않습니다.

이처럼 최고가 단지를 아는 것은 지역 시세의 기준점을 파악하는 데 도움이 됩니다. 그 기준점을 이해했다면 이제 실제 시장이 어떤 흐름을 보이고 있는지 확인하는 단계가 필요합니다.

부동산 시장 분위기가 어떤지, 시세가 어떤 상황인지 파악하기 위해서는 네 가지 포인트를 생각해 볼 수 있습니다. 회복률,

저가매물, 거래량, 단지 비교입니다.

먼저 '회복률'입니다. 회복률은 부동산 상승기에 거래된 최고가를 기준으로 현재 매매가가 기준치의 몇 퍼센트인지를 통해 부동산 시장의 회복을 확인하는 지표입니다. 과거 부동산 상승기가 지속되며 주택 가격은 연일 최고가를 돌파했고, 2021년 하반기에서 2022년 초반까지 가격의 정점을 찍었습니다. 이때의 가격을 100%로 보고, 현재 가격이 여기에서 얼마나 회복됐는지를 보는 것입니다. 예를 들어 정점에서 14억 8천만 원이었던 아파트가 현재 12억 3천만 원에 거래된다면, 회복률은 83%가 되는 것입니다.

서울의 대표적인 아파트 단지와 경기도 상급지의 회복률은 이미 100%를 넘어 신고가를 갱신하고 있습니다. 하지만 시야를 넓히면 아직 회복률이 100%에 도달하지 못한 단지도 많습니다. 이러한 단지들은 앞으로의 상승 여력이 더 있다고 볼 수 있습니다. 물론 이는 절대적인 기준이 될 수는 없지만, 투자 판단의 중요한 참고 사항이 될 수 있습니다.

두 번째는 저가 매물에 대한 분석입니다. 아파트 단지에서 가장 낮은 가격에 나온 매물들의 움직임을 주시해 보는 것입니다. 예를 들어 기존에 6억 대였던 아파트가 하락장을 거치면서 4억 원 후반까지 내려갔다가, 4억 5천만 원대에서 거래가 활발하게 일어난다면, 이는 이른바 '바닥 다지기' 현상일 수 있습니다. 이후 저가 매물이 소진되고 4억 6천만 원, 4억 7천만 원으로 가격이 올라가기 시작한다면 이는 상승 사이클이 시작되는 신호일 수 있습니다. 특히 저층과 탑층(꼭대기층)의 매물이 거래되고 호가가 올라가는 상황을 예의주시하시기 바랍니다. 일반적으로 저층과 탑층은 우선적으로 보는 선호매물이 아니며 중층에 비해서 가격이 10% 정도는 항상 낮게 형성되어 있기 때문입니다.

세 번째 지표인 거래량은 수요를 파악할 수 있는 지표입니다. 전반적인 거래량이 많다면 현재 부동산 매수 수요가 많다는 것을 알 수 있습니다. 관심 단지의 거래량을 확인하면 추후 매도를 할 때 원활하게 거래할 수 있을지 혹은 매수자를 찾기 어려울지를 예측할 수 있습니다.

부동산 하락장으로 불리는 시기는 2022년도부터 2023년도까지로, 하락장 이후 지금까지 여러 채의 집을 보유하고 있는 투자자의 시장보다는 직접 거주할 집을 매수하는 실수요자의 시장이 이어져 오고 있습니다. 거래량을 유심히 살펴봐야 하는 이유는 침체된 분위기 속에서도 투자자를 제외한 실거주자가 많이 찾는 단지는 향후 부동산 시장 분위기가 좋아졌을 때 투자 수요까지 흡수할 힘이 있기 때문입니다. 또한 거래량이 많아야 시세의 움직임이 두드러지게 보입니다. 그래서 환금성을 따질 때 거래량을 필수적으로 확인해야 합니다.

마지막으로 '단지 비교'를 통해 과거부터 현재까지의 가격 추이도 확인할 수 있습니다. 두 단지의 매매가 이력을 한눈에 보고 싶다면 아실을 활용할 수 있습니다. 아실 상단 메뉴 중 더보기 – 가격비교를 클릭하여 두 단지를 선택하면 해당 단지의 시기별 매매가를 그래프로 비교할 수 있습니다.

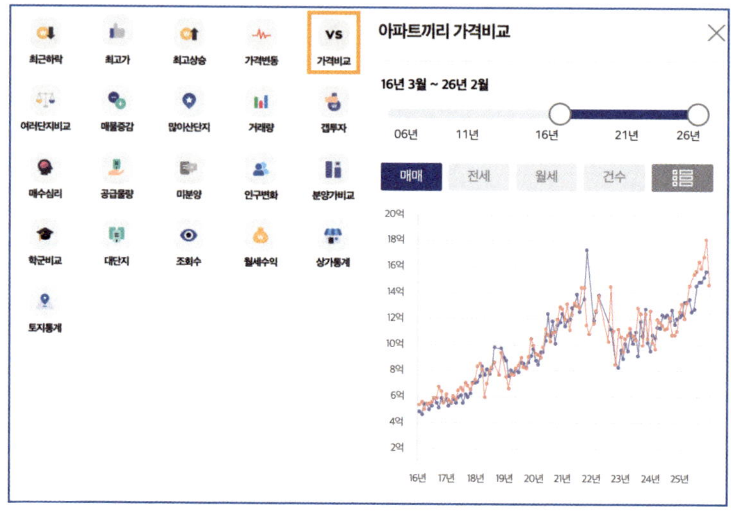

출처 : 아실

두 개의 단지를 비교하였을 때 과거 비슷한 가격대였다가 현재 매매가에 차이가 있다면 현재 가격이 더 낮은 단지가 상승 여력이 있다고 볼 수 있습니다. 혹은 현재 매매가가 비슷한 두 단지를 두고 어떤 단지를 매수할지 고민이 된다면, 과거 매매가와 최고가를 비교하여 어떤 단지가 더 높은 가격대를 형성하였는지를 확인하여 매수 결정에 참고할 수 있습니다.

지금까지 설명한 분석 방법들은 모두 중요합니다. 하지만 가장 중요한 것은 이 모든 정보를 종합적으로 판단하는 능력입니다. 데이터와 수치는 참고 사항일 뿐, 최종적인 판단은 여러분의 몫입니다.

6장

방구석 탈출!
두 발로 뛰며 줍줍하는
실전 임장기

임장?
그냥 동네 산책 아니야?
(우리가 발품을 팔아야만 하는 이유)

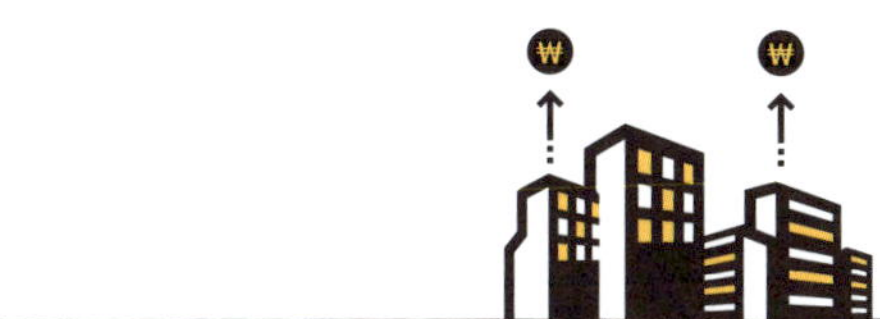

부동산을 공부하다 보면 반드시 만나게 되는 용어가 있습니다. 바로 '임장'입니다. 임장이란 무엇일까요? 간단히 말하면 현장에 직접 가서 부동산을 보는 것입니다. 임장은 인터넷이나 자료만으로는 알 수 없는 정보를 직접 눈으로 보고, 발로 뛰면서 획득하는 과정입니다. 역세권이라고 하는 곳이 실제로는 큰 도로를 건너야 하거나, 가파른 언덕을 올라가야 하는 경우도 있습니다. 대규모 상권이라고 소개된 곳이 실상은 유흥가일 수도 있죠. 이러한 현장 상황은 책상 앞에서 아무리 지도를 들여다봐도 정확히 알 수 없습니다.

하지만 단순히 '보고 오는 것'이 전부라면 임장이 의미를 갖기는 힘듭니다. 임장을 효과적으로 하기 위해서는 목적을 명확히 하는 것이 중요합니다. 임장의 목적은 크게 네 가지로 나눌 수 있습니다:

- **1단계** **동네 분위기 파악** : 지역 전반의 느낌과 환경 살펴보기
- **2단계** **부동산과 유대관계 형성** : 현지 부동산과 신뢰 관계 구축하기
- **3단계** **모의 투자** : 투자 가능성 구체적으로 검토하기
- **4단계** **매물 매수** : 실제 매수를 위한 최종 단계

이 중 가장 기본이 되는 것이 '동네 분위기 파악'입니다. 다른 목적의 임장을 하더라도 동네 분위기 파악은 기본적으로 이루어져야 합니다. 부동산과 유대관계를 맺거나 모의 투자를 하기 전에 그 지역이 어떤 곳인지 기본적인 이해가 필요합니다.

임장을 할 때는 실거주 관점에서 접근하는 것이 중요합니다. 매일 출퇴근에 걸리는 시간, 주변 편의시설 이용, 학교나 학원 접근성 등이 삶의 질에 큰 영향을 미치기 때문입니다.

직장과의 거리가 주거지 선택과 부동산 가격에 중요한 요소가 되는 것도 이 때문입니다. 현재 거주하는 곳에서의 일상을 생각해보면, 아침에 일어나는 시간부터 출퇴근 방식까지 모두 주거 환경과 밀접하게 연결되어 있습니다. 새로운 지역을 평가할 때도 이렇게 실생활 관점으로 접근하면 더 정확한 판단이 가능합니다.

많은 분들이 임장을 어려워합니다. 그러나 임장은 부동산 투자의 기본이자 시작입니다. 책상 앞에서 아무리 공부해도 현장에서 직접 보고 느끼는 것만큼 큰 배움은 없습니다. 처음에는 서툴고 어색하더라도, 꾸준히 실천하다 보면 반드시 그 가치를 깨닫게 될 것입니다. 임장을 어떻게 해야 하는지, 무엇을 중점적으로 봐야 하는지를 차근차근 알려드리겠습니다.

임장 첫 번째 단계 : 낮에 한 번, 밤에 한 번. 진짜 동네 민낯 파헤치기

임장의 첫 번째 단계는 동네의 분위기를 파악하는 것입니다. "아파트 단지는 다 비슷하지 않나요?"라고 생각할 수 있지만 임장을 할수록 모든 단지, 동네에는 저마다의 분위기와 특징이 있다는 것을 알 수 있었습니다. 어떤 동네는 아이들이 많아 활발한 분위기이고, 어떤 동네는 단지 내에 경사가 있는 등 그 특징이 다양합니다. 이러한 종합적인 분위기를 알아보는 것이 가벼운 단계의 임장입니다.

동네를 한 바퀴 돌아보는 것도 임장이라고 할 수 있습니다. 하지만 지역 파악, 혹은 매수 고민에 도움이 될 정도로 동네를 잘 알기 위해서는 임장을 통해 교통 및 접근성, 생활 편의시설,

교육 환경, 주거 환경, 개발 전망 등을 체계적으로 확인해야 합니다. 처음에는 모든 요소를 한꺼번에 확인하기보다 단계적으로 접근하는 것이 좋습니다.

임장을 할 때 확인해야 할 요소들을 체크리스트로 정리해 보면 다음과 같습니다.

교통 및 접근성

- 주요 업무지구와의 거리 및 소요 시간
- 대중교통 접근성 (지하철, 버스 노선)
- 직장과의 거리
- 도보 이동 경로와 실제 소요 시간

교통은 많은 사람들에게 중요한 요소 중 하나입니다. 지하철역까지 도보 10분 이내인지, 주요 간선도로 접근이 쉬운지, 직장까지의 소요 시간은 어느 정도인지 등을 꼼꼼히 확인해야 합니다. 지도 앱에서는 가까운 역까지 15분으로 표시되지만, 실제로는 언덕길이나 횡단보도 때문에 20분 이상 걸리는 경우도 많습니다. 따라서 지하철역까지 직접 걸어보는 것을 추천합니다. 또한 평상시보다는 사람들이 몰리는 출퇴근 시간대의 교통 상황을 직접 확인해 보는 것이 중요합니다.

필요할 때 바로 찾아갈 수 있는 생활 편의시설이 있다는 것은 삶의 질에 큰 영향을 줍니다. 인근에 대형마트가 있는지, 동네 병원이나 약국은 충분한지, 저녁 산책을 즐길 만한 공원이 있는지 등을 살펴봅니다. 이러한 요소들이 갖춰진 동네는 거주자의 만족도가 높을 가능성이 큽니다.

자녀가 있는 가정이라면 교육 환경은 매우 중요한 요소입니다. 초등학교가 단지 내에 있는지, 선호되는 중학교나 고등학교가 인근에 있는지, 규모 있는 학원가와 유명 학원이 얼마나 있는지 살펴봅니다. 또한 아이들이 안전하게 통학할 수 있는 환경인지도 중요합니다. 차량 통행이 많은 큰 도로를 건너야 하는지,

아니면 단지에서 바로 학교로 갈 수 있는지 확인해 보시기 바랍니다.

학부모들이 초품아(초등학교를 품은 아파트)를 선호하는 이유에는 아이들의 '안전'이라는 요소가 가장 크게 반영되어 있습니다. 제가 임장을 가면 항상 확인하는 것이 있습니다. 길을 건너야만 등하교가 가능한 도로가 있다면 10분 정도 관찰하는 것입니다. 차량 통행량이 어느 정도 되는지, 통행하는 차량이 버스나 트럭과 같이 위험에 크게 노출될 수 있는 차종인지도 확인합니다. 도로를 건너야 한다고 해서 무조건 마이너스 요소가 되는 것은 아니므로 인터넷으로 확인할 수 없는 점들을 현장에서 확인해야 합니다.

그리고 '초품아'의 개념이 꼭 단지 안에 초등학교를 품고 있어야 하는 건 아닙니다. 아파트 단지 앞 2차선 도로 건너에 학교가 있더라도 그 학교와 가장 가까운 단지이며, 주변에 비교할 만한 초등학교가 없다면 초품아의 역할도 할 수 있습니다. 같은 생활권에서 항상 상대적으로 파악을 해보셔야 합니다.

주거 환경

- 단지 내부 시설
- 층간 소음, 주변 소음 상태
- 동 간 거리, 일조량
- 주차 시설
- 단지 내 차량 통행 여부

아파트 단지 내에서의 생활 환경을 확인합니다. 놀이터나 주민 공동시설이 잘 갖추어져 있는지, 동과 동 사이의 거리는 충분히 넓은지, 주차 공간은 여유가 있는지 등을 살펴보시기 바랍니다. 특히 단지 내 차량 통행 여부는 안전과 소음에 직접적인 영향을 미치므로 중요합니다. 신축 아파트는 대부분 지하 주차장을 이용하지만, 구축 아파트는 지상 주차장이나 단지 내 도로를 이용하는 경우가 많습니다. 지하 주차장이 있는 단지라면 지하 주차장과 엘리베이터가 바로 연결되어 있는지 혹은 지상으로 올라와 엘리베이터를 타야 하는지도 생활 편의에 영향을 주는 요소입니다.

1990년대에 지어진 구축 아파트라면 추가로 확인해야 할 부분이 있습니다. 대로변과 맞닿아 배치된 동의 베란다가 어느 쪽인지를 확인해야 합니다. 단지를 바라보고 있는지, 대로변을 바라보고 있는지에 따라서 소음과 매연에 의한 피해 정도가 달라집니다.

우리는 거실에서 많은 시간을 보내고 날씨가 좋을 때는 거실과 연결된 베란다의 창문을 열어 놓습니다. 그래서 베란다의 방향에 따라 소음에 직접적인 영향을 받게 됩니다. 거실 반대편에 있는 베란다는 부엌 및 방과 연결되어 보통 짐을 놓거나 세탁기, 건조기를 설치하는 공간이기 때문에 상대적으로 소음의 영향을 덜 받습니다. 이러한 1990년대 아파트의 구조적인 특징을 고려해야 합니다.

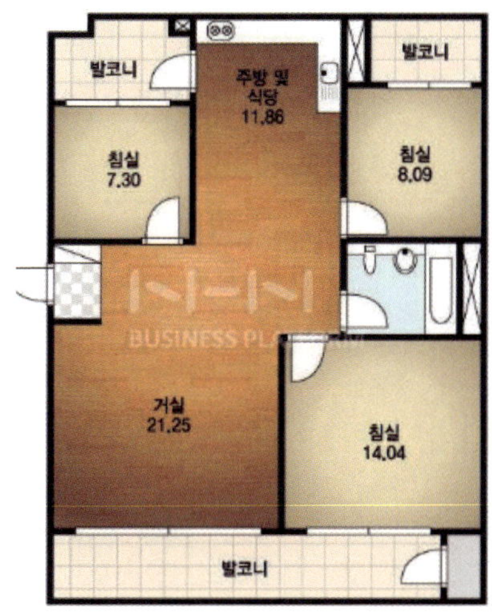

개발 전망

- 양질의 일자리 확충

- 주변 재개발/재건축 계획

- 교통 호재 (신규 노선 계획 등)

- 상권 발전 가능성

미래 가치 상승 가능성을 살펴봅니다. 양질의 일자리가 확보되어 수요가 많아지는지, 주변에 재개발 계획이 있는지, 새로운 지하철 노선이 들어올 예정인지, 대형 상업시설 건설 계획이 있는지 등을 확인해 보시기 바랍니다. 이러한 개발 호재는 부동산 가치에 긍정적인 영향을 미칠 수 있으며, 호재가 이미 가격에 반영되어 가격이 오른 상황일 수 있습니다. 단, 모든 개발 계획이 예정대로 진행되지 않을 수 있다는 점을 염두에 두어야 합니다.

지금까지 소개한 체크리스트를 바탕으로 임장을 진행하면 충분한 정보를 얻을 수 있습니다. 다만, 처음부터 이 모든 요소를 파악하는 것은 어렵습니다. 초보자는 단계적으로 임장을 한다고 생각하며 첫 임장에서는 동네 분위기를 살펴보고, 이후 방문에서 더 구체적인 요소들을 확인하는 방식으로 임장을 진행하는 것이 효과적입니다.

임장 두 번째 단계 :
기 센 소장님 앞에서도
쫄지 않는 부동산 문 부수기

네이버 부동산만 쳐다보면
좋은 매물을 뺏기는 이유

임장 첫 단계에서 동네 분위기를 파악했다면, 다음 단계는 부동산을 직접 방문해 구체적인 정보를 얻고 유대관계를 만드는 단계입니다. 부동산 중개사무소를 찾아가는 이유는 현장에서만 얻을 수 있는 생생한 정보 때문입니다. 아무리 인터넷으로 열심히 찾아봐도 현지 부동산이 가진 살아있는 정보와 경험은 따라올 수 없습니다.

부동산 중개사는 그 지역의 매물 현황, 실제 거래가, 주변 환경, 입주자 특성, 앞으로의 개발 계획 등 풍부한 정보를 갖고 있습니다. 또한 시장 흐름을 누구보다 잘 파악하고 있어서 여러 조언을 해주기도 합니다.

부동산 방문을 어려워하는 분들이 많지만, 정보 수집과 성공적인 매수를 위해서는 반드시 필요한 과정입니다. 부동산을 방문할 때는 아무 부동산이나 가는 것보다는 같은 시간과 비용을 들여 방문했을 때 최대한 많은 정보를 얻을 수 있는 부동산을 고르는 게 현명합니다. 물건을 살 때 같은 가격을 내더라도 친절하고 상세한 설명을 해주는 곳에서 사는 게 더 이득인 것처럼, 부동산 방문도 마찬가지입니다.

호갱 안 당할 '나의 찐 아군' 부동산 고르는 법

네이버 부동산으로 부동산 찾기

임장에서 부동산을 가기로 마음먹었다면 임장을 준비하며 어느 부동산에 방문할지 미리 알아보는 것이 좋습니다. 네이버 부동산을 활용하면 부동산을 효과적으로 고를 수 있습니다. 네이버 부동산에 들어가서 관심 지역을 선택하고 중개사 탭을 누르면 그 지역의 부동산 정보가 나타납니다. 주황색 원형 아이콘에 표시된 숫자는 해당 위치에 있는 부동산의 개수입니다.

출처 : 네이버 부동산

부동산은 위치에 따라 크게 세 종류로 나눌 수 있습니다. 첫째는 단지 내 상가에 있는 부동산, 둘째는 단지 주변 상가에 있는 부동산, 셋째는 단지에서 멀리 떨어진 부동산입니다. 이 중에서 가장 추천하는 건 단지 내 상가에 있는 부동산입니다. 단지에 대한 정보를 가장 많이 알고 있고, 거래도 가장 활발하게 이루어지기 때문입니다. 단지 내 부동산은 해당 단지의 매물을 직접 관리할 가능성이 높아 더 정확하고 풍부한 정보를 알려줄 수 있습니다.

부동산 고를 때 체크할 네 가지 포인트

부동산을 공부하고, 투자하면서 지금까지 500명이 넘는 소장님들을 만나왔습니다. 수학 공식처럼 정해진 건 없지만 대화 몇 마디만 나눠보면 대략적인 느낌이 옵니다. 현장에서 부딪히면서 느낀, 대화가 잘 통하고 도움이 되는 소장님을 선택할 수 있는 꿀팁을 알려 드리겠습니다. 다음의 네 가지 포인트를 통해 좋은 부동산을 고르시기 바랍니다.

첫 번째는 대표자의 성별과 분위기입니다. 중개사 사진을 보고 첫인상을 확인해 봅니다. 물론 개인적인 판단이지만, 무섭거나 불친절해 보이는 인상이면 실제로 방문했을 때도 대화가 어려울 수 있습니다. 성별도 고려할 요소 중 하나로, 자신이 대화하기 편한 성별을 고르는 게 좋습니다. 경험상 여성 중개사가 더 친절하고 상세한 설명을 해주는 경우가 많지만, 이것도 개인 취향에 따라 다를 수 있습니다.

두 번째는 목소리입니다. 휴대전화 번호로 직접 통화해 목소리를 확인해 봅니다. 사무실 전화보다는 대표자의 휴대전화로 연락하는 편이 좋습니다. 사무실로 전화하면 직원 등 다른 사람이 받을 수 있지만 휴대전화는 대표자가 직접 받을 확률이 높기 때문입니다. 목소리를 들어보면 친절함과 상냥함을 느낄 수 있고, 실제 방문했을 때 대화가 어떻게 흘러갈지 짐작할 수 있습니다. 간단한 전화통화 중에도 많은 정보를 제공하려는 사람이 있는가 하면, 귀찮아하는 반응을 보이는 사람이 있습니다. 거래할 것 같은 손님에게만 잘 대해주는 사람보단 아무 정보 없는 상태에서도 친절함이 묻어나는 사람과 적극적으로 대화를 시도해 보시기 바랍니다. 목소리만 들어도 그 사람의 성격과 태도를 어느 정도 알 수 있기 때문에, 통화는 아주 중요한 사전 체크 방법입니다.

세 번째는 외관, 즉 사무실 모습입니다. 네이버 지도의 거리 뷰 기능으로 부동산 사무실 외관을 살펴볼 수 있습니다. 오래된 부동산일수록 지역 정보에 밝을 가능성이 높습니다. 특히 구축 아파트 단지에서는 오랫동안 영업한 부동산이 그 지역의 역사와 특성을 더 잘 알고 있을 가능성이 큽니다. 1990년대에 지어진 구축 아파트의 단지 내 상가 건물에서 영업하고 있는 부동산은 대부분 초창기부터 오랫동안 운영해 온 곳들입니다. 이러한 부동산은 집주인분들과 친분이 두터워 여러 정보를 알고 있는 경우가 많고 외부인들은 모르는 정보들을 알고 있다는 장점이 있습니다. 하지만 단점으로는 특정 단지만 수십 년 동안 다루다 보니 부동산을 바라보는 시야가 좁을 수 있습니다. 이 기준은 지역과 상황에 따라 다를 수 있으니 참고하시기 바랍니다.

네 번째는 매물 보유량입니다. 부동산이 얼마나 많은 매물을 보유하고 있는지 확인해 보는 것이 좋습니다. 각 부동산이 등록한 매물은 네이버 부동산에서 확인할 수 있습니다. 총 매물 수뿐 아니라, 관심 있는 단지의 매물이 얼마나 있는지 파악하는 게 중요합니다. 부동산에 대한 아무런 정보가 없을 땐 부동산이 가지고 있는 특정 단지의 매물 수를 다른 부동산과 비교하여 상대적인 비율을 보는 게 중요합니다. 매물 비율이 높을수록 해당 단지에 대한 정보가 많을 가능성이 높습니다. 예를 들어, 어떤 단지의 총 매물이 20개인데 그중 7개를 특정 부동산이 보유하고 있다면, 그 부동산은 해당 단지에 대한 정보가 많고 영향력이 상대적으로 크다고 볼 수 있습니다.

임장을 다니다 보면 그 단지에서 마당발이라고 불리는 부동산을 찾을 수 있습니다. 다른 부동산에서는 가지고 있지 않은 매물을 단독으로 가지고 있는 경우가 있는데, 이 경우 직접 부동산에 방문해서 앞에서 언급한 포인트를 같이 체크해 보면 좋습니다.

관심 매물로 부동산 찾기

매물을 통해 부동산을 찾는 역방향 조사 방법도 있습니다. 이 방법은 특정 매물에 관심이 있을 때 유용합니다. 네이버 부동산에서 관심 있는 단지의 매물을 검색한 후, '동일 매물 묶기' 기능을 활성화해서 여러 부동산에서 올린 같은 매물을 확인합니다. 이 기능은 같은 매물이 여러 부동산에 중복으로 등록된 경우, 이를 하나로 묶어서 보여주는 기능입니다.

동일 매물 묶기를 해제하면 중복된 매물이 모두 표시되어 숫자가 늘어나고, 활성화하면 중복을 제거해서 실제 매물 수가 표시됩니다. 이 기능으로 내가 관심 가지는 특정 매물을 매물로 등록한 부동산을 확인할 수 있으며, 해당 매물을 취급하는 부동산 중 한 곳을 골라 매물을 소개해달라고 하면 됩니다. 이때 가능하면 집주인 인증 표시가 있는 부동산을 고르는 게 좋습니다. 이 표시는 부동산에서 네이버 부동산에 매물 등재를 하면 소유자에게 확인 문자가 전송되며 소유자가 사실 여부를 확인해야 집주인 표기가 됩니다. 실제 집주인의 동의를 받았다는 의미로, 신뢰할 수 있는 정보를 제공할 가능성이 높습니다.

> 집주인 **래미안원펜타스 105동**

들어가기 전 심호흡 필수, 첫 방문 전 챙겨야 할 무기들

방문 전 사전 정보 준비

부동산 방문 경험이 없는 분들에게 '우리가 생각하는 분위기와 실제 현장의 분위기는 달라요.'라는 말씀을 드리곤 합니다. 사람들은 정보를 얻고 상담을 받으려는 목적으로 부동산을 방문합니다. 하지만 응대하는 부동산의 입장에서는 손님이 기본적인 사항을 모르고, 상담받을 준비가 되어있지 않다면 불편한 시선으로 바라보는 경우가 종종 있습니다. 이러한 상황을 피하고자 부동산 방문 전에 준비하면 좋을 정보들을 말씀드리겠습니다.

우선 관심 단지 및 평형을 정해야 합니다. 어떤 단지의 어떤 평형대에 관심이 있는지를 명확히 하고, 실거주 목적인지 혹은 투자 목적인지도 결정해야 합니다. 이는 부동산에 방문했을 때 첫 대화에서 가장 중요한 정보로, 대화의 물꼬를 트는 도입 부분이라고 생각하시면 됩니다.

다음으로 가용 자금을 파악해야 합니다. 부동산에서 가장 궁금해하는 점은 '손님이 부동산 거래를 할 자금이 준비되어 있는가?'입니다. 매매, 전세 등 목적에 맞는 가용 자금이 없다면 실제로 계약까지 이어질 확률이 낮다고 판단하여 상담이 제대로 진행되지 않는 경우가 있습니다. 부동산 공부를 막 시작한 초보 시절 이런 생각을 한 적이 있습니다. "잘 몰라서 부동산에 물어보러 온 건데 왜 아무것도 모른다고 문전박대 하는 걸까?" 물론 대다수 소장님은 친절하게 맞이해 주시지만 그럼에도 직접 현장을 방문하며 느끼는 점은 가용자금만큼은 목적(매매나 전세)에 맞게 준비가 되어 있어야 한다는 점입니다.

부동산에 방문하기 전, 네이버 부동산에서 현재 나와 있는 매물의 매매 가격과 전세 가격을 미리 조사하고, 실거래가 정보도 확인해 보시기 바랍니다. 실거래가는 최근 몇 달간의 거래 내역을 보면서 대략적인 가격 범위를 파악하고, 투자 목적이라면 갭 투자 금액(매매가-전세가)을 계산해서 필요한 자금을 예측해 봅니다. 가용자금은 부동산에서 반드시 물어보는 사항이기 때문에 미리 생각해 두어야 합니다.

마지막으로 입주 시기를 정합니다. 입주 시기를 정하는 이유는 거래 가능한 매물을 소개받기 위해서입니다. 일반적인 부동산 거래라면 계약부터 잔금까지 2~3개월이 걸립니다. 그래서 집 주인들은 빠르면 원하는 잔금일로부터 6개월 전, 대부분 3~4개월 전에 매물을 부동산에 내놓습니다. 부동산이 가지고 있는 매물의 거래 일정과 내가 원하는 입주 시기가 맞지 않다면 거래가 성사되기 어렵습니다. 그래서 입주 시기가 너무 급하거나 반대로 너무 여유롭다면, 부동산 입장에서는 '실제로 거래하러 온 손님이 맞나?'라는 의구심을 갖게 되며, 적절한 매물을 소개하기가 어렵습니다. 입주 예정일 기준으로 2~3개월 전에 부동산을 방문하는 것이 다양한 매물을 볼 수 있는 최적의 타이밍이라는 점을 생각하며 부동산을 방문하시기 바랍니다.

부동산 예약하기

부동산 방문 전 예약하는 것을 추천해 드립니다. 부동산 방문 경험이 없다면 부동산에 가서 어떤 이야기를 해야 할지 막막한 경우가 많습니다. 그리고 부동산 소장님의 성향에 따라 대화의 분위기가 달라지므로 앞에서 알려드린 예약 방법으로 꼭 통화 목소리를 들어보고 성향을 어느 정도 판단해 보는 것도 도움이 됩니다. 특히 첫 번째 부동산은 꼭 예약해야 차질 없이 방문할 수 있습니다. 최소 하루 전, 가능하면 이틀 전에 예약하는 게 좋고, 주말 방문 시에는 금요일 점심 전에 예약하는 것이 좋습니다. 부동산은 주말에도 바쁘므로, 예약 후 방문해야 충분한 시간을 확보할 수 있습니다.

부동산의 휴무일도 확인해야 합니다. 부동산은 격주로 토요일에 쉬는 경우가 많습니다. 지역별로 첫째&셋째 주 또는 둘째&넷째 주에 쉬는 경우가 있으니, 방문 전에 영업 여부를 꼭 확인해야 합니다. 평일 저녁에 방문하는 것도 가능하지만, 이때도 미리 연락하고 방문하는 것이 좋습니다. 대부분의 부동산은 방문 시간을 이야기 해두면 퇴근 시간 이후에도 방문할 수 있습니다.

예약할 때는 매물 준비를 요청하는 게 좋습니다. "제가 [날짜]에 방문할 예정인데, 괜찮은 매물 준비해 주세요."라며 원하는 매물과 조건을 이야기하면 부동산에서는 방문 전에 적절한 매물을 미리 준비해 둘 것입니다. 이렇게 하면 매물을 직접 방문하는 등 방문 시간을 효율적으로 활용할 수 있고, 더 많은 정보를 얻을 수 있습니다.

"얼마까지 알아보고 오셨어요?" 당황하지 않고 대화 주도하는 요령

첫인사와 목적 설명

부동산에 들어갈 때 가장 중요한 건 명확한 목적 설명입니다. 먼저 간결한 인사로 시작하세요. "안녕하세요, 이 단지 매물을 좀 알아보려고 왔습니다."와 같이 간단하게 인사하고 목적을 밝힙니다. 이후 구체적인 목적을 설명하며 관심 있는 평형과 목적(실거주 / 투자)을 명확히 전달합니다. 예를 들어, "34평 매물을 실거주 목적으로 알아보고 있습니다."라고 말하는 게 좋습니다.

또한 입주 시기도 언급하는 게 중요합니다. "10월 중순 정도에 입주할 수 있는 매물을 찾고 있어요."와 같이 구체적인 시기를 말하면, 부동산에서도 그에 맞는 매물을 추천할 수 있습니다. 이사해야 하는 날짜가 정해져 있다면 그 일정을 이야기하고, 일정 조율이 가능한 상황이라면 몇 월 + 상순 / 중순 / 하순 정도로 표현하는 게 자연스럽습니다.

이러한 기본 정보를 바탕으로 부동산에서는 적절한 매물 리스트를 보여주고, 그에 대한 설명을 시작할 것입니다. 첫 대화가 잘 이루어지면 이후의 정보 수집도 더 원활해집니다.

가용 자금 질문에 대한 대처

부동산에서는 매수 자금으로 얼마를 생각하고 있는지를 반드시 물어봅니다. 이는 적절한 매물을 추천하기 위한 필수 질문입니다. 마치 편의점에서 1,500원짜리 라면을 골랐는데 1,000원밖에 없다면 그 라면을 살 수 없는 것처럼, 부동산 거래에서도 가용 자금은 필수 정보입니다.

이 질문에 대해서는 솔직한 답변이 기본이지만, 협상 여지를 두기 위해 실제 자금보다 약간 낮게 말하는 게 좋습니다. 예를 들어, 가용자금이 5억 5천만 원이라면 "5억 원 초반 정도 있습니다."라고 말하는 게 좋습니다. 이렇게 하면 부동산에서 가격 협상의 여지가 있는 매물을 소개해 줄 가능성이 높아집니다.

만약 가용 자금을 말하는 게 부담스럽다면 대안적인 방법도 있습니다. 부모님과 함께 살 집을 대신 알아본다고 말하거나, 예비 신혼부부 컨셉으로 신혼집을 미리 알아본다고 하는 방법이 있습니다. 하지만 결국에는 어떤 형태로든 가용 자금 정보를 제공해야 대화가 진행될 수 있다는 걸 기억하시기 바랍니다.

부담스러운 상황 대처법

부동산에서 불편한 상황이 생길 수 있습니다. 부동산에서 무관심하거나 불친절하게 대하는 경우에는 억지로 대화를 이어 가려 하지 말고 정중히 자리를 뜨는 게 좋습니다. 주변에는 많은 부동산이 있으니 다른 곳을 방문하면 됩니다. 부동산에서 불쾌한 경험을 했다고 해서 낙담할 필요는 없습니다.

또한 본인의 나이나 외모로 판단 받는 경우도 있을 수 있습니다. 특히 젊은 층이 고가의 매물을 문의하면 부동산에서 의구심을 품는 경우가 많습니다. 가용 자금에 대한 질문이 공격적으로 느껴질 수 있지만, 이는 개인적인 공격이 아니라 업무상 필요한 질문이라는 걸 이해해야 하며, 필요하다면 "부모님과 함께 살 집을 알아보고 있습니다"라고 말하는 방법도 있습니다.

어떤 상황에서든 감정적으로 대응하기보다는 차분하게 대처하는 게 중요합니다. 불편한 상황이 지속된다면, 다른 부동산을 방문하는 게 더 효율적인 선택일 수 있습니다.

"급매 나오면 제일 먼저 연락 주세요" 소장님 내 편 만드는 필살기

유대관계의 중요성

부동산과의 유대관계는 단순한 친분을 넘어 실질적인 이익으로 돌아옵니다. 좋은 관계를 유지하면 더 많은 정보와 내부 소식을 얻을 수 있습니다. 부동산은 시장 동향, 미공개 매물 등 귀중한 정보를 가지고 있습니다. 특히 부동산 시장의 흐름이나 특정 단지의 내부 사정 등은 공개된 정보로는 알기 어렵기에 부동산을 통해 알게 된 정보가 유용할 때가 있습니다.

또한 거래할 때 우선권을 얻을 수 있다는 점도 잊지 말아야 할 장점입니다. 급매물이 나왔을 때 먼저 연락을 받을 수 있고, 좋은 매물을 소개받을 수도 있습니다. 부동산 시장에서는 좋은 매물이 나오면 순식간에 거래가 이루어지기 때문에, 이러한 우선권은 큰 이점이 될 수 있습니다.

협상을 유리하게 진행할 수 있다는 점 또한 유대관계의 중요한 혜택입니다. 부동산과 좋은 관계를 맺어두면 가격 협상, 계약 조건 등에서 유리한 위치를 차지할 수 있으며, 중개인이 매도인을 설득하는 데 도움을 줄 수 있습니다. 예를 들어, 같은 매물을 보러 온 다른 고객이 있더라도, 좋은 관계를 맺어둔 고객에게 더 유리한 조건을 제안할 가능성이 높습니다.

유대관계 형성 방법

유대관계를 형성하는 방법은 다양합니다. 우선 정기적인 소통이 중요합니다. 만약 당장 매수할 것은 아니지만 해당 동네에 계속 관심이 있다면 명절, 연말, 특별한 날에 간단한 안부 메시지를 보내는 것만으로도 지속적인 관계를 유지할 수 있습니다. 또한 시장 동향을 물으며 소통을 유지하는 것도 좋은 방법입니다. 이러한 소통은 일 년에 서너 번 정도면 충분하며, 너무 자주 연락하는 건 오히려 부담을 줄 수 있습니다.

저는 부동산 소장님들께 항상 안부 인사를 드리고 있고, 명절, 복날, 연말이 다가오면 꼭 연락을 드립니다. 특히 복날에는 몸보신하시라며 삼계탕을 선물로 드리는데, 이러한 사소한 연락을 통해 좋은 이미지로 각인될 수 있다는 점을 꼭 아셨으면 합니다.

처음 방문한 곳에서의 감사 표현도 중요한 방법입니다. 방문 후 좋은 정보를 얻었다면 간단한 선물(커피, 음료 등)을 전달하는 게 좋습니다. 특별한 도움을 받았을 때는 감사 메시지나 작은 선물을 보내는 것도 좋은 방법입니다. 이러한 작은 정성은 당장 몇만 원의 비용이 들더라도, 나중에 수천만 원의 이익으로 돌아올 수 있습니다. 가까운 시일 내에 매수를 하지 않더라도 추후 연락을 드리면 좋은 정보를 알려주는 경우가 많습니다.

신뢰 구축도 필수적입니다. 매도 경험이 없는 분들이라면 매물 접수에 어려움을 겪는 경우가 많습니다. 부동산 매도 시점이 되면 대부분 해당 물건을 매수할 때 도움을 받았던 부동산에만 매도 의뢰를 합니다. 어떤 소장님은 본인에게만 물건을 접수하기를 바라기도 합니다. 매도 경험이 부족하다 보니 이런 요청을 거절하기 어렵고, 의리를 지키려고 부동산 한 곳에만 매물을 접수하는 경우가 많습니다. 하지만 그물을 많이 펼쳐 놓아야 물고기가 많이 잡힐 확률이 높은 것처럼 많은 부동산에 매물을 접수해야 매수자를 빨리 찾을 수 있습니다. 기존 부동산과의 관계를 유지하면서 매도도 효율적으로 진행할 수 있는 현명한 방법을 알려드리겠습니다.

처음에는 매수했던 부동산에 먼저 매도 의뢰를 하여 기회를 드리면서 미리 이야기합니다. '일정 기간이 지나도 매수자가 없으면 양해를 구하고 다른 부동산에도 매물을 내놓겠다.'고요. 이렇게 이야기하면 부동산에서도 매도자의 입장을 이해하며, 서로 기분 상하지 않고 여러 부동산에 매물을 내놓을 수 있습니다. 결국 부동산은 사람과 사람이 연결되어 계약이 이루어지기 때문에 감정적인 신뢰 관계가 중요합니다. 그래서 마음이 약한 분들이라면 이 방법으로 장기적인 관점에서 신뢰를 얻으면서도 실속을 챙길 수 있을 것입니다.

부동산 분야는 분석과 가격으로 흘러간다고 생각하기 쉽지만 실제 거래는 사람을 통해 크게 좌지우지됩니다. 특히 공인중개사와 어떤 관계를 맺는지에 따라 좋은 물건을 나에게 유리한 조건으로 매수할 수도 있고, 별로인 물건을 골치 아픈 상황을 겪으며 매수할 수도 있습니다. 거래 당사자와 부동산은 거래에 있어 고객과 서비스 제공자이지만 좋은 거래를 성사하려는 파트너이기도 합니다. 이 점을 생각하며 부동산과 원만한 관계를 유지하시기 바랍니다.

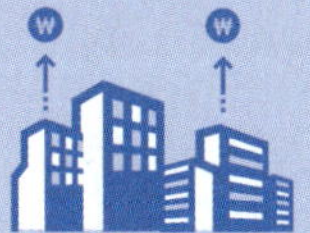

7장

드디어 도장 찍는다! 심장 떨리는 첫 계약 A to Z

가계약금 쏘기 전부터
내 이름 적힌 등기권리증 쥐기까지

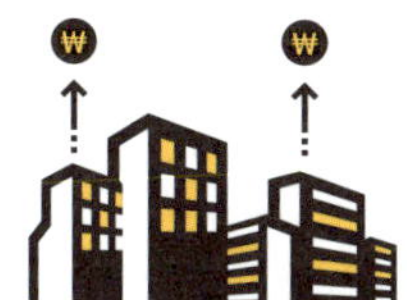

　많은 사람에게 부동산 계약은 인생에서 큰 결정 중 하나입니다. 특히 처음 계약을 진행하는 분들은 복잡한 절차와 낯선 용어에 많은 부담을 느끼게 됩니다. 더욱이 2025년, 10.15 대책으로 토지거래허가구역이 확대 지정되며 토지거래허가구역에서의 주택 매수 계약 시 혼선이 많았습니다. 현재는 관할구청과 부동산에서 여러 거래 사례를 경험하며 안정된 상황입니다. 이번 장에서는 토지거래허가구역과 그 외 지역에서의 계약 절차를 나누어 설명하며, 부동산 계약이 처음인 분들도 쉽게 이해하고 따라 할 수 있도록 계약의 전 과정을 상세히 설명하고자 합니다.

토지거래허가구역 이외의 지역에서 부동산 계약은 크게 가계약, 본계약, 중도금, 잔금의 네 단계로 진행됩니다. 단계마다 정확히 알아야 할 내용과 주의 사항이 있으니 하나씩 자세히 살펴보도록 하겠습니다.

① 가계약의 의미와 진행 방법

가계약은 본계약 전에 이루어지는 예비 계약입니다. 법률적으로 정의된 용어는 아니지만, 부동산 거래 현장에서 매우 중요한 단계입니다. 매수자와 매도자가 계약을 체결하기로 합의하여도 즉시 계약서를 작성하는 경우는 드뭅니다. 양측의 일정을 조율하고 계약서를 준비하는 데 시간이 필요하기 때문입니다. 이런 상황에서 가계약은 계약금 일부를 먼저 지급하여 "해당 물건에 대해 계약을 진행하겠다"라고 약속하는 단계입니다. 이 단계는 본계약 전까지 거래를 확정 짓는 역할을 합니다.

일반적으로 공인중개사가 매수인과 매도인에게 계약 내용을 담은 문자메시지를 발송하고, 매수인이 매도인에게 가계약금을 송금하는 것으로 가계약이 진행됩니다. 가계약금을 얼마로 할 것인지는 매수인과 매도인의 협의에 따라 정하며, 이는 추후 본계약금의 일부로 인정됩니다.

많은 초보자가 가계약 단계에서 매도인을 직접 만나야 하는지 걱정합니다. "부동산 거래이고, 돈도 적지 않게 들어가는 일인데 매도인을 만나봐야 하는 거 아닌가요?"라고 생각하는 경우가 있습니다. 하지만 가계약 단계에서는 매도자를 직접 만날 필요가 없습니다. 부동산 중개사가 양측의 의사를 확인하고 조율하는 역할을 담당합니다. 예를 들어, 매수자가 물건이 마음에 들어서 가계약금을 지급하겠다고 하면, 중개사는 매도자에게 연락하여 조건을 전달하고 승낙을 받습니다.

매수를 위해 공인중개사와 여러 집을 본 후의 상황

- 공인중개사 : 집 보셨는데 어떠세요? 어떤 집이 가장 마음에 드세요?
- 매수인 : 두 번째 본 집이 내부가 깔끔하고 해도 잘 들어서 마음에 들어요~
- 공인중개사 : 그럼 그 집으로 가격 조정을 살짝 해볼게요.
(공인중개사와 매도인의 통화를 통해 가격 조정)
- 공인중개사 : 매도자분이 1천만 원은 조정해 줄 수 있다고 하네요. 어떠세요?
- 매수인 : 더 조정해 주시면 좋을 텐데… 집이 마음에 드니까 그 금액으로 할게요!
- 공인중개사 : 매매가 0억 0천만 원에 매매하기로 하고 계좌번호 받을게요. 가계약금은 500만 원 괜찮으세요?
- 매수인 : 네 괜찮아요~

※ 실제 계약 과정은 계약 조건 및 상황에 따라 상이합니다.

가계약 시 가장 중요한 것은 문자 내용입니다. 가계약금이 "계약금의 일부"라는 표현이 반드시 포함되어야 하며, 이는 추후 발생할 수 있는 분쟁을 예방하는 중요한 요소가 됩니다. 일반적인 가계약 문자의 예시를 보면 다음과 같습니다.

전달: -아파트 매매계약-
-아파트 매매계약-

* 부동산의 표시 : 경기도 [   ]아파트[ ]동[ ]호

-매매대금 : 5억3500만원
-계약금 : 금5,300만원 2025년[   ]일 계약금의 일부 금1000만원을 매도인 계좌로 입금하고 계약서 작성시 금[   ]만원을 입금한다

- 잔금지급일: 2025[   ]일

-중도금:5,000만원(2025[   ]일)
-
계약서작성일 : 계약금 일부지급후 일주일이내

-현 시설물 상태에서 매수인 현장확인 및 등기사항전부증명서 확인후 계약임

-[   ]채권최고액[   ]만원은 잔금일에 매도인이 전액상환말소 해지한다.

-이 계약은 매도인/매수인에게 계약내용을 각 휴대폰으로 문자발송하고, 계약의 의사표시로 매도인은 계좌번호를 제시하고 매수인은 위 계약금의 일부 금액을 매도인 계좌로 입금함으로써 계약이 성립함.

-이 계약은 위 계약금의 일부 금액이 매도인 계좌에 입금되었을 때부터 계약서가 작성될 때까지 유효하고 특별한 약정이 없는 한 주고받은 계약금의 일부를 위약금으로 하며, 매수인은 지급한 금액을 포기하고 매도인은 배액배상하여 계약을 해제할 수 있다

"안녕하세요, ○○아파트 ○○동 ○○호 매매 관련하여 계약금의 일부로 500만 원을 받았습니다. 잔금일은 ○월 ○일경으로 하며, 정확한 일자는 계약서 작성 시 확정하도록 하겠습니다."

가계약은 '가'계약이라는 용어 탓에 계약보다 간단한 절차라고 생각하여 쉽게 진행하는 경우가 있습니다. 가계약은 계약을 위한 선행 단계이므로 이 과정에서 간과하였다가 진상 매수자가 되거나 낭패를 보는 일이 생길 수 있습니다. 가계약 단계에서 확인해야 할 사항을 알아보겠습니다.

먼저, 거래금액은 가계약 단계에서 확정해야 합니다. 부동산 거래를 하다 보면 간혹 이미 가계약을 진행하고 계약서 작성을 위해 만난 자리에서 매매가를 깎아달라는 매수자를 만나게 됩니다. 매수자가 이런 이야기를 하면 매도자는 물론 부동산 소장님도 표정이 굳기 마련입니다. 상호 합의하여 매매가를 정하였고, 가계약을 통해 매매가는 확정된 것인데 '아직 계약서를 안 썼으니까, 계약서 쓰기 전에 좀 깎아달라고 해볼까?'라는 생각으로 매매가를 조정하려 하는 것은 계약 절차에도 맞지 않을뿐더러 부동산 거래에서의 예의가 아닙니다. 그러므로 매매가가 마음에 들지 않아 더 조정하고 싶은 경우에는 가계약을 진행하기 전 모든 가격 협의를 마쳐야 합니다.

두 번째는 부동산 중개 수수료입니다. 흔히 '복비'라고 부르는 부동산 중개 수수료는 앞서 자금 파트에서 언급했듯이 적은 금액은 아닙니다. 거래금액에 따라 상한 요율이 다르지만, 예를 들어 10억 원 아파트를 매매한다고 할 때 상한 요율 1천분의 5(0.5%)를 적용하면 부가세 포함 550만 원을 부동산에 지급해야 합니다. 부동산 중개 보수는 금액이 정해져 있는 것이 아닌

상한 요율이 정해져 있다 보니 '나는 상한선만큼 지급하고 싶지 않아! 더 적게 줘도 되는 거 아니야?'라고 생각하는 경우가 있습니다. 중개수수료를 조율하는 것은 부동산 소장님과 협의하기 나름이지만 이 또한 가계약을 진행하기 전에 협의하는 것이 바람직합니다. 계약을 진행하기로 결정된 상황에서 부동산 중개에 대한 수수료를 일방적으로 깎으려는 매수자를 반길 부동산 소장님은 없기 때문입니다.

세 번째는 물건 확인입니다. 부동산 매매 계약서에는 일반적으로 '물건의 현 상태에서의 계약'이라는 문구가 명시됩니다. 이는 매수인이 물건의 상태를 확인했으며, 매도인은 현재 상태 그대로 매수인에게 양도할 의무가 있다는 의미입니다. 만약 집에 수리가 필요한 부분이 있거나 매도인이 양도 전에 처리해야 할 사항이 있다면, 가계약 진행 전에 미리 협의해야 합니다. 또한 이러한 내용을 반드시 계약서에 명시하도록 부동산에 요청해야 합니다. 계약서 작성 당일에 사전 논의되지 않은 요구사항을 제기하면 받아들여지지 않을 가능성이 높습니다. 따라서 모든 조건은 가계약 단계에서 미리 정리하는 것이 중요합니다.

가계약 단계에서 유의해야 할 세 가지를 요약하자면 부동산 거래에 대해 요청하고 싶거나 확인하고 싶은 점이 있다면 가계약 전에 협의해야 한다는 점입니다. 여러 번 언급하듯이 가계약은 계약의 일부로, 마음대로 철회할 수 있는 것이 아니므로 가계약 단계에서부터 꼼꼼한 검토가 필요합니다.

② 본계약의 진행과 계약금

일반적으로 본계약은 가계약 이후 일주일 이내에 진행됩니다. 본계약을 언제 진행해야 한다는 절대적인 기준은 없으나 가계약 이후 빠른 시일 내에 진행하는 것이 좋습니다. 이때는 매도인, 매수인, 중개인이 한자리에 모여 계약서를 작성하게 되므로 부동산을 통해 매수인과 매도인의 일정을 협의하여 진행합니다. 일반적으로 부동산에 모여 계약을 진행하며, 매수인과 매도인의 중개 부동산이 다른 경우 중개인 간 조율을 통해 한쪽 부동산에서 계약서를 작성합니다.

계약을 진행할 때는 준비할 서류가 몇 가지 있습니다. 등기사항 전부 증명서는 부동산에서 준비하며, 계약 당사자의 신분증, 전세 계약을 양도하는 매매인 경우 전세 계약서 등을 매수인과 매도인이 준비하게 됩니다. 준비 서류는 계약일 이전에 부동산에서 안내하므로 확인하시어 준비하면 됩니다.

부동산 계약을 체결할 때는 등기부등본과 매매 계약서를 꼼꼼하게 확인해야 합니다. 평소 다룰 일이 없는 서류이다 보니 생소할 수 있어 서류를 어떻게 검토해야 하는지 같이 살펴보겠습니다.

먼저 등기부등본입니다. 등기부등본의 첫 페이지는 표제부입니다. 건물에 대한 정보가 명시되어 있어 간단하게 확인하면 됩니다. 자세히 살펴보아야 할 부분은 표제부 이후에 있는 갑구와 을구입니다. 갑구에는 현재 부동산을 소유하고 있는 소유자의

【 표 제 부 】	(전유부분의 건물의 표시)			
표시번호	접 수	건 물 번 호	건 물 내 역	등기원인 및 기타사항
1	2019년		철근콘크리트구조 84.995㎡	

(대지권의 표시)			
표시번호	대지권종류	대지권비율	등기원인 및 기타사항
1	1 소유권대지권	분의 57.4106	2018년1 대지권 2019년1 등기

【 갑　　　구 】	(소유권에 관한 사항)			
순위번호	등 기 목 적	접 수	등 기 원 인	권리자 및 기타사항
1	소유권보존	2019년1월14일 제5283호		소유자
1-1	금지사항등기			이 주택은 부동산등기법에 따라 소유권보존등기를 마친 주택으로서 입주예정자의 동의 없이는 양도하거나 제한물권을 설정하거나 압류, 가압류, 가처분 등 소유권에 제한을 가하는 일체의 행위를 할 수 없음
2	소유권이전	2019년2월21일	길 매매	소유자
3	1-1번금지사항등기 말소	2019년		소유권이전등기로 인하여
4	소유권이전	2020년　일	2020년　일 매매	공유자 지분 2분의 1

인적 사항과 부동산의 세부 내용이 명시되어 있습니다. 매도인의 신분증을 확인하여 매도인이 실제 부동산 소유자가 맞는지 확인합니다.

을구에는 해당 물건에 대한 소유권 이외의 권리에 관한 사항이 나타나 있습니다. 주택을 담보로 대출을 받았다면 을구에 근저당 등이 설정되어 있습니다. 부동산 매매 이후에도 근저당이 남아 있으며 안되므로 근저당이 있는 경우 매매 계약서에

'근저당은 잔금일에 매도인이 상환하고 말소하기로 한다.' 등의 내용을 추가하여 매도인에게 근저당 말소의 의무가 있음을 명시할 수 있습니다.

매매계약서 또한 등기부등본처럼 중요한 서류입니다. 매매계약서를 검토할 때는 매매 대상 물건의 정보와 매매대금, 계약금, 중도금, 잔금이 올바르게 작성되어 있는지와 매도인, 매수인, 공인중개사의 인적 사항이 정확하게 작성되었는지를 기본적으로 확인해야 합니다. 중도금과 잔금을 지급하는 일자 또한 확인하여야 하며, 특약사항도 꼼꼼하게 확인할 필요가 있습니다.

특약사항은 계약에 대한 일반적인 내용 혹은 해당 계약에 대하여 매수인과 매도인이 협의한 내용을 작성하게 됩니다. 예를 들어, 현재 거주 중인 세입자가 있는 경우 '현 세입자 명도는 매도인이 책임진다'라는 내용을 추가할 수 있습니다. 이처럼 특약사항은 거래 과정에서 특별히 합의된 조건들을 명시하는 부분입니다. 계약 과정에서 구두로 협의한 내용이 있다면 반드시 특약사항에 명시해야 합니다. 문서로 기록되지 않은 약속은 법적으로 인정받기 어렵기 때문입니다. 따라서 중개사에게 협의 내용을 빠짐없이 추가하도록 요청하시기 바랍니다.

부동산 매매 계약 시 중개대상물 확인설명서라는 서류도 확인하게 됩니다. 이 서류에는 해당 부동산의 권리관계, 물적 상태, 입지 조건 등 주요 정보가 기재되어 있습니다. 물건에 대한 세부 내용이 명시되어 있으니 내가 확인한 물건 상태와 동일한

지 살펴보아야 합니다.

문서에 대한 검토가 끝나면 매도인, 매수인, 중개사가 계약서에 서명하거나 도장을 찍고 매수인이 매도인에게 계약금을 지급하는 것으로 계약서 작성을 마치게 됩니다.

계약금은 매매대금의 10%를 기준으로 하는 것이 일반적입니다. 예를 들어 매매대금이 6억 원이라면 계약금은 6천만 원이 되며, 이미 가계약금으로 500만원을 지급했다면 계약일에 추가로 5,500만 원을 지급하면 됩니다.

③ 잔금 지급과 소유권 이전

- 잔금 단계에서 확인할 사항들

잔금은 매매대금에서 계약금과 중도금을 제외한 나머지 금액을 의미합니다. 보통 계약일로부터 2~3개월 후에 잔금을 치르게 되며, 잔금일에 부동산에 매도인, 매수인, 중개사, 매수인 측 법무 대리인이 참석하여 잔금 지불 및 소유권 이전을 진행하게 됩니다. 이 단계에서 매매대금 외에도 여러 가지 확인하고 준비해야 할 사항들이 있습니다.

다음의 항목들은 일반적으로 잔금일에 부동산을 방문하여 알게 되는 항목으로, 매매 경험이 없다면 처음 들어보는 내용이라 당황할 수 있습니다. 어떤 항목이 있으며 어떻게 지급해야 하는지 알아보겠습니다.

첫째, 선수관리비 예치금입니다. 선수관리비 예치금은 아파트의 원활한 관리를 위해 입주시 납부하는 금액으로, 보통 몇십만 원 수준입니다. 관리사무소로부터 선수관리비 예치금이 얼마인지 확인 후 잔금일에 매수인이 매도인에게 지급하게 되며, 매도 시 다음 매수인으로부터 다시 돌려받을 수 있습니다. 선수관리비 예치금은 부동산에서 미리 관리사무소에 금액을 확인하여 안내하니, 영수증을 보고 금액을 확인하시면 됩니다.

둘째, 장기수선충당금입니다. 공동주택의 장기 수선을 위해 적립하는 금액으로, 특히 세입자가 있는 경우 정산에 주의해야 합니다. 장기수선충당금은 집주인이 내는 것이 원칙이나, 편의를 위해 관리비에 포함되어 부과되므로 임차인이 매달 납부하고 있습니다. 그래서 임차인이 퇴거하는 날에는 임차인이 거주하는 동안 납부한 장기수선충당금을 정산하여 돌려주어야 합니다. 세입자 퇴거와 부동산 양도가 동시에 진행되는 경우 매도인이 퇴거하는 세입자에게 장기수선충당금을 지급하였는지 확인하여야 합니다.

셋째, 관리비 정산입니다. 매도자와 매수자 사이에 관리비를 일할 계산하여 정산해야 합니다. 예를 들어 15일에 잔금을 치르는 경우, 1일부터 14일까지의 관리비는 매도자가, 15일부터 말일까지의 관리비는 매수자가 부담하는 식입니다. 매수자가 공실 상태의 집을 매수하며 매도자와 협의를 통해 잔금일 전에 인테리어 공사를 진행하는 경우가 있습니다. 이때 관리비는 잔금일 기준이 아닌 공사 시작일 기준으로 정산하는 경우가 대부분이니 미리 협의하시면 됩니다.

위 세 가지 사항은 일반적으로 부동산 중개인이 미리 아파트 관리사무소에 내역 및 금액을 확인하고, 잔금일에 당사자에게 정산을 요청하는 경우가 많습니다. 부동산 거래 경험이 많은 중개인을 따르되 내역과 금액이 올바른지 확인할 필요가 있습니다.

- 소유권 이전등기

매매 잔금일에는 소유권 이전등기를 진행하게 됩니다. 소유권 이전등기는 부동산의 소유권을 매수자 명의로 이전하는 법적 절차로, 해당 절차를 거쳐야 매수한 집이 법적으로 매수자의 소유가 됩니다. 소유권 이전등기는 취득세 납부, 국민주택채권매입, 등기 서류 작성 및 제출 등의 절차로 이루어져 있습니다. 소유권 이전등기를 직접 진행하는 '셀프 등기'를 하는 경우도 있지만 주로 법무사를 통해 진행하며, 매매가격 5억 원을 기준으로 할 때 약 50만 원의 법무사 비용이 발생합니다.

주택 매수가 처음이라면 소유권이전등기도, 법무사 선임도 생소할 수 있습니다. 법무사를 선임하는 방법은 크게 세 가지가 있습니다:

첫째, 부동산 중개업소의 추천을 받는 방법입니다. 부동산마다 거래를 자주 한 법무사가 있기 마련입니다. 중개인에게 요청하여 소개받을 수 있습니다.

둘째, 주택담보대출이 있는 경우 은행 연계 법무사를 이용하는 방법입니다. 이 경우 근저당권 설정과 소유권 이전등기를 함께 진행할 수 있습니다. 부동산을 매수하며 대출을 받는 경우 대출에 대한 근저당권 설정 등의 절차가 동반되기 때문에 은행 연계 법무사를 이용하는 것이 비교적 쉽게 소유권 이전등기를 처리하는 방법입니다.

셋째, '법무통' 같은 법무사 견적 비교 앱을 활용하는 방법입니다. 여러 법무사의 견적을 비교하여 선택할 수 있다는 점에서 법무사 대행 비용이 중요하거나, 대략적인 견적을 알고 싶은 경우 이용하기 편합니다.

대다수의 법무사는 부동산 소유권 이전등기 경험이 많으므로 전문성을 비교하기보다는 가격을 비교하여 법무사를 선택하는 경우가 많습니다. 법무사 간의 견적을 비교할 때는 견적에 대한 세부내역을 비교하여 필수비용을 제외한 교통비, 대행료 등 불필요한 금액을 과하게 요구하고 있지 않은지 확인해야 합니다.

법무사를 선임하면 법무사 사무실의 담당 직원이 잔금일에 동행합니다. 이들은 부동산 등기권리증 등 소유권 이전등기에 필요한 서류를 전달받아 이전등기 절차를 진행하게 됩니다. 부득이하게 잔금일에 직접 부동산을 방문하지 못하는 경우 중개인과 법무대리인에게 미리 연락하여 업무 대행을 요청할 수 있습니다.

소유권 이전등기는 보통 3~4일 정도 소요됩니다. 소유권 이전등기가 완료된 후 등기사항전부증명서 발급을 통해 부동산 소유권이 매수인으로 변경된 것을 확인할 수 있습니다. 등기부등본은 인터넷 등기소에서 발급받을 수 있으며, 건당 700원의 수수료가 발생합니다. 다만 '바로바로'라는 사이트에서는 처음 한 번 무료로 등기부등본을 열람할 수 있으니 참고하시기 바랍니다.

소유권 이전등기가 완료되면 등기권리증이 우편으로 발송됩니다. 이는 매우 중요한 서류이므로 잘 보관해야 합니다. 추후 해당 부동산을 매도할 때 필요하기 때문입니다. 만약 등기권리증을 분실하면 어떻게 될까요? 등기권리증을 분실하였다고 해서 소유권이 사라지는 것이 아니며 별도의 방법이 있으니 걱정하지 않으셔도 됩니다. 흔히 쓰이는 방법은 '확인서면'입니다. 일회성 서류이므로 등기필증을 사용해야 할 때마다 작성해야 하며, 주로 법무사를 통해 발급받기 때문에 작성은 간단하지만 평균 10만 원 정도의 비용이 발생합니다.

지금까지 부동산 계약부터 소유권 이전까지의 절차를 살펴보았습니다. 처음에는 생소하고 어렵게 느껴지겠지만 앞에서 언급한 절차대로 차근차근 준비하며 직접 경험하면 그리 어렵지 않다는 것을 알 수 있을 것입니다.

'토지거래허가구역'?
이름부터 빡센 그곳에서의 무사통과 계약법

토지거래허가구역에서의 계약과 그 외 지역에서의 계약은 본계약 이전 단계에서 3가지 차이점이 있습니다. 토지거래허가구역에서 계약의 전체적인 절차는 매매 약정서, 토지거래허가 신청, 허가증 발급, 본계약, 중도금, 잔금입니다. 본계약부터는 동일한 내용이니 매매약정서부터 허가증 발급까지의 절차를 살펴보겠습니다.

① 매매 약정서와 진행 방법

토지거래허가구역에서는 가계약금을 보내는 가계약 대신 매매 약정서라는 절차가 있습니다. 마음에 드는 매물이 있으면 '가계약금' 대신 '약정금'을 보내게 됩니다. 계약금의 일부라고 생각하면 되며, 본계약 시 약정금 제외한 나머지 계약금을 이체하면 됩니다. 이때 부동산 매매 약정서를 작성하게 되는데, 토지거래허가 신청에 첨부해야 할 필수 서류는 아니지만 매도자와 매수자 간의 특정 물건의 매매에 대하여 약속한 사실을 기록하는 서류입니다.

부동산 매매 약정서

국토의계획및이용에관한법률 제118조제1항 및 동법시행령 제117조제1항에 의하여 토지거래허가구역 등에서 토지거래허가를 득하고 매매계약을 하기 위해 상호 합의하고 아래의 내용을 약정한다.

제1조 약정한 부동산의 표시

대상물건	토 지	소재지			지 목	공부상지목 : 실제이용 :
		면적(m²)				
	건축물	소재지				
		면적(m²)	구 조		용 도	

제2조 약정내용

1. 위 부동산 소유자와 매수약정자가 쌍방 협의 하에 아래와 같이 매매약정을 체결한다.
2. 위 부동산의 매매 약정금을 아래와 같이 정한다.

매매약정금	원정 　(₩　　　　　　　　　　)

제3조 이행약정

1. 쌍방이 협력하여 부동산거래허가신청을 한다. 또한 위 부동산의 매매 계약은 부동산거래허가를 득한 후 본 약정 내용을 토대로 즉시 체결한다.
2. 쌍방 어느 한쪽이 협조하지 않아 부동산거래허가를 득하지 못할 경우, 협조하지 않은 측은 손해배상으로 금 ＿＿＿＿＿＿＿＿원을 상대방에게 변상해야 한다. 또한 약정한 내용을 위반한 때에는 위반한 측에서 금 ＿＿＿＿＿＿＿＿원을 상환하기로 하며 매매약정을 취소한 경우에는 취소를 원하는 측에서 금 ＿＿＿＿＿＿＿＿원을 상환해야 한다. 다만, 쌍방이 적극 협력했음에도 불구하고 부동산거래허가를 득하지 못한 경우에 본 약정은 무효로 하며 약정관련 모든 서류는 즉시 파기한다.
3. 본 약정서에 기재되지 않은 사항은 관련 법률 규정에 의한다.
4. 중개수수료는 토지거래허가를 득한 후 매매 계약시에 약정당사자 쌍방이 각각 지불한다.

제4조 특약사항

____

____

◉ 위 매매약정을 확인하고 당사자 쌍방이 확인하고 날인한다. 　200 　년 　　월 　　일

부동산 소유자	주 소						
	주민등록번호		전 화		성 명		㉑
매 수 약정인	주 소						
	주민등록번호		전 화		성 명		㉑
중 개 업 자	사업소재지						
	상 호				등록번호		
	대 표			㉑	전 화		
중 개 업 자	사업소재지						
	상 호				등록번호		
	대 표			㉑	전 화		

이때 활용할 수 있는 몇 가지 특약을 말씀드리겠습니다. 실제 거래 시 부동산 중개인에게 요청하면 매도자와 매수자 간의

분쟁을 방지할 수 있습니다.

매매약정서 특약

1. 약정서 작성 후 ○일 이내 토지거래 허가 신청을 한다.
2. 허가증 발급 후 ○일 이내 본계약을 체결한다.
3. 토지거래허가 미발급 시 본 약정은 무효로 하고 조건 없이 약정금을 반환한다. 또는 토지거래허가 미발급 시 본 약정은 무효로 하고 조건 없이 약정금을 반환하되 매수인의 귀책 사유에 의해 미발급 시 약정금을 위약금으로 몰수한다.
4. 당사자 일방이 본 약정서를 위반한 경우, 본 약정서에 따른 매매 약정금을 위약금으로 한다.

② 토지거래허가 신청

약정서를 작성한 이후에는 토지거래허가 신청을 하게 됩니다. 일반적으로는 법무사가 위임받아 신청합니다.

토지거래신청을 위해서는 토지거래계약 허가 신청서를 작성해야 합니다. 이때 매도인과 매수인의 서명이 필요하므로 한 명이라도 동의하지 않으면 토지거래신청을 하지 못하는 상황이 발생합니다. 원활한 토지거래신청을 위하여 약정서 쓰는 단계에서부터 중도금, 잔금 일자 등과 같은 기본적인 사항을 미리 협의하고 토지거래계약 허가 신청서 작성에 적극 협조해야 합니다.

■ 부동산 거래신고 등에 관한 법률 시행규칙 [별지 제9호서식]　　　　온나라 부동산정보통합포털
(onnara.go.kr)에서도 신청할 수 있습니다.

토지거래계약 허가 신청서

■ 뒤쪽의 유의사항·작성방법을 읽고 작성하시기 바라며, 색상이 어두운 칸은 신청인이 작성하지 않습니다.　　(앞쪽)

접수번호	접수일시	처리기간	15일

매도인	①성명(법인명)		②주민등록번호(법인·외국인등록번호)
	③주소(법인소재지)		(휴대)전화번호
매수인	④성명(법인명)		⑤주민등록번호(법인·외국인등록번호)
	⑥주소(법인소재지)		(휴대)전화번호

⑦허가신청하는 권리	[ ] 소유권　　[ ] 지상권

토지에 관한 사항	번호	⑧소재지	⑨지번	지목 ⑩법정	지목 ⑪현실	⑫면적(㎡)	⑬용도지역·용도지구	⑭이용현황
	1							
	2							
	3							
	⑮권리설정현황							

토지의 정착물에 관한 사항	번호	⑯종류	⑰정착물의 내용	이전 또는 설정에 관한 권리 ⑱종류	이전 또는 설정에 관한 권리 ⑲내용
	1				
	2				
	3				

이전 또는 설정하는 권리의 내용에 관한 사항	번호	⑳소유권의 이전 또는 설정의 형태	그 밖의 권리의 경우 ㉑존속기간	그 밖의 권리의 경우 ㉒지대(연액)	㉓특기사항
	1				
	2				
	3				

계약예정금액에 관한 사항	번호	토지 ㉔지목(현실)	토지 ㉕면적(㎡)	토지 ㉖단가(원/㎡)	토지 ㉗예정금액(원)	정착물 ㉘종류	정착물 ㉙예정금액(원)	㉚예정금액합계(원)(㉗+㉙)
	1							
	2							
	3							
	계		평균	계			계	계

「부동산 거래신고 등에 관한 법률」 제11조제1항, 같은 법 시행령 제9조제1항 및 같은 법 시행규칙 제9조에 따라 위와 같이 허가를 신청합니다.

　　　　　　　　　　　　　　　　　년　　월　　일

　　　　　　　　매도인　　　　　　　　(서명 또는 인)

　　　　　　　　매수인(세대주)　　　　(서명 또는 인)

시장·군수·구청장 귀하

신청인 제출서류	1. 「부동산 거래신고 등에 관한 법률 시행규칙」 제11조제1항 각 호의 사항을 적은 토지이용계획서(「농지법」 제8조에 따라 농지취득자격증명을 발급받아야 하는 농지의 경우에는 같은 조 제2항에 따른 농업경영계획서를 말합니다) 2. 「부동산 거래신고 등에 관한 법률 시행규칙」 제9조제2항에 따른 별지 제10호서식의 토지취득자금조달계획서	수수료 없음
담당 공무원 확인사항	토지등기사항증명서	

210㎜ × 297㎜[백상지(80g/㎡) 또는 중질지(80g/㎡)]

③ 허가증 교부

　허가 신청서를 제출하고 관할부서에서 허가증 교부까지 소요 기간은 15영업일 이내이며 일반적으로는 2주 정도의 기간이

소요된다고 보시면 됩니다. 허가일은 굉장히 중요한 기준일이 되므로 아래 사항은 필수로 꼭 알고 있어야 합니다.

1. 허가 승인되는 순간부터 거래가 법적으로 유효(약정서는 법적 효력이 없음)
2. 허가 후 실거래 신고 30일 이내
3. 허가일로부터 4개월 이내 잔금을 완납하고 소유권 이전 등기
4. 허가일로부터 기존 주택 6개월 이내 처분 (주택을 보유한 상태에서 주택 취득 시)

허가증이 발급되면 거래가 법적으로 유효하므로 매도자와 본계약서를 작성하게 됩니다. 매매약정서 단계에서 '허가증 발급 후 ○일 이내 본계약을 체결'이라는 특약이 필요한 이유입니다. 본계약 절차부터는 토지거래허가구역 이외의 절차와 동일하니 참고하기 바랍니다.

중개사도 먼저 안 알려주는, 피가 되고 살이 되는 거래 꿀팁

부동산 계약에 대한 기본적인 내용을 알아보았다면 지금부터는 알아두면 좋은 부동산 거래 팁을 알려드리겠습니다.

- 중도금의 전략적 활용

부동산 매매대금은 계약금(가계약금 포함)과 중도금, 잔금으로 나누어진다고 설명해 드렸습니다. 중도금은 계약금과 잔금 사이에 지급하는 금액으로, 매매대금의 40% 이내로 설정하는 것이 일반적입니다. 모든 거래에서 중도금이 필요한 것은 아니므로 매수인과 매도인의 협의에 따라 중도금을 설정하지 않을 수도 있습니다. 그러나 특정 상황에서 중도금이 매우 큰 역할을 한다는 것을 알아야 합니다. 중도금이 특히 중요한 경우는 다음과 같습니다:

첫째, 부동산 시장이 상승세일 때입니다. 부동산 거래 가격이 급격하게 상승하는 경우 매수인은 중도금을 지급하는 것으로 매도인의 계약 파기를 방지할 수 있습니다. 중도금을 지급하면 매도자, 매수자의 일방적인 계약 파기가 불가능하기 때문입니다. 2020년 10월의 실제 사례를 보면, 한 아파트가 4억 7백만 원에 계약된 후 4일 만에 같은 단지의 실거래가가 5억 2천만 원으로 상승했습니다. 이런 경우 매도자가 계약을 파기하고 싶은 유혹을 느낄 수 있지만 중도금을 지급해 두면 일방적인 계약 파기를 막을 수 있습니다.

저의 재개발 빌라 거래 사례 중 2021년 2월 계약 건을 살펴보면 계약 체결 4일 만에 중도금을 지급했습니다. 이는 해당 지역의 시세 상승이 예상되는 상황에서 매도인의 계약 파기를 방지하기 위한 전략적 판단이었습니다. 실제로 설날 이후 해당 물

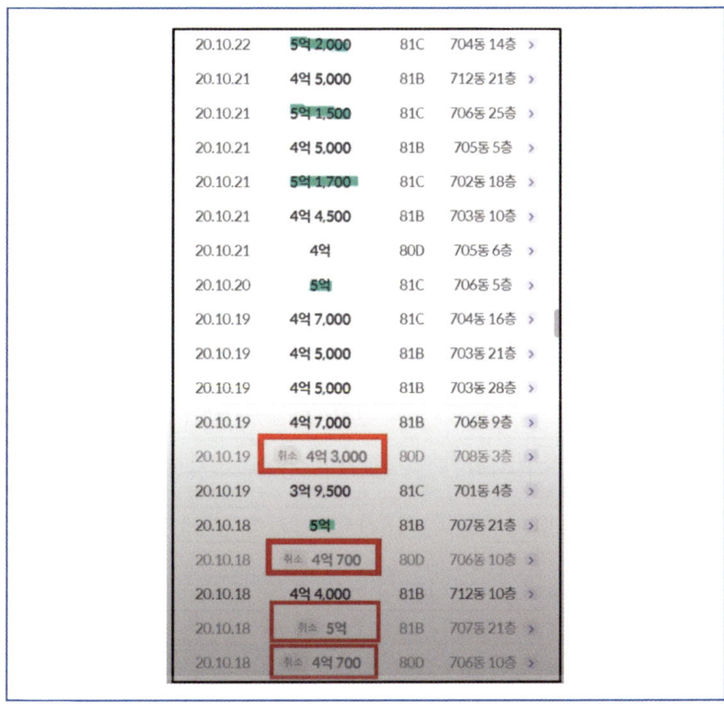

건의 시세는 크게 상승했지만, 이미 중도금이 지급된 상태였기 때문에 안전하게 거래를 마무리할 수 있었습니다.

이렇듯 계약 이후 잔금일 전에 부동산 가격이 상승할 것으

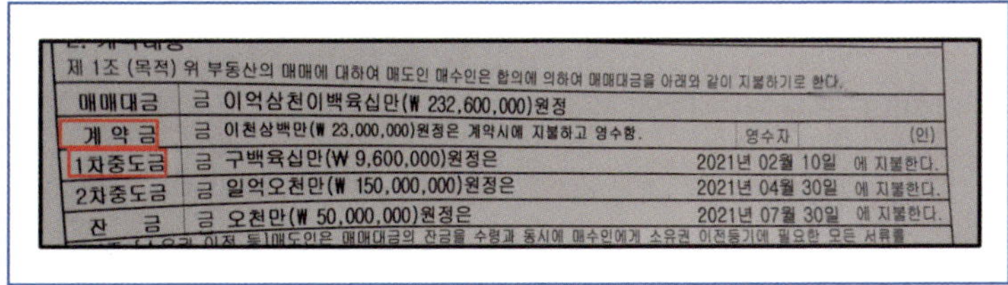

제 1조 (목적) 위 부동산의 매매에 대하여 매도인 매수인은 합의에 의하여 매매대금을 아래와 같이 지불하기로 한다.			
매매대금	금 이억삼천이백육십만(₩ 232,600,000)원정		
계 약 금	금 이천삼백만(₩ 23,000,000)원정은 계약시에 지불하고 영수함.	영수자	(인)
1차중도금	금 구백육십만(₩ 9,600,000)원정은	2021년 02월 10일	에 지불한다.
2차중도금	금 일억오천만(₩ 150,000,000)원정은	2021년 04월 30일	에 지불한다.
잔 금	금 오천만(₩ 50,000,000)원정은	2021년 07월 30일	에 지불한다.

로 예상되며, 계약 파기의 우려 없이 해당 물건을 매수하고 싶은 경우 계약 단계에서 중도금을 지급하겠다는 의사를 밝히고 빠른 시일 내에 중도금을 지급하는 것이 유리합니다. 중도금을 지급하고 싶다고 해서 일방적으로 입금하는 것이 아닌, 쌍방의 협의가 필요하므로 계약 단계에서 중도금을 얼마로 하고, 언제 지급할 것인지 계약서에 명시하시기 바랍니다.

둘째, 잔금 기간이 길 때입니다. 매도인으로서는 어차피 받을 돈이라면 중도금을 받아 자신의 통장에 넣어두거나, 다른 곳에 활용하는 것이 이익일 수 있습니다. 일반적으로 잔금 기간은 계약 후 2~3개월이지만, 간혹 잔금 기간을 길게 요구하는 경우가 있습니다. 이 경우는 매수인의 사정에 따른 요청이 많으므로 매도자 입장에서는 중도금을 걸어놓지 않으면 손해를 보는 경우가 발생합니다. 예를 들어 계약에서 잔금까지 6개월 이상 소요되는 경우, 4개월 이상 기간이 지난 상황에서 매수자가 일방적으로 계약을 파기 하는 경우가 생깁니다. 그렇게 되면 매도자는 4개월이라는 시간도 낭비할뿐더러 다음 갈아타기 타이밍도 꼬여버리게 되므로 중도금을 설정하여 미연에 리스크를 방지해야 합니다.

- 계약금 포기와 배액 배상 제도

앞서 사례에서 보았듯이 부동산 가격이 급격하게 상승하는 경우 매도인은 더 높은 가격에 매도하기 위해 기존의 계약을 파기하고 싶을 수 있습니다. 반대로 부동산 가격이 급격하게 하락하면 매수인은 더 낮은 가격에 매수하기 위해 계약 파기를 고민할 수 있습니다. 매수인 또는 매도인의 요청으로 계약을 파기하는 경우 계약금은 어떻게 되는 걸까요?

부동산 계약에서 계약금은 단순한 금액이 아니라 법적인 의미를 가집니다. 민법상 계약금은 해약금으로서의 성격을 가지는데, 이는 매수자가 계약을 해제할 경우 계약금을 포기하고, 매도자가 계약을 해제할 경우 계약금의 배액(2배)을 배상해야 함을 의미합니다.

매매가 6억 원, 계약금 6천만 원인 계약의 배액배상

- 매수자가 계약을 해제하면 6천만 원을 포기해야 합니다.
- 매도자가 계약을 해제하면 1억 2천만 원(계약금의 2배)을 매수자에게 지급해야 합니다.

매도인이 계약을 해제하면 계약금의 2배를 매수인에게 지급하므로 이를 '배액배상'이라고 합니다. 계약 해제를 통한 계약금 포기 혹은 배액배상의 사례가 많지는 않으나 종종 발생하며, 특히 부동산 가격이 빠르게 변하는 시장에서는 심심치 않게 행해지니 미리 알아두어야 합니다.

계약 파기에서 주의할 점은 가계약금만 지급된 상태에서의 계약 파기는 다른 기준이 적용될 수 있다는 것입니다. 가계약 상태에서 계약의 의사가 없어질 경우 계약금의 기준을 계약금 전액으로 볼지 혹은 가계약금으로 볼지에 따라 분쟁이 발생하기도 합니다. 이를 방지하기 위해 가계약 시 문자에 "계약금의 일부"라는 표현을 반드시 포함해야 하며, 이를 통해 가계약금도 계약금의 성격을 가질 수 있도록 해야 합니다.

부동산 계약은 결코 간단한 과정이 아닙니다. 하지만 이 책에서 설명한 단계별 주의사항과 실무적인 팁들을 잘 숙지한다면, 초보자도 충분히 안전하게 거래를 진행할 수 있습니다.

부동산 시장은 계속해서 변화하고 있으므로, 실제 계약 진행 시 최신 법규와 시장 상황을 확인하시어 성공적인 부동산 계약을 하시기 바랍니다.

집값만 내면 끝인 줄 알았지? 통장 잔고 털어가는 무시무시한 부대비용들

매매가가 6억 원인 아파트를 매수할 때 필요한 자금은 얼마일까요? 6억 원이라고 답하셨다면 당황스러운 경험을 하실지 모릅니다. 매매가 외에도 반드시 내야 하는 돈이 있기 때문입니다. 집을 살 때 준비해야 하는 필요 자금에는 집을 살 때 매도인에게 지급하는 매매 금액 외에도 취득세와 중개수수료가 있습니다. 취득세와 중개수수료를 합치면 적지 않은 액수이기에 단순히 매매가만 생각하고 집을 매수하다가 자금이 더 필요하다는 사실을 알고 당황스러워하는 경우를 종종 보게 됩니다. 자칫하면 매수에 차질이 생길 수 있기에 이런 일을 겪지 않도록 집을 살 때 꼭 알아야 할 취득세와 중개수수료에 대해 알아보겠습니다.

먼저 취득세입니다. 취득세는 세금의 한 종류로 자산을 취득할 때 납부하는 세금입니다. 자산이라고 하면 부동산, 차량, 항공기, 선박, 골프 회원권, 요트 회원권 등을 생각할 수 있습니다. 일반인이 항공기나 고가의 회원권을 사는 경우는 드물다 보니 일반적으로 부동산 혹은 차량을 취득하며 취득세를 내는 경험을 하게 됩니다. 이때 취득이란 흔히 생각하는 매매 거래를 통한 취득은 물론이고 증여, 상속, 교환 등 유상 혹은 무상 취득을 모두 포함합니다.

집을 사면 취득세를 얼마 내야 할까요? 정답은 '집에 따라, 매수자의 상황에 따라 다르다.'입니다. 취득세는 과세표준과 취득세율을 곱하여 계산할 수 있습니다. '과세표준'이란 세금을 부과하는 기준을 말합니다. 주택을 취득할 때의 과세표준은 취득 당시가액, 즉 매매가입니다. 매도인에게 6억 원을 지급하고 집을 샀다면 과세표준은 6억 원이 되는 것입니다.

취득세율은 주택을 취득하는 사람의 주택 수와 취득하는 주택이 위치한 지역에 따라 1~12%의 범위에서 정해집니다. 취득세율이 무려 12배나 차이 날 수 있고, 집값의 12%를 취득세로 내야 할 수도 있다니 취득세율에 대해 처음 알면 놀랄 수 있습니다. 취득세율에 대해 세부적으로 알아보면 다음과 같습니다.

보유하고 있는 집이 없는 무주택자가 주택을 취득할 때 적용되는 취득세율은 1~3%입니다. 과세표준(매매가)가 6억 원 이하

● **주택 취득세표**

주택	구분	취득가액	취득세율	농어촌특별세 (전용면적 85㎡ 초과만)	지방 교육세
1 주택자		6억 이하	1%	0.20%	0.10%
		6억 초과 9억 이하	(취득가액×2/ 3억 원-3)×1/100	0.20%	취득세의 1/10
		9억 초과	3%	0.20%	0.30%
2 주택자	조정대상지역		8%	0.60%	0.40%
	조정대상 지역 외	6억 이하	1%	0.20%	0.10%
		6억 초과 9억 이하	(취득가액×2/ 3억 원-3)×1/100	0.20%	취득세의 1/10
		9억 초과	3%	0.20%	0.30%
3 주택자	조정대상지역		12%	1%	0.40%
	조정대상지역 외		8%	0.60%	0.40%
4 주택자 이상	조정대상지역		12%	1%	0.40%
	조정대상지역 외		12%	0.60%	0.40%

이면 취득세율이 1%, 9억 원을 넘으면 3%입니다. 6억 초과 9억 원 이하의 주택을 취득하면 취득세율은 취득가액에 따라 달라지는 산출법을 사용하는데, 1~3%의 범위에서 과세표준이 높을수록 취득세율도 비례하여 높아진다고 생각하면 됩니다.

최고 취득세율인 12%는 어떤 경우에 적용될까요? 이미 두 채의 주택을 소유한 사람이 조정대상지역에 위치한 주택을 세 번째 주택으로 취득하거나, 세 채 이상의 주택을 소유한 사람이 지역에 무관하게 추가로 주택을 취득하는 경우 12%의 취득세율이 적용됩니다. 한 사람이 여러 채의 주택을 보유하는 것을 방지하여 주택 실수요자를 보호하고자 주택 취득세 중과세 제도가 시행되고 있는 것입니다. 집이 많을수록 취득세 부담이 커지는 세금 제도가 다주택자가 되는 것보다 똘똘한 한 채를 선택하는 최근의 부동산 트렌드에 영향을 주었다고 볼 수 있습니다.

주택을 매수하며 내야 할 취득세가 얼마인지 궁금하다면 포털 사이트에 '취득세 계산기'를 검색하여 매매가와 매수인의 상황에 맞게 취득세를 계산해 주는 사이트를 확인할 수 있습니다. 무주택자가 6억 원의 주택을 취득할 때의 취득세는 600만 원, 9억원의 주택을 취득할 때의 취득세는 2,700만 원으로 취득세에 상당한 금액이 소요되니 매수를 결정하기 전 취득세가 얼마인지를 확인해야 합니다.

취득세를 계산할 때 함께 언급되는 세금이 있습니다. 지방교육세와 농어촌특별세입니다. 이 두 세금은 취득세에 부가되는 세금으로 주택을 취득하며 취득세를 납부할 때 함께 신고 및 납부해야 합니다.

지방교육세는 취득세의 10%이며 상한 요율은 0.4%라고 생각하면 이해하기 쉽습니다. 무주택자가 6억원의 주택을 취득할 때 취득세율은 1%, 납부해야 할 취득세는 600만 원이고 이때 함께 납부해야 하는 지방교육세는 매매가의 0.1%에 해당하는

60만 원입니다.

지방교육세의 상한 요율을 0.4%로 생각하는 것은 취득세 중과세로 취득세율이 8%, 12%로 적용되어도 지방교육세는 0.4%로 일괄 적용되기 때문입니다.

농어촌특별세는 모든 주택 취득 건에 대해 부과되는 세금은 아닙니다. 주택의 전용면적이 $85m^2$ 이하인 국민주택이나 농가주택에 대해서는 비과세되어 납부하지 않아도 됩니다. 농어촌특별세의 세율은 주택 수와 조정대상지역 여부에 따라 0.2~1%의 범위에서 적용됩니다.

집을 살 때 내야 하는 세금, 취득세, 지방교육세, 농어촌특별세에 대해 알아보았습니다. 그럼, 이 세금은 언제 내야 할까요?

취득세는 취득일로부터 60일 이내에 신고하게 되어 있습니다. 다만 취득세 영수증이 있어야 소유권 이전 등기를 신청할 수 있기 때문에 매매 잔금 당일에 취득세를 납부하는 것이 일반적입니다. 취득세 신고서, 매매계약서, 부동산거래계약 신고필증을 가지고 물건지 소재지의 시·군·구청 관할 과를 방문하여 신고 및 납부할 수 있습니다. 소유권 이전 등기 신청을 법무사 등에 대행 의뢰하는 경우 대리인이 취득세 납부 등의 절차를 진행합니다.

> **Q. 무주택자가 전용면적 85㎡인 주택을 4억 원에 취득하였을 때 납부해야 하는 세액은?**
>
> - 취득세 : 4억 원 x 1% = 400만 원
> - 지방교육세 : 4억 원 x 0.1% = 40만 원
> - 총 440만 원
>
> **Q. 무주택자가 전용면적 100㎡인 주택을 10억 원에 취득하였을 때 납부해야 하는 세액은?**
>
> - 취득세 : 10억 원 x 3% = 3,000만 원
> - 지방교육세 : 10억 원 x 0.3% = 300만 원
> - 농어촌특별세 : 10억 원 x 0.2% = 200만 원
> - 총 3,500만 원

부동산을 취득할 때 필요한 또 다른 항목, 중개수수료입니다. 최근 '당근' 등의 플랫폼을 통해 부동산 직거래를 하는 경우가 있지만 대다수의 부동산 거래는 부동산 공인중개사 사무소를 통해 진행됩니다. 이때 거래를 중개한 공인중개사에게 소위 '복비'라고 부르는 중개 보수를 지급해야 합니다.

중개 보수는 매도인과 매수인이 각각 지급합니다. 만약 두 부동산의 공동중개를 통해 매매가 성사된다면 매도인과 매수인은 각자 자신 측의 공인중개사에게 중개 보수를 지급합니다.

그럼 중개 보수는 얼마를 지급해야 할까요? 중개 보수는 취득세처럼 금액이 딱 정해지지는 않습니다. 대신 최대로 지급할 수 있는 상한 요율과 한도액이 지자체별 조례로 정해져 있습

● **주택**(주택의 부속토지, 주택분양권 포함)

거래내용	거래금액	상한요율	한도액
매매 교환	5천만 원 미만	1천분의 6	25만 원
	5천만 원 이상 ~ 2억 원 미만	1천분의 5	80만 원
	2억 원 이상 ~ 9억 원 미만	1천분의 4	없음
	9억 원 이상 ~ 12억 원 미만	1천분의 5	없음
	12억 원 이상 ~ 15억 원 미만	1천분의 6	없음
	15억 원 이상	1천분의 7	없음

(서울특별시 주택중개보수 등에 관한 조례 제2조 별표1) (2021. 12. 30 시행)

니다.

서울을 예로 들어 살펴보면 거래금액에 따라 6개 구간을 나누어 각각의 상한 요율과 한도액을 정하고 있습니다. 매매 거래에서 거래금액이 5천만 원 미만인 경우 상한 요율은 1천분의 6, 즉 0.6%이며 한도액은 25만 원입니다. 매매가가 2억 원부터는 한도액 없이 상한 요율만 정해져 있습니다. 중개 보수 표에 따라 중개 보수 상한액을 계산해보면 매매가가 5억 원이라면 상한액은 200만 원, 10억 원이라면 500만 원이라는 것을 알 수 있습니다. 몇백만 원 단위, 많게는 천만 원이 넘는 금액을 중개 보수로 내야 하니 필요 자금으로 미리 생각해두지 않았다가 갑자기 지불하기에는 다소 부담스러울 수 있습니다. 그래서 중개 보수를 내야 한다는 사실을 기억하고, 지급 금액과 시기를 알아두어야 합니다.

중개 보수는 일반적으로 매매 잔금일에 지급합니다. 매매 계약 체결 시 확인 및 수령하는 '중개대상물 확인·설명서'의 내용 중 '중개 보수 등에 관한 사항'에 중개 보수의 액수와 지급 시기가 명시되어 있으니, 계약일에 꼭 확인하시기 바랍니다.

앞서 중개 보수는 상한 요율과 한도액이 정해져 있다고 설명했습니다. 조례에서 정한 상한을 지키는 범위에서 거래 당사자와 공인중개사 간의 협의를 통해 중개 보수를 조율할 수 있다는 것입니다.

수많은 거래 사례로 미루어볼 때 대부분의 공인중개사 측에서 상한 요율에 해당하는 중개 보수를 요구했으며, 먼저 보수를 낮춰주는 경우는 극히 드물었습니다. 중개 보수를 낮추고 싶다면 내가 먼저 요청해야 한다는 것입니다. 그렇다고 무작정 '복비 깎아주세요!'라고 요청하면 안 됩니다. 지켜야 할 몇 가지 주의 사항이 있습니다.

첫 번째 주의 사항은 중개 보수 협상은 계약서 작성 이전에 이루어져야 한다는 점입니다. 부동산 거래 경험이 많지 않은 일부 사람은 계약서 작성을 위해 모인 자리를 내가 무엇인가를 요청할 수 있는 자리라고 착각하여 매매가를 조율해달라, 중도금을 낮춰달라 등의 요구를 하기도 합니다. 하지만 계약서 작성은 이미 구두로 혹은 가계약 과정에서 협의가 완료된 사항을 문서로 옮기는 과정입니다. 사소한 사항은 서로 논의할 수 있겠으나 거래 성사 여부에 영향을 미칠 수 있는 중대사안에 대해서 추가로 협의하자고 요구하는 것은 무례하다고 여겨질 수 있습니다.

중개 보수 협상도 마찬가지입니다. 부동산 중개사를 통해 거래가 성사되어 계약서를 쓰는 자리에서 중개 보수를 깎아달라고 하는 것은 요청이 받아들여지지 않으면서 오히려 감정만 상하게 될 확률이 높습니다. 중개 보수 협상의 가장 적절한 시점은 매물을 둘러보고 구매 의사를 표시하는 단계입니다. 이 시점에 공인중개사는 거래를 성사하기 위해 노력하는 단계이므로, 중개 보수에 대한 협의가 가장 유연하게 이루어질 수 있습니다. "이 매물이 마음에 들어 계약을 진행하고 싶은데, 중개 보수는 어떻게 되나요? 조금 조정 가능할까요?"와 같이 자연스럽게 질문하는 것이 좋습니다.

두 번째 주의사항은 중개 보수 협상 시 적절한 접근법을 사용하는 것입니다. 일방적인 요구가 아닌, 상호 이익이 되는 방향으로 대화를 이끌어가는 것이 중요합니다. 예를 들어, "다른 여러 매물도 함께 알아보고 있는데, 이 매물이 가장 마음에 듭니다. 중개 보수를 조금 조정해 주신다면 빠른 결정을 내릴 수 있겠습니다."와 같이 표현하는 것이 효과적입니다. 부동산 입장에서는 손님을 놓치는 것보다 중개 보수를 낮추어서라도 매매가 성사되도록 하는 것이 이득이기 때문입니다.

세 번째 주의 사항은 시장 상황과 거래 규모를 고려해야 한다는 점입니다. 매수자가 많은 '핫한' 매물이나 수요가 많은 지역의 경우, 중개 보수 협상이 상대적으로 어려울 수 있습니다. 내가 아니어도 누군가가 거래하고 중개 보수를 지급할 것이라는 점을 생각하면 굳이 중개 보수를 깎아줄 이유가 없는 것입니다. 반면, 매물이 오래 남아있거나 거래가 적은 지역이라면 협상의 여지가 더 클 수 있습니다. 또한 거래금액이 클수록 중개보수의 액수도 커지므로, 고가 매물일수록 요율 조정에 대한 협상 가능성이 높아집니다.

추가로, 지역에 따라 중개 보수 관행에 차이가 있다는 점도 알아두면 좋습니다. 서울과 같은 대도시 중심지역에서는 상한 요율을 적용하는 경우가 많고, 경쟁이 치열하므로 협상의 여지가 적을 수 있습니다. 반면 지방 도시나 비인기 지역에서는 거래 활성화를 위해 중개 보수를 탄력적으로 운영하는 경우가 많습니다.

만약 중개 보수 협상이 어렵다고 판단되는 경우, 다른 방식으로 비용을 절감하는 방법도 고려해 볼 수 있습니다. 예를 들어, 동일한 중개업소를 통해 매도와 매수를 동시에 진행하거나, 매수와 전세를 함께 진행한다면 중개 보수 조율을 요청할 수 있습니다. 또한 지인을 통한 소개나 직거래 플랫폼을 활용하는 방법도 있지만, 이 경우 법적 보호나 전문적인 조언이 부족할 수 있다는 점을 고려해야 합니다.

중개 보수는 부동산 거래 과정에서 피할 수 없는 비용이지만, 적절한 타이밍과 대화 방식으로 일정 부분 절감할 수 있는 여지가 있습니다. 무조건 깎으려고만 하기보다는, 서로 존중하는 마음으로 접근하는 것이 중요합니다. 공인중개사 역시 전문가로서 많은 시간과 노력을 들이는 직업인입니다. 그들의 노하우와 서비스에도 가치가 있다는 점을 인정하면서도, 나에게 유리한 조건을 찾아가는 균형이 필요합니다.

매매 시 매매 금액 외에도 자금이 소요되는 취득세와 중개보수에 대해 알아보았습니다. 집을 사며 내야 하는 세금과 부동산 중개수수료를 생각하면 집을 한번 살 때 집값 외에도 소요되는 금액이 꽤 많다는 것을 알게 됩니다. 집값이 올랐다고 해서 모두 나의 수익이 되는 것이 아닌, 세금과 중개수수료만큼 올랐을 때 비로소 본전이라는 생각을 하면 집은 쉽게 사고파는 것이 아니라는 생각이 듭니다. 내 집을 팔고 새로운 집을 사는, 소위 말하는 '갈아타기'에 비용이 많이 든다는 점을 생각하면 한번 집을 살 때 좋은 집을 사는 것이 중요하다는 것을 다시 한번 강조하고 싶습니다.

- ● **6억 집 매매 시 추가 부대비용**

집 값	6억	비고
중개수수료	264만 원	0.40%
취득세	660만 원	1.10%
법무사 수수료	67만 원	3.5억
국민주택채권	60만 원	변동가능
인지세	15만 원	-
이사비	150만 원	변동가능
인테리어	4,500만 원	변동가능

- ● **8.2억 주택 매수 시 부대비용 8가지 항목**

항목	보수액	기타
1. 취득세	20,079,400	생애최초 취득세 감면 적용
2. 중개수수료	3,400,000	20만 원 할인
3. 인지세	225,000	근저당 설정 + 소유권 이전
4. 증지대	15,000	-
5. 국민채권할인	880,000	-
6. 법무사 수수료	440,000	-
7. 이사비	300,000	원룸에서 1톤 트럭
8. 주담대	600,000,000	3.99% 원리금 균등 40년 상환
총 합계	**25,339,440**	주담대 제외

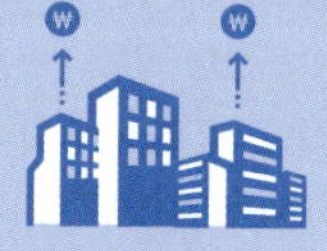

8장

로또 청약?
내 가점에 당첨될 리 없잖아
(희망 고문 탈출기)

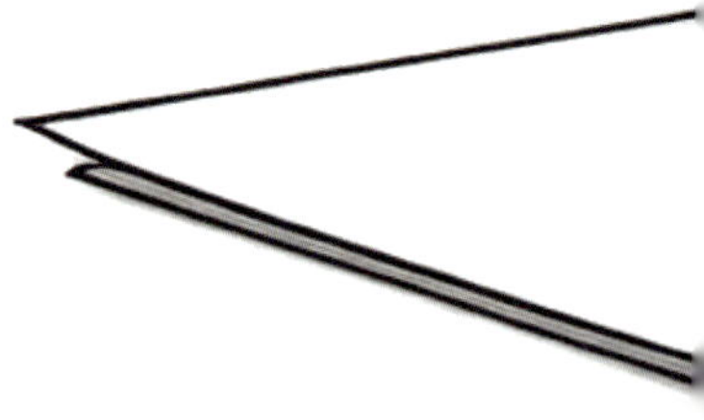

내 집 마련을 하는 방법에는 부동산 매매 외에도 청약이 있습니다. 청약이 인기가 많은 이유는 신축 아파트를 미리 선점할 수 있고 청약 이후 3~4년 뒤에 입주하기에 당장 계약금만 있으면 청약이 가능하기 때문입니다. 또한, 아파트는 빌라나 오피스텔처럼 잘못 매수했을 경우 매도하지 못해서 자금이 묶이는 경우가 적기 때문에 '환금성'이 좋다는 장점이 있습니다. 요즘 기사에서 '로또 청약'에 대해 다루거나, 주변 지인 중 누군가가 청약에 당첨되어 신축 아파트에 입주한다는 소식을 들으면 '나도 청약에 도전해 볼까?'하는 생각이 들곤 합니다. 그런데 청약, 어떻게 준비해야 할까요?

청약에 관심이 있어 인터넷에 청약을 검색해 보면 민간분양과 공공분양은 뭐가 다른 건지, 청약 점수가 높다는 건 무슨 의미인지 어렵기만 합니다. 특히 '분양권'과 같은 낯선 용어들을 접하면서 많은 어려움을 느낍니다. 누구나 청약을 이해하고, 내 집 마련을 위한 하나의 방법으로 청약을 활용할 수 있도록 청약에 대해 함께 알아보겠습니다.

'청약홈' 접속하기 전, 현실 감각부터 챙기자

청약? 분양권? 도대체 '피(P)'가 뭔데? (기초 개념 장착)

청약과 분양권은 비슷해 보이지만 다른 개념입니다. 청약은 아파트나 공동주택을 분양받기 위해 신청하는 절차입니다. 반면 분양권은 아파트나 공동주택이 준공되기 전에 건설사와 계약을 통해 받게 되는 입주 자격을 의미합니다.

예를 들어, 어떤 지역에 새 아파트가 들어선다는 소식을 듣고 청약을 신청했다고 가정해봅시다. 이때 청약을 신청한다고 해서 바로 아파트를 가질 수 있는 것은 아닙니다. 청약에 당첨되고, 계약을 체결하여야 비로소 분양권이라는 권리를 얻게 되고, 이 분양권을 통해 앞으로 지어질 아파트를 소유할 수 있게 되는 것입니다.

청약, 분양권 이야기를 하면 빠지지 않고 등장하는 것이 '프리미엄'입니다. P(피)라고도 하는 프리미엄은 분양권 거래 시 발생하는 웃돈을 말합니다. 청약에 당첨되고 나면 청약 당첨자가 분양권을 다른 사람에게 매도할 수 있고, 반대로 청약에 당첨되지 못한 사람이 프리미엄을 주고 분양권을 매수할 수 있습니다. 이때 분양권 거래금액이 분양가보다 비싸면 '프리미엄이 붙었다', '프리미엄이 0천만 원이다' 등의 이야기를 하는 것입니다. 프리미엄에 대해서는 뒤에서 더 살펴보겠습니다.

청약 : 새로 지어질 아파트를 분양받기 위해 신청하는 절차

분양권 : 청약 당첨 후 아파트를 소유할 수 있는 권리

프리미엄(피) : 분양권 매매 시 분양가에 더해지는 웃돈

묻지마 청약은 옛말, 냉혹한 청약 시장 판도 읽기

청약에도 여러 종류가 있다는 사실, 알고 계셨나요? 우리나라의 청약 시장은 크게 '임대'와 '분양'으로 나눌 수 있습니다. 임

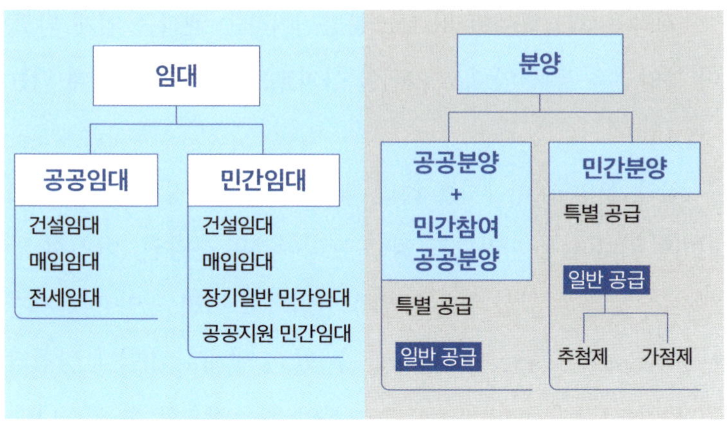

대는 말 그대로 임대를 목적으로 하는 주택을 공급하는 것이고, 분양은 실제 소유권을 가질 수 있는 주택을 공급하는 것입니다. 이 책은 '내 집 마련'에 초점을 두고 있기에 분양에 대해서 다루도록 하겠습니다.

분양주택은 공급 주체와 건설 자금 조달 방식에 따라 민영주택과 국민주택으로 나뉩니다. 우리가 흔히 아는 힐스테이트, 자이, 래미안 등의 브랜드 아파트가 민영주택이며, 건설사 등 민간사업 주체가 건설비용을 직접 조달하여 건설하는 주택입니다. 국민주택은 국가, 지방자치단체, LH 및 지방공사가 주택도시기금 혹은 정부 재정으로 건설비용을 조달하여 건설하는 주택입니다.

민영주택과 국민주택은 건설 목적부터 다릅니다. 국민주택은 서민들의 주거 안정과 주거비 부담 완화를 위해 건설됩니다.

따라서 분양가가 상대적으로 저렴하지만, 그만큼 자격 조건이 까다롭습니다. 반면 민영주택은 건설사의 이윤 추구가 주된 목적이므로, 분양가는 비싸지만 자격 조건은 상대적으로 덜 까다롭습니다.

공공분양 vs 민간분양 : 내 통장으로 비벼볼 수 있는 곳은 어디일까?

민영주택과 국민주택은 각각 '특별공급'과 '일반공급'으로 나뉩니다. 특별공급은 특정 조건을 갖춘 사람을 대상으로 주택을 공급하는 제도입니다. 신혼부부, 다자녀, 노부모 부양 등 조건에 부합하는 사람만 청약을 신청할 수 있고, 이들끼리 경쟁하는 구조이다 보니 일반분양에 비해 경쟁률이 낮은 것이 특징입니다. 일반공급은 특별한 자격 제한 없이 청약 자격을 갖춘 모든 사람이 신청할 수 있는 방식입니다.

일반공급은 추첨제와 가점제로 나뉩니다. 추첨제는 말 그대로 추첨을 통해 청약 당첨자를 선발하는 방식입니다. 일정 자격 요건을 갖춘 사람 중 무작위로 인원을 선발하는 것입니다. 가점제는 청약 점수가 높은 순서대로 청약 당첨자를 선발하는 방식입니다. 추첨제와 가점제에 대해서는 뒤에서 자세하게 살펴보겠습니다.

사람들이 청약을 신청하는 이유가 무엇일까요? 바로 '당첨'입니다. 당첨이 되려면 다음의 세 가지 사항을 확인해야 합니다. 1. 청약을 위한 준비가 되어 있는지, 2. 청약 자격이 되는지, 3. 청약 당첨 확률이 높은지. 이 세 가지를 확인하지 않고 무작정 청약에 도전하면 시간만 버리게 될 수 있으니 꼭 확인해야 합니다.

먼저, 내가 청약을 위한 준비가 되어 있는지를 확인해야 합니다. 청약 통장이라는 용어를 많이 들어보셨을 겁니다. 청약 통장에도 종류가 있다는 것을 알고 계신가요? 청약 통장에는 청약저축, 청약부금, 청약예금, 주택청약종합저축이라는 네 가지 종류가 있습니다. 이 중 주택청약종합저축이 가장 익숙할 텐데요, 해당 종류를 제외한 3개 종류는 2015년 9월 1일 이후로 신규 가입이 중단되었기 때문입니다. 현재 가입 가능한 주택청약종합저축은 유주택자를 포함하여 누구나 가입할 수 있고, 민영주택, 공공주택 구분 없이 모든 주택에 대해 청약을 넣을 수 있으니 아직 청약통장이 없다면 주택청약종합저축에 가입하면 됩니다.

청약통장이 준비되었다면 이제 통장에 돈을 넣으며 청약 당첨 가능성을 높여야 합니다. 청약통장에 가입한 지 얼마되지 않았다면 청약 순위 1순위가 되는 것을 우선으로 해야 합니다. 청약 순위 1순위 요건에는 민영주택과 공공주택 모두 청약통장 가입 기간이 포함되고 민영주택은 납입금액을, 공공주택은 납

구분	청약저축	청약부금	청약예금	주택청약종합저축 (청년주택드림통장 포함)
가입 대상	무주택 세대주	만 19세 이상의 개인(유주택자도 가능)	만 19세 이상의 개인(유주택자도 가능)	누구나 가입 가능 (유주택자도 가능)
	신규가입 중단(2015년 9월 1일 부터)			신규 가입 가능 (2009년 5월 6일 출시)
저축 방식	매월 일정액 불입	매월 일정액 불입	일시불 예치	매월 일정액 불입 (일시불 예치 가능)
저축 금액	월 2만 ~10만 원	월 5만~50만 원	200만~1,500만 원 (규모·지역별 차등)	월 2만~50만 원 (1,500만 원 일시 납입)
대상 주택	85㎡ 이하 공공주택 등	85㎡ 이하 민영주택	모든 민영주택 (85㎡ 초과 공공주택도 가능)	모든 주택

자료 : 한국부동산원(책 주택청약의 모든 것 2024~2025)

입 회차를 충족해야 합니다.

1순위가 되기 위한 청약통장 가입 기간은 공공주택과 민영주택 모두 같은 기준이 적용되고 있으며, 분양 지역에 따라 필수 가입 기간이 다릅니다. 투기과열지구과 청약과열지역에서 청약에 도전하려면 청약통장에 가입한지 24개월 이상이 되어야 합니다. 수도권은 12개월 이상, 수도권 외 지역은 6개월 이상, 위축지역은 1개월 이상의 필수 가입 기간이 있으니 지역마다 필요로 하는 기간이 다르다는 점을 알아야 합니다.

민영주택 청약에서 1순위가 되려면 납입금 조건도 충족해야 합니다. 이때 납입금의 기준은 지역마다, 그리고 청약 주택의 면적에 따라 다릅니다. 이때 지역의 기준은 청약 주택의 소재지가 아닌 입주자 모집 공고일 현재 청약자의 주민등록표등본상의 거주지라는 점에 유의해야 합니다.

민간주택은 납입 횟수에 대한 조건이 없습니다. 대신 청약통장에 얼마가 예치되어 있는지가 중요합니다. 민간분양 주택 청약 예치금은 지역에 따라, 주택 규모에 따라 그 금액이 다릅니다. 적게는 200만 원부터 많게는 1,500만 원까지의 예치금이 청약통장에 있어야 청약을 위한 시작점에 설 수 있습니다. 공공분양은 예치금의 액수가 청약 당첨에 영향을 미치지만 민간분양은 요구하는 예치금 조건을 충족하면 청약 신청을 할 수 있고, 당첨 여부에는 영향을 미치지 않는다는 차이점을 알아두어야 합니다.

민영주택 청약 순위에 대해 정리하자면 다음과 같습니다.

● **민영주택 청약 순위별 요건**

청약순위	청약통장 (입주자저축)	순위별 조건	
		청약통장 가입기간	납입금
1순위	주택청약종합저축	투기과열지구 및 청약과열지역 : 가입 후 2년이 경과한 분	납입인정금액이 지역별 예치금액 이상인 분
	청약예금		

1순위	청약부금 (85㎡ 이하만 청약 가능)	위축지역 : 가입 후 1개월이 경과한 분 투기과열지구 및 청약과열지역, 위축지역 외 수도권 지역 : 가입 후 1년이 경과한 분(다만, 필요한 경우 시도지사가 24개월까지 연장 가능) 수도권 외 지역 : 가입 후 6개월이 경과한 분(다만, 필요한 경우 시도지사가 12개월까지 연장 가능)	매월 약정납입일에 납입한 납입인정 금액이 지역별 예치금액 이상인 분
2순위 (1순위 제한자 포함)	1순위에 해당하지 않는 분(청약통장 가입자만 청약가능) - 85㎡ 초과 공공건설임대주택을 공급하는 경우 2주택 이상을 소유한 세대에 속한 분 - 수도권 공공주택지구에서 주택을 공급하는 경우 2주택(토지임대주택을 공급하는 경우 1주택) 이상을 소유한 세대에 속한 분 - (투기과열지구 또는 청약과열지역) 아래 중 하나라도 해당하는 경우 세대주가 아닌 분 과거 5년 이내 다른 주택의 당첨자가 된 자의 세대에 속한 분 2주택(토지임대주택을 공급하는 경우 1주택) 이상을 소유한 세대에 속한 분		

● 민영주택 지역/전용면적별 예치금액 기준

구분	서울특별시/ 부산광역시	기타 광역시	특별시 및 광역시를 제외한 지역
전용면적 85㎡ 이하	300만 원	250만 원	200만 원
전용면적 102㎡ 이하	600만 원	400만 원	300만 원
전용면적 135㎡ 이하	1,000만 원	700만 원	400만 원
모든 면적	1,500만 원	1,000만 원	500만 원

공공주택은 민영주택과 청약통장 가입 기간에서 같은 기준을 가지고 있으나 납입금 조건이 없다는 점에서 차이가 있습니다. 공공주택은 납입금 대신 납입 회차를 충족해야 1순위가 될 수 있습니다.

청약순위	청약통장 (입주자저축)	순위별 조건	
		청약통장 가입기간	납입 회차
1순위	주택청약 종합저축 및 청약저축	투기과열지구 및 청약과열지역 : 가입 후 2년이 경과한 분	24회
		수도권 지역 : 가입 후 1년이 경과한 분 (다만, 필요한 경우 시도지사가 24개월까지 연장 가능)	12회 (24회까지 연장 가능)
		수도권 외 지역 : 가입 후 6개월이 경과한 분(다만, 필요한 경우 시도지사가 12개월까지 연장 가능)	6회 (12회까지 연장 가능)
		위축지역 : 가입 후 1개월이 경과한 분	1회
2순위 (1순위 제한자 포함)	1순위에 해당하지 않는 분(청약통장 가입자만 청약가능)		

민영주택과 공공주택 모두 순위별 청약 자격 발생 기준일을 최초 입주자 모집 공고일로 하고 있습니다. 청약통장 가입 기간은 단기간에 충족할 수 없으므로 청약에 도전하고 싶다면 미리 준비하는 것이 필수입니다.

납입 횟수는 한 달에 한 번만 인정되기 때문에 필수 가입 기간동안 매달 한 번을 납입하면 최소 납입 횟수를 충족할 수 있습니다. 한번 납입할 때 얼마를 납입할 것인지가 중요한데, 이는 청약 당첨을 위해서는 통장에 예치된 금액이 영향을 주기 때문입니다. 공공주택 분양을 위한 한달 납입 가능 금액은 2만 원에서 50만 원으로 정해져 있으며, 많은 금액을 넣어도 최대 인정 가능 금액은 25만 원이니 한 번에 큰돈을 넣는 것이 아닌, 꾸준히 납입하는 것이 중요합니다.

청약통장	구분	국민주택	민영주택
필수 가입 기간	투기과열지구	24개월 이상	
	수도권	12개월 이상	
	수도권 외	6개월 이상	
납입 횟수	투기과열지구	24회 이상	×
	수도권	12회 이상	×
	수도권 외	6회 이상	×
해당자	투기과열지구	무주택세대주만	1주택자도 가능
	수도권	무주택세대주나 세대원	유주택자 가능
	수도권 외	무주택세대주나 세대원	유주택자 가능
예치금		×	○

청약 준비 사항을 알아보았으니, 이제 청약 시 반드시 알아야 할 유의사항을 살펴보겠습니다. 청약을 논할 때 빠지지 않는 핵심 용어 세 가지가 있습니다. 바로 전매제한, 거주 의무 기간 그리고 재당첨 제한입니다. 이 세 가지 개념을 제대로 이해하지 못하면 청약에서 예상치 못한 손실을 볼 수 있습니다.

첫 번째, 전매 제한입니다. 전매란 분양권을 사고파는 것, 혹은 증여하는 것을 말합니다. 쉽게 말해서, 내가 청약에 당첨되어 받은 권리를 다른 사람에게 양도하는 것을 말합니다. 전매 제한이란? 분양권 거래를 제한한다는 의미입니다. 만약 분양권 전매 제한 기간이 1년이라면 당첨자 발표일로부터 1년간 분양권 매매가 금지됩니다.

신규 분양 단지는 청약을 먼저 진행하고, 주택 건설 후 입주하게 됩니다. 이 과정이 약 3년 정도 소요되기 때문에 청약과 입주 사이에 시세의 변동이 생길 수 있습니다. 주변 아파트의 시세가 올라 분양가가 상대적으로 저렴해진다면 분양권을 사고팔아 차익을 얻는 거래가 발생합니다. 정부는 실수요자 중심의 주택 공급과 투기 수요 차단을 통해 주택시장을 안정화하려는 목적을 가지고 있기에 이러한 분양권 거래를 전매제한이라는 제도를 통해 제한하는 것입니다.

　전매제한은 모든 분양에 적용되는 것은 아닙니다. 투기과열지구, 청약과열지역에서 공급되는 주택이거나 분양가상한제 적용 주택 등 전매제한 조건에 해당하는 주택에 대해 전매제한이 적용됩니다. 전매제한 기간 또한 주택의 소재지와 규제 여부에 따라 다릅니다. 모든 케이스에 대한 전매제한 기간을 외우기보다는 관심 있는 분양 단지의 모집공고문에서 전매제한에 대한 내용을 확인하는 것이 좋습니다.

수도권	공공택지, 규제지역, 분양가상한제 적용 지역	과밀억제권역	그 외
	3년	1년	6개월
비수도권	공공택지 또는 규제지역	광역시(도시지역)	그 외
	1년	6개월	없음

　두번째, 거주 의무 기간입니다. 거주 의무 기간은 청약 당첨 후 분양 계약을 했다면 해당 주택에서 일정 기간 실제로 거주해야 한다는 조건입니다. 거주 의무 기간은 모든 분양 단지에 적용되는 것이 아닌, 분양가가 주변 시세에 비해 저렴할 때 적용됩니다. 거주 의무 기간은 공공주택인지 민영주택인지, 분양가가 인근 지역 주택 매매가격(주변 시세)에 비해 얼마나 저렴한지에 따라 2~5년으로 정해집니다.

거주 의무 기간을 두는 것은 실제로 거주할 수 있는 사람으로 청약 수요를 제한하여 주택 가격 상승을 억제하는 정책으로 볼 수 있습니다. 청약 당첨 후 직접 거주하지 않고, 전세 세입자를 통해 자금을 조달하다가 주택을 매도하여 시세차익을 얻는 방법을 통제하는 것입니다. 거주 의무 기간이 있는 단지에 청약 신청을 할 때는 입주 시기에 자금을 조달할 수 있는지, 실제 거주하기에 무리가 없는지를 생각하는 것이 필수적입니다.

● **분양가상한제 적용 주택 입주자의 실거주 의무 기간**

구 분	분양가격	거주의무기간
공공택지에서 건설·공급되는 주택	인근 지역 주택 매매가격의 80% 미만	5년
	인근 지역 주택 매매가격의 80 ~ 100%	3년
민간택지에서 건설·공급되는 주택	인근 지역 주택 매매가격의 80% 미만	3년
	인근 지역 주택 매매가격의 80 ~ 100%	2년

자료 : 국토교통부

세 번째, 재당첨 제한입니다. 재당첨 제한이란 청약에 당첨된 사람이 당첨일로부터 몇 년 간 청약에 당첨될 수 없도록 제한하는 것을 말합니다. 무분별한 주택 투기를 막고 실수요자가 주택 청약에 당첨될 수 있도록 하는 제도라고 할 수 있습니다. 재당첨 제한 기간은 분양가상한제 적용, 투기과열지구 등 주택의 구분에 따라 다르게 적용됩니다. 이미 청약에 당첨된 이력이 있다면 재당첨 제한이 있을 수 있습니다. 재당첨 제한 여부를 간단하게 확인하려면 청약홈 – 청약 자격 확인을 이용하면 됩니다.

● **재당첨제한 기간**

구분	세부 구분	재당첨제한 기간(당첨일로부터)		
재당첨제한 적용 주택	분양가상한제 적용주택 투기과열지구 내 주택	10년		
	청약과열지역 내 주택	7년		
	토지임대주택	5년		
	이전기관종사자 특별공급 주택 분양전환공공임대주택 기타당첨자	과밀억제권역	85㎡ 이하	5년
			85㎡ 초과	3년
		그외	85㎡ 이하	3년
			85㎡ 초과	1년
부적격 당첨자	수도권, 투기과열지구 및 청약과열지역	1년		
	수도권 외	6개월		
	수도권, 비수도권 중 위축지역	3개월		

자료 : 법제처

전매 제한, 실거주 의무, 재당첨 제한은 부동산 규제의 성격을 가지고 있기에 모르고 지나치면 손해를 볼 수 있고, 챙겨보자니 나에게 어떻게 적용되는지 어렵게 느껴질 수 있습니다. 단지마다 적용되는 사항이 다르고, 때에 따라 정책에 변동이 생기기도 하여 이 모든 내용을 머릿속에 담기는 어렵습니다. 내가 신청하려는 단지와 나의 상황에 대해서만 잘 숙지하는 것을 목표로 하면 되며, 이를 위해서는 모집공고문을 꼼꼼하게 살피는 것이 중요합니다.

청약에 도전한다고 하면 단지 위치는 어디인지, 평수는 어떻게 되는지, 분양가는 얼마인지를 궁금해합니다. 인터넷에 단지명만 검색해도 잘 정리해 둔 글이 많지만, 청약 신청을 하겠다고 마음먹었다면 대략의 정보만 아는 것이 아닌, 모집공고문을 직접 읽어보는 자세가 필요합니다.

한 단지의 모집공고문입니다.

● 단지 주요 정보

주택유형	해당지역	기타지역	규제지역여부
민영	서울특별시 2년 이상 계속 거주자(2022.10.11. 이전부터 계속 거주)	서울특별시 2년 미만 거주자 및 경기도, 인천광역시 거주자	투기과열지구/ 청약과열지역/ 규제지역

재당첨제한	전매제한	거주의무기간	분양가상한제	택지유형
10년	3년	2년	적용	민간택지

모집공고문 가장 상단에 전매 제한, 거주의무기간, 재당첨 제한에 대한 내용이 명시되어 있습니다. 공고문을 읽고 나의 상황에서 다음의 사항을 점검해야 합니다.

266

1. 이미 청약에 당첨된 적이 있다면 재당첨 제한에 해당하지 않는지

2. 전매 제한이 있다면 해당 기간 분양권을 매도하지 못해도 계획에 차질은 없는지

3. 거주의무기간이 있다면 입주시기에 자금을 마련할 수 있는지, 실제 거주하기에 무리는 없는지

모집 조건과 나의 상황을 검토하지 않은 채 청약에 당첨되기만 하면 돈을 벌 수 있다는 안일한 생각으로 무분별하게 청약을 신청하는 것은 위험합니다. 청약에 당첨된 후 취소하게 되면 향후 청약 신청에 제한이 생기는 등 돌이킬 수 없는 불이익을 받게 됩니다. 따라서 충분한 사전 검토와 신중한 자세로 청약에 도전하는 것이 중요합니다.

여기까지 청약 도전을 위한 기본적인 개념을 알아보았습니다. 청약이 무엇인지와 청약과 관련해 자주 등장하는 용어에 대해서 알았다면 '내가 청약에 당첨될 수 있을까?'가 궁금할 것입니다. 청약의 구조를 통해 당첨 확률을 알아보겠습니다.

가점제는 이번 생에 망했고, '추첨제'라는 동아줄 노려보기

청약에 당첨되려면 청약통장 점수가 높아야 한다는 말을 들

어보셨을 겁니다. 그렇다면 당장 청약통장에 가입한 지 얼마 되지 않았거나, 납입금액이 많지 않아 청약통장 점수가 낮다면 청약을 넣지 말아야 할까요? 꼭 그런 것은 아닙니다.

민영주택의 일반공급에서는 '추첨제'와 '가점제'라는 두 가지 당첨자 선정 방식이 있습니다. 추첨제는 말 그대로 추첨을 통해 당첨자를 선정하는 방식이고, 가점제는 청약 신청자의 주택 소유 상태, 부양가족 수, 청약통장 가입기간 등을 점수화하여 높은 점수를 받은 순서대로 당첨자를 선정하는 방식입니다.

이 두 방식의 비율은 지역과 주택 면적에 따라 다릅니다. 투기과열지구나 청약과열지역의 경우, $60\,m^2$ 이하 주택은 전체 물량의 40%를 가점제로 공급하고 나머지 60%를 추첨제로 공급합니다. 주택 면적이 커질수록 가점제의 비율이 높아집니다.

주택의 구분별, 면적별 가점제와 추첨제 적용 비율은 다음과 같습니다.

주거전용면적	투기과열지구	조정대상지역	비규제지역
60㎡ 이하	가점제 40%, 추첨제 60%		가점제 40% 이하
60㎡ 초과 85㎡ 이하	가점제 70%, 추첨제 30%		
85㎡ 초과	가점제 80% 추첨제 20%	가점제 50% 추첨제 50%	추첨제 100%

추첨제에서 유의할 점은 추첨 방식을 채택한다고 해도 신청자의 조건에 따라 당첨 확률이 달라진다는 점입니다. 투기과열지구, 청약과열지역, 광역시 및 수도권에서 공급하는 주택은 추첨제 물량의 75%를 무주택 세대구성원에게 우선 공급합니다. 무주택 세대 구성권에 해당하지 않는다면 무주택 세대구성원에게 먼저 공급하고 남은 25%를 두고 무주택 세대구성원 및 1주택자와 함께 경쟁해야 하는 것입니다. 추첨제에는 가점제에서 당첨되지 못한 인원도 추첨 대상 인원에 포함되기 때문에 당첨 확률은 상대적으로 낮아진다고 생각할 수 있습니다.

민영주택의 일반공급을 사례를 통해 알아보겠습니다.

만약 1주택자가 해당 단지의 일반분양에 도전한다면 가점제 낙첨자와 무주택 세대구성원이 45가구를 두고 진행하는 추첨제에는 참여할 수 없으며, 해당 추첨에서 당첨되지 않은 신청자 및 1주택자인 신청자와 15가구를 두고 경쟁해야 합니다. 인기가 많은 단지일수록 청약 신청 인원이 많으므로 로또 당첨에 비유할 정도로 어려운 것이 청약 당첨이라 할 수 있겠습니다.

청약 당첨 확률을 높이려면 전략적으로 접근하는 것이 중요합니다. 투기과열지구, 청약과열지구 등에 일부 조건에 해당하는 분양단지가 아니라면, $85m^2$를 초과하는 주택은 지역에 관계없이 전체 물량을 추첨제로 공급합니다. 이는 중대형 주택에 대한 실수요자들의 선택권을 확대하기 위한 제도입니다. 따라서 가점이 상대적으로 낮다면 이러한 추첨제 100% 단지를 공약하는 것이 당첨 확률을 높이는 방법입니다.

청약 신청 시 단지 내에서 상대적으로 선호도가 낮은 타입을 선택하는 것도 하나의 전략이 될 수 있습니다. 같은 단지, 평형에서도 동호수의 배치나 평면도에 따라 선호도가 달라집니다. 인기 타입에 청약자가 몰릴 때 비선호 타입을 신청한다면 청약 경쟁률에 차이가 있기에 당첨 확률을 상대적으로 높일 수 있습니다. 투자 목적이라면 인기 있는 단지에 당첨되는 것 자체가 중요하기 때문에 전략적으로 계획을 세우는 것이 당첨 확률을 높이는 방법입니다.

분양가가 주변 시세보다 많이 높거나, 입지 조건이 좋지 않은 단지는 상대적으로 경쟁률이 낮을 수 있습니다. 이런 단지들은 당첨 확률은 높지만 미분양이 되거나, 향후 시세 차익을 기대하기는 어려울 수 있으므로 신중한 판단이 필요합니다.

"축 당첨!" 근데 당장 계약금 쏠 돈은 통장에 있고?

　치열한 분석에 더해진 행운을 통해 청약에 당첨되면 마냥 행복할 것 같지만, 청약 당첨 소식에 엄청난 고민에 빠지는 이들도 있습니다. 청약에 대한 진지한 고민 없이 '한번 넣어볼까?' 하는 가벼운 생각으로 청약을 신청한 사람들입니다. 반면 간절하게 청약 당첨을 기다리던 사람도 청약에 당첨되고 나면 없던 걱정이 생깁니다. 바로 자금 탓입니다.

　청약 당첨 이후 자금이 언제, 얼마나 필요한지 정확하게 알지 못하면 분양가에 겁먹고 계약을 포기하기도 합니다. 안타깝게 기회를 잃지 않으려면 청약을 신청하기 전부터 자금 계획을 세우는 것이 좋습니다. 그렇다면 구체적으로 어떻게 자금 계획을 세워야 할지 알아보겠습니다.

청약에 당첨되고 나서 필요한 자금에는 크게 세 가지 종류가 있습니다. 계약금, 중도금, 그리고 잔금입니다. 이 세 가지는 전체 분양가를 납부 시기에 따라 나눈 것으로 생각하면 됩니다.

청약 당첨 소식을 듣고 바로 준비해야 하는 자금은 계약금입니다. 일반적으로 분양가의 10%를 계약금으로 합니다. 청약에 당첨되면 계약을 체결하여 분양을 확정하는데, 이때 계약금을 납부해야 합니다. 이후 이야기할 중도금과 잔금은 중도금 대출과 잔금 대출의 형태로 자금을 마련할 수 있지만 계약금은 별도의 대출 상품이 없습니다. 기존에 모아둔 종잣돈을 활용하거나 신용대출을 받아서 계약금을 마련해야 합니다. 이마저도 어려우면 타인에게 차용을 하는 경우가 있으며, 도저히 계약금을 구할 수 없다면 청약 당첨을 포기하기도 합니다.

계약금을 내고 계약을 했다면 그다음 단계는 중도금 납부입니다. 중도금은 이름에서 알 수 있듯이 계약과 입주 사이, 즉 계약 기간 중에 분양가 일부를 내는 것입니다. 분양가 중 중도금 비율은 분양 단지마다 다르게 설정됩니다. 이때 중도금 대출을 활용할 수 있는데, 규제지역의 중도금 대출 한도는 2025년 10월 대책으로 최대 40%, 비규제 지역의 한도는 최대 60% 입니다.

중도금은 한 번에 내는 것이 아니라 중도금 납부 일정에 맞추어 10%씩 납부하는 것이 일반적입니다. 중도금이 60%인 단지라면 분양가 10%에 해당하는 중도금을 6번에 나누어 내는

것인데 중도금 대출을 받으면 비규제 지역에서는 60% 대출이
가능하고 규제지역에서는 40%만 가능해서 나머지 20%는 현금
납부를 해야 합니다. 중도금 납부 일정은 분양계약서에 명시되
어 있습니다.

분양가의 절반이 넘는 중도금을 전액 현금으로 낼 만큼 통
장에 여유자금이 있는 사람은 많지 않습니다. 그래서 중도금은
대출을 통해 납부하는 경우가 많습니다. 신규 분양 단지는 저마
다 은행, 카드사 등과 협약을 맺어 분양자가 중도금 대출을 집
단 대출의 형태로 받을 수 있게 합니다. 중도금 대출 실행 조건
은 타 대출에 비해 까다롭지 않아 큰 결격사유가 없다면 중도
금 대출을 받을 수 있습니다.

중도금 대출을 받으면 중도금 납부 시기에 맞추어 해당 일자
에 납부할 금액이 대출로 실행되고, 자동으로 납부됩니다. 분양
단지에 따라 중도금 대출에서 발생하는 이자를 입주할 때 낼
수 있게 하는 이자 후불제를 시행하거나, 혹은 무이자로 대출을
받게 하는 경우가 있습니다. 대부분의 단지에서는 이자 후불제
조건으로 중도금 대출을 진행하기 때문에 입주 시점에 발생하
는 이자 금액도 자금 계획에 포함해야 합니다.

일반적으로 많은 사람들이 중도금 대출 이자를 간과합니다.
이자라고 해도 금액의 단위가 크기 때문에 중도금 대출에 필요
한 모든 자금을 계산하여 미리 준비하시기 바랍니다. 다음의 표
는 분양가별로 정리한 중도금 대출 이자입니다. 시장 상황에 따

라 금리와 입주 시기에 대한 조건이 달라지기 때문에 대략적인
금액 범위를 파악해 두시면 도움이 되시리라 생각합니다.

분양가격	이자	조건
5억	2,250만	
6억	2,700만	- 청약 접수 : 25년 6월 - 중도금 대출 첫 실행 : 25년 10월 20일
7억	3,150만	- 중도금 대출 6회 납부
8억	3,600만	- 이자 후불제 적용 - 입주일 : 28년 8월
9억	4,050만	- 중도금 대출 금리 : 4.5% (금리 및 기간은 변동 가능)
10억	4,500만	

만약 여유자금이 있어 대출 없이도 중도금을 낼 수 있다면,
대출을 받지 않는 것이 좋을까요? 실거주를 목적으로 한다면
중도금 대출을 받지 않아도 괜찮지만, 분양권 매도를 염두에 두
고 있다면 중도금 대출을 실행하시는 것을 추천해 드립니다. 분
양권 상태에서 매도를 하면 기존 계약자가 실행한 중도금 대출
을 매수자가 승계하게 됩니다. 계약자인 A가 해당 분양권에 대
해 실행한 중도금 대출이 분양권 매수자인 B에게로 넘겨지는 것
입니다. 분양권 매수자로서는 중도금 대출 승계를 통해 당장 많
은 자금을 준비하지 않아도 분양권을 살 수 있다는 장점이 있습
니다.

그런데 중도금 대출을 받지 않은 분양권이라면 어떨까요? 분

양권 매수자는 기존 계약자가 현금으로 납부한 중도금을 지불해야 분양권을 매수할 수 있으며, 앞으로 남은 중도금 또한 현금으로 납부해야 합니다. 매수자가 현금 납부 능력이 있는 사람으로 한정되어 매수 가능한 사람을 찾는 것부터 어려운 일이며, 중도금 대출 승계가 가능한 다른 분양권과 비교했을 때 거래 조건이 불리할 수밖에 없습니다.

그러므로 중도금 대출 없이 중도금을 낼 수 있는 자금이 있더라도 분양권 상태에서의 매도에 대비해 대출을 실행하는 것을 권장해 드립니다.

중도금을 내며 시간이 지나면 입주 시기가 다가옵니다. 입주가 도래하는 이 시점이 자금 계획을 가장 철저하게 세워야 하는 시기입니다. 분양가를 전액 납부해야 집에 대한 소유권을 얻을 수 있기 때문입니다. 비규제지역의 경우 지금까지 분양가의 10%를 계약금으로, 60%를 중도금으로 냈으니 나머지 30% 자금만 준비하면 된다고 생각하는 경우가 있습니다. 과연 그럴까요? 대다수의 계약자가 중도금을 대출을 통해 납부하는 것을 생각하면 그렇지 않습니다. 중도금 대출은 입주 기간이 되면 대출 기간이 종료되므로 상환해야 합니다. 중도금 대출 상환과 잔금까지 생각하면 분양가의 90%를 마련해야 입주를 할 수 있습니다.

여기서 또 한 번, 많은 사람들이 대출을 활용합니다. 입주 시기가 되면 중도금 대출과 마찬가지로 단지마다 은행과 협약을 맺어 집단 대출을 진행합니다. 협약을 맺었다고 해서 대출 한도와 금리가 같지는 않습니다. 신축 단지는 아직 거래가 없어 대출 기준 금액을 산정하기 위해 감정평가를 진행하는데, 은행마다 감정가가 다르고 금리와 금리 우대 조건도 다릅니다.

은행마다 내가 실행할 수 있는 대출한도와 금리를 확인하고 나에게 알맞은 조건을 찾아 대출을 실행하면 됩니다. 보유 자금이 없어 대출을 최대한으로 받아야 한다면 한도가 높은 은행을, 자금이 어느 정도 있어 부족한 만큼만 대출을 받으면 된다면 대출 금리가 낮은 은행을 선택하는 것을 우선순위로 두고 은행간 대출 조건을 비교하면 됩니다. 입주 시기가 다가오면 단지별로 입주예정자 카페 등을 통해 대출에 대한 정보를 공유하는 경우가 많습니다. 많은 정보를 확보하여 나에게 알맞은 대출을 선택하시기 바랍니다.

입주를 앞두고 미리 집을 점검할 수 있는 사전점검일에 대출 상담이 가능한 경우가 있습니다. 입주 사전점검은 입주 예정자를 초청하여 입주 지정일 45일 전까지 실시합니다. 3~4일 정도의 기간을 설정하여 사전점검을 진행하고, 그 기간 은행별로 부스를 설치하여 대출 상담이 가능합니다. 정책대출을 원하는 분들과 시중은행 대출을 원하는 분들은 꼭 상담 부스를 방문하여 본인의 상황에 맞는 상담을 받고, 자금 계획을 철저하게 세우셔야 합니다.

분양대금 납부 일정 예시

분양가 6억 원 기준

1. 계약금(10%) : 6천만 원

　- 1차 : 1천만 원(계약 시)

　- 2차 : 5천만 원(1개월 내)

2. 중도금(60%): 3억 6천만 원

　- 1~6회차 각 6천만 원

　- 보통 2-3개월 간격으로 납부

　- 공정률에 따라 납부 시기 결정

3. 잔금(30%) : 1억 8천만 원

　- 입주 시 납부

　- 입주지정기간 내 완납

안 될 청약 기다리다
전세 난민 늘어간다

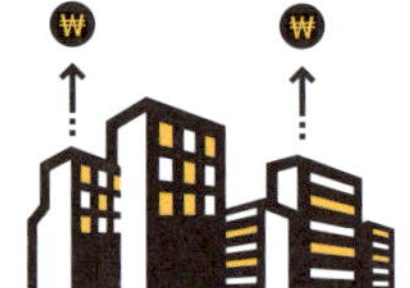

언론에서 로또 청약의 사례를 많이 다루고 있고, 주변에서 '누가 청약에 당첨되어서 0억을 벌었대'라는 이야기를 들으면 청약에 당첨되기만 하면 금방 돈을 벌 수 있을 것 같이 느껴집니다. 하지만 이러한 환상을 가지고 청약에 도전했다가 큰코다칠 수 있습니다.

부동산 상승기에 선당후곰(우선 청약 신청 후 당첨되면 그때 고민)이라는 생각으로 많은 사람이 청약에 몰려 분양 경쟁률이 상당히 높았고, 청약이 1순위에서 마감된 것과 달리 최근 분양 시장의 상황이 그리 좋지만은 않습니다. 인기가 많은 단지는 여전히 많은 관심을 받고 있지만 일부 단지는 청약 미달이 발생하거나 무순위 청약 이후에도 미분양 세대가 발생하고 있습니다.

이렇게 청약의 인기가 사그라드는 것은 공사비 상승으로 인해 분양가가 상승하여 분양가가 비싸게 느껴지거나, 분양 단지의 입지 조건 등이 매력적으로 다가오지 않기 때문입니다. 이러한 상황에서 청약 당첨 자체에 맹목적인 목표를 두고 청약 단지에 대한 이해 없이 청약 신청을 하는 것은 위험합니다. 그렇다면 분양 단지가 청약을 할 만한 단지인지를 어떻게 판단할 수 있을까요?

청약 단지를 선택할 때는 여러 가지 요소를 종합적으로 고려해야 합니다. 단순히 분양가가 싸다고 해서 좋은 투자가 되는 것은 아닙니다. 입지 여건, 교통 환경, 개발 호재 등을 꼼꼼히 살펴봐야 합니다.

입지는 크게 세 가지 측면에서 분석해야 합니다. 첫째는 교통입니다. 지하철역이나 버스정류장과의 거리, 주요 도로와의 접근성 등을 확인해야 합니다. 둘째는 생활 인프라입니다. 학교, 상업시설, 병원 등 생활 편의시설의 유무를 체크해야 합니다. 셋째는 주변 환경입니다. 공원이나 녹지 등 쾌적한 환경이 있는지 살펴봐야 합니다.

해당 지역의 개발 계획을 확인하는 것도 중요합니다. GTX나 신규 지하철 노선 계획, 대형 상업시설 입점 계획, 공공기관 이전 계획 등이 있다면 미래 가치 상승을 기대할 수 있습니다. 주의할 점은 이러한 개발 계획이 확정된 것인지, 아니면 단순한 계획 단계인지 구분하는 것입니다. 확정된 계획이라도 실제 완공 시기는 예상보다 늦어질 수 있다는 점을 고려해야 합니다.

분양가가 주변 시세와 비교해서 적정한지 판단하는 것도 중요합니다. 주변 단지의 신축 아파트 시세와 비교해 보고, 프리미엄이 형성될 가능성이 있는지 검토해야 합니다. 하지만 무조건 분양가가 낮다고 좋은 것은 아닙니다. 건설사의 시공 능력, 브랜드 가치 등도 함께 고려해야 합니다.

다른 청약 단지와 비교하였을 때 해당 단지가 매력적인지, 혹은 조금 기다렸다가 다른 단지의 청약을 노리는 것이 좋을지 생각하는 것 또한 중요합니다. '묻지마 청약'은 지양해야 한다는 점을 명심하시기 바랍니다.

청약 정보 얻기

청약 정보는 크게 세 가지 채널에서 얻을 수 있습니다. 첫째는 공식 채널입니다. 청약홈 홈페이지가 대표적이며, 여기서 청약 일정, 모집공고문, 당첨자 발표 등을 확인할 수 있습니다. LH와 각 지방공사의 홈페이지에서도 공공분양 관련 정보를 얻을 수 있습니다.

두 번째는 LH청약 플러스입니다. 공공분양에 해당하는 청약에 대한 모집 공고문을 확인할 수 있는 사이트입니다.

출처 : 청약홈

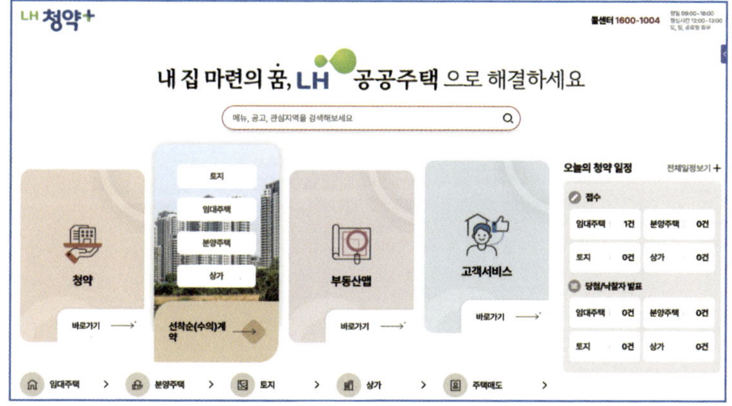

출처 : LH 청약+

　세 번째는 부동산 포털입니다. 네이버 부동산, 마이홈 등에서 시세 정보와 주변 환경 정보를 얻을 수 있습니다. 주의할 점은 이러한 정보들이 항상 정확한 것은 아니라는 점입니다. 따라서 여러 경로를 통해 정보를 크로스체크하는 것이 중요합니다.

　청약 제도는 복잡하고 변화가 잦지만, 체계적으로 준비하면 충분히 이해하고 활용할 수 있습니다. 가장 중요한 것은 본인의 상황을 정확히 파악하고, 그에 맞는 전략을 세우는 것입니다.

또한 청약은 한 번의 기회로 끝나지 않습니다. 비록 첫 청약에서 실패하더라도, 경험을 통해 배운 것을 바탕으로 다음 기회를 준비할 수 있습니다. 본인에게 맞는 청약 전략을 세우고, 꾸준히 준비한다면 반드시 좋은 결과를 얻을 수 있을 것입니다.

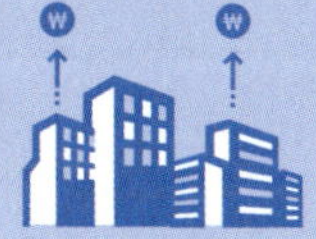

"그래서 대출 나온다는 거야, 마는 거야?"
수시로 바뀌는 부동산 대책 생존법

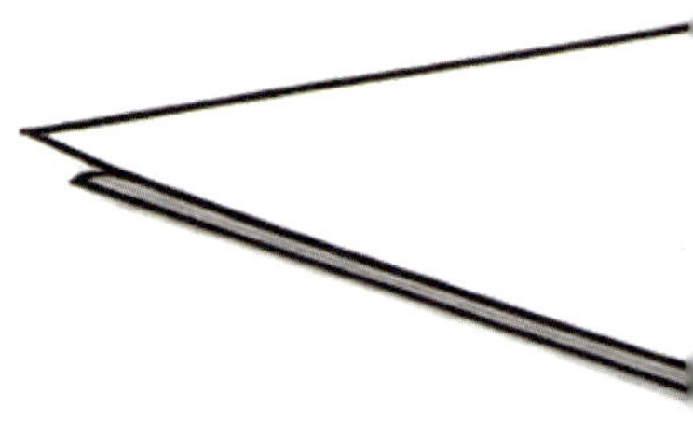

2025년 6월 27일, 그리고 10월 15일. 부동산 시장에 두 번의 강력한 규제가 내려진 날입니다. 6.27 대책 발표 직후 부동산 커뮤니티는 혼란에 빠졌고, "이제 집 사기가 정말 어려워졌다"는 한숨 섞인 목소리가 쏟아졌습니다. 그런데 4개월도 지나지 않아 10.15 대책이 추가로 발표되면서, 예비 매수자들의 당혹감은 더욱 커졌습니다.

"디딤돌 대출 한도가 왜 이렇게 줄어든 거죠?", "서울 전역이 규제지역이 되었다는데 제가 보던 집도 영향을 받나요?", "생애최초인데 이제 몇 퍼센트까지 대출받을 수 있나요?" - 이런 질문들이 끊이지 않고 있습니다.

하지만 좌절할 필요는 없습니다. 부동산 대책은 과거에도 수없이 반복되어 왔고, 그때마다 시장은 적응해왔습니다. 중요한 것은 변화를 정확히 이해하고 현명하게 대응하는 것입니다. 이번 장에서는 6.27 대책과 10.15 대책의 핵심 내용을 풀어서 설명하고, 현재 시점에서 집을 사려는 분들이 반드시 알아야 할 규제 사항을 명확하게 정리하겠습니다.

뉴스에선 맨날 집값 잡는다는데, 왜 내 목줄만 조일까?

영끌족과 정부의 끝없는 눈치 게임 (시장 과열의 배경)

2025년 상반기, 서울을 중심으로 주택 가격이 빠르게 상승했습니다. 특히 한강이 보이는 지역의 아파트 가격이 급등하면서 시장 불안이 커졌습니다. 2023년 전후로 급락했던 서울 주택 가격은 2024년 8월, 2025년 3월, 2025년 6월 세 차례에 걸쳐 단기간에 급등하는 모습을 보였습니다.

정부는 이러한 시장 과열이 서민의 주거 안정을 위협하고, 자본이 생산적인 부문이 아닌 부동산으로만 몰리면서 경제 전반의 활력을 저해한다고 판단했습니다. 그래서 강력한 규제를 통해 시장을 진정시키려 했습니다.

규제와 완화의 무한 루프, 이쯤 되면 패턴이 보인다

부동산 대책은 역사적으로 수없이 반복되어 왔습니다. 문재인 정부 시절에만 5년간 30번에 가까운 부동산 대책이 발표되었고, 그때마다 "부동산 투자는 끝났다"는 이야기가 나왔습니다. 하지만 시간이 지나고 보면 시장은 그때마다 새로운 방법을 찾아 적응해왔습니다.

2024년 9월 DSR 2단계 규제 이후 약 6개월간 시장이 조용했다가, 2025년 1-2월 다시 폭발적으로 상승한 것이 대표적인 사례입니다. 대출 규제는 부동산 정책의 극히 일부분에 불과하며, 과거 30번의 대책들에 비하면 현재의 규제는 "시작"에 불과합니다.

중요한 것은 변화를 정확히 이해하고 현명하게 대응하는 것입니다. 감정적으로 접근하기보다는 냉정하게 분석하고, 내 상황에 맞는 최선의 전략을 세워야 합니다.

[6.27 대책]
"빚내서 집 사지 마!"
내 대출 한도를 반토막 낸 주범

복잡한 6.27 대책, 딱 세 가지만 알면 끝

2025년 6월 27일, 금융위원회는 긴급 가계부채 점검회의를 개최하여 수도권 중심의 가계부채 관리 강화 방안을 발표했습니다. 6.27 대책의 핵심은 크게 세 가지로 요약됩니다.

핵심 1 : 가계대출 총량 축소

전 금융권에서 빌려줄 수 있는 가계대출 총량 목표를 하반기부터 당초 계획 대비 50% 수준으로 감축했습니다. 정책대출인 디딤돌, 버팀목, 보금자리론도 연간 공급계획 대비 25%를 감축했습니다. 쉽게 말해, 은행에서 빌려줄 수 있는 대출 총액 자체를 대폭 줄인 것입니다.

핵심 2 : 관리 조치 전 금융권 확대

기존에는 은행권에서만 자율적으로 시행하던 관리 조치를 6월 28일부터 전 금융권으로 확대했습니다. 2주택 이상 보유자가 추가로 주택을 구입하거나, 1주택자가 기존 주택을 처분하지 않고 추가 주택을 구입할 때는 주택담보대출을 받을 수 없게 되었습니다. 또한 수도권과 규제지역 내 보유 주택을 담보로 하는 생활안정자금 목적 주택담보대출 한도를 최대 1억 원으로 제한했고, 주택담보대출 대출 만기를 30년 이내로 제한했습니다. 수도권과 규제지역 내에서 소유권 이전 조건부 전세대출도 금지되었습니다. 실수요자 외에 투자 목적의 주택 매수를 제한하려는 의도입니다.

핵심 3 : 주택담보대출 한도 제한 및 실거주 의무

주택담보대출 한도를 개인당 6억 원으로 제한했습니다. 수도권과 규제지역 내에서 생애 최초로 주택을 구입하는 경우 주택담보대출의 LTV를 70%로 축소하고, 전입 의무를 부과했습니다. 이는 정책대출인 디딤돌, 보금자리론에도 동일하게 적용됩니다. 주택기금 디딤돌, 버팀목 대출 한도도 대폭 축소되었고, 수도권과 규제지역 내에서 주택을 구입하며 주택담보대출을 받은 경우 6개월 이내에 전입 의무가 부과되었습니다. 전세대출 보증 비율도 90%에서 80%로 강화되었습니다.

집 살 돈? 생활비? 꼬리표부터 확실히 달자 (주담대 vs 생활안정자금)

6.27 대책을 이해하기 위해서는 기본 용어를 정확히 알아야 합니다. 많은 분들이 헷갈려하는 주택담보대출(주담대)과 생활안정자금(생안자)의 차이를 명확히 하는 것이 중요합니다. 핵심은 "3개월"입니다.

집을 사고 소유권 이전 등기를 완료한 후 3개월이 기준점입니다. 집을 담보로 한다는 점은 동일하지만, 대출을 언제 실행하는지에 따라 분류가 달라지고 적용되는 규제도 다릅니다.

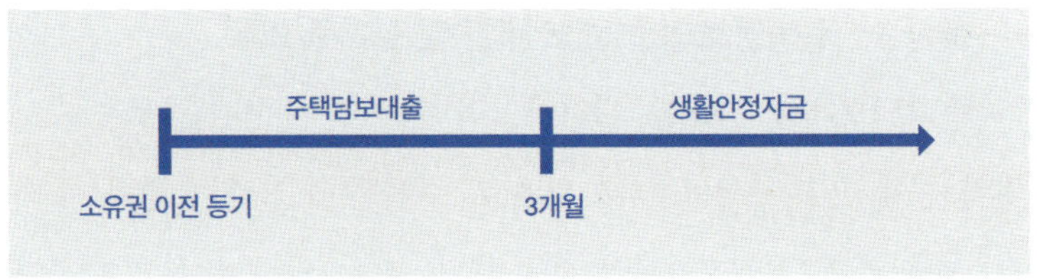

주택담보대출(주담대) : 소유권 이전 후 3개월 이내에 받는 대출

생활안정자금(생안자) : 소유권 이전 후 3개월이 지난 뒤에 받는 대출

6.27 대책의 가장 큰 변화는 주택 보유 상황에 따른 대출 규제 강화였습니다. 보유 주택 수에 따라 받을 수 있는 대출 조건이 완전히 달라집니다.

2주택 이상 보유자

2주택 이상을 보유한 상태에서 추가로 주택을 구입할 때 적용되는 LTV는 0%으로, 주택담보대출을 전면 금지합니다. 투기 목적의 다주택 구입을 원천 차단하려는 의도입니다.

1주택자

1주택자가 기존 주택을 처분하지 않고 추가로 주택을 구입하는 경우에도 LTV 0%가 적용되어 대출이 불가능합니다. 다만, 처분 조건부로 구입하는 경우에는 다릅니다. 6개월 이내에 기존 주택을 처분한다는 약정을 하면 비규제지역에서는 LTV 70%, 규제지역에서는 LTV 50%를 적용받을 수 있습니다.

무주택자

무주택자는 비규제지역에서 LTV 70%, 규제지역에서 LTV 50%를 적용받습니다. 다만, 6억 원 대출 상한선이 적용됩니다.

생애최초 주택구입자

생애 최초로 주택을 구입하는 경우, 기존에는 LTV 80%를 적용받을 수 있었으나 6.27 대책 이후 LTV 70%로 축소되었습니다. 수도권과 규제지역에 해당하며, 6개월 이내 전입 의무가 부과됩니다. 디딤돌대출의 경우 1개월 이내 전입 의무가 있습니다.

생애최초의 중요성을 예시로 살펴보겠습니다. 9억 원짜리 집을 규제지역에서 구매한다고 가정해봅시다. 일반 무주택자는 LTV 50%가 적용되어 대출 4억 5천만 원에 자기자금 4억 5천만 원이 필요합니다. 하지만 생애최초라면 LTV 70%가 적용되어 대출 6억 원(6억 원 상한선 적용)에 자기자금 3억 원이면 됩니다. 자기자금 차이가 무려 1억 5천만 원입니다.

급전 필요할 때 막히면 낭패, 생활안정자금 팩트 체크

6.27 대책에서 수도권과 규제지역 내 보유 주택을 담보로 한 생활안정자금 목적 주택담보대출의 한도를 최대 1억 원으로 제한했습니다. 생활안정자금에는 단순 생활자금 대출과 전세 퇴거자금 대출이 포함됩니다.

전세 퇴거자금 대출은 전세 세입자가 퇴거할 때 보증금을 돌려주기 위해 받는 대출로, 갭투자에서 자주 활용되던 대출입니다. 일반적으로 집을 매수하고 전세를 두는 갭투자를 하는 경우, 전세 세입자를 내보내고 실거주를 하는 시점에 전세퇴거자금대출을 활용했습니다. 집을 매수하며 주택담보대출을 받는 것과 동일하게 LTV와 DSR을 따져 꽤 많은 금액을 대출받을 수 있었기 때문입니다.

하지만 이번 대책으로 2025년 6월 28일 이후에 신규 전세계약을 체결한 경우 전세퇴거자금대출을 통해 1억 원까지만 자금을 조달할 수 있게 되었습니다. 전세보증금을 돌려주는 방법이 거의 불가능해진 것과 다름없는 상황이 되었으며, 사실상 신규 갭투자를 제한하는 대책이라고 볼 수 있습니다. 또한 2주택 이상 보유자는 생활안정자금 대출 자체가 불가능해졌습니다.

믿었던 정부 대출마저? 정책 대출 한도 축소의 나비효과

이번 규제에서 가장 충격적인 부분 중 하나는 디딤돌 대출 한도의 대폭 축소입니다. 디딤돌 대출은 이제 메리트를 찾아볼 수 없을 정도로 매력이 떨어졌습니다.

대상	6.27 이전	6.27 이후	감소액
일반 차주	2.5억 원	2억 원	0.5억 원
생애최초	3억 원	2.4억 원	0.6억 원
신혼부부	4억 원	3.2억 원	0.8억 원
신생아 특례	5억 원	4억 원	1억 원

6억 원짜리 집을 사려는 신혼부부를 기준으로 살펴보면, 디딤돌 대출로 받을 수 있는 최대 한도는 3억 2천만 원입니다. 디딤돌 대출 외에 무려 2억 8천만 원의 자금이 별도로 필요합니다. 또한 수도권 아파트에 적용되는 방공제(방값을 제외한 금액만 인정)를 고려하면 대출 한도가 더욱 줄어들어 자금 부담이 더욱 커집니다.

보금자리론의 부상

디딤돌 대출의 매력이 떨어지면서 상대적으로 보금자리론이 주목받고 있습니다. 보금자리론은 디딤돌 대출에 비해 여러 장점이 있습니다.

첫째, 대출 한도가 더 높습니다. 일반의 경우 3억 6천만 원, 생애최초의 경우 4억 2천만 원까지 대출받을 수 있습니다. 디딤돌과 달리 방공제가 적용되지 않아 같은 가격의 부동산을 매수해도 더 많은 금액을 대출받을 수 있습니다. 둘째, 상환 방식이

유연합니다. 체증식 상환으로 40년까지 가능한 반면, 디딤돌은 30년까지만 가능합니다. 셋째, 전입 의무만 있고 실거주 의무가 명시되어 있지 않습니다. 다만 6.27 대책으로 6개월 이내 전입 의무가 새롭게 생겼으니 주의하시기 바랍니다.

결론적으로, "디딤돌 대출보다는 보금자리론을 적극 활용 해보세요"라고 말씀드리고 싶습니다. 신혼 기준으로 한도가 4억 원에서 3억 2천만 원으로 대폭 축소되었고, 보금자리론은 4억 2천만 원까지 가능합니다. 같은 6억 원짜리 집을 구매할 때 자기자금 차이가 1억 원이나 납니다.

내 마이너스 통장도 위험해?
신용대출 한도 방어전

집을 매수할 때 주택담보대출만으로 자금이 부족한 경우, 신용대출을 함께 활용하는 경우가 많습니다. 기존에는 신용대출의 한도가 연소득의 2배까지도 나왔기 때문에 신용대출을 통해 확보할 수 있는 자금이 적지 않았습니다.

그러나 6.27 대책으로 신용대출의 한도가 연소득 이내로 제한되었습니다. 예를 들어 연소득이 1억 원인 직장인이 신용대출을 받는다고 가정해봅시다. 대책 이전에는 최대 2억 원까지 대출받을 수 있었으나, 현재는 연봉인 1억 원까지만 대출이 가능합니다. 신용대출을 활용해 확보할 수 있는 가용자금이 무려 1억 원이나 줄어든 셈입니다.

신용대출을 활용해 부동산 매수 자금을 조달할 계획이었던 매수 대기자들은 이제 매수하려는 집의 가격대를 낮추거나, 자기자금을 더 많이 준비해야 하는 상황이 되었습니다.

[10.15 대책]
"거긴 안 돼!" 노른자 땅
진입 장벽이 훌쩍 높아진 이유

10.15 대책,
도대체 왜 또 튀어나왔을까?

6.27 대책 발표 후 일시적으로 주택 가격 상승폭이 축소되었으나, 8월 말부터 상승폭이 재차 확대되었습니다. 한강 인접 자치구의 상승세가 서울 전역으로 확산되었고, 강남권에 인접한 경기 지역인 분당, 과천, 광명 등의 상승폭도 확대되었습니다. 8월부터 거래량이 반등하기 시작했고, 특히 서울 비규제지역에서 두드러졌습니다.

정부는 한강 인접지역의 시장 불안이 서울 전역과 경기 일부

지역으로 확산되고 있으며, 금리 인하 기조와 풍부한 유동성 등으로 상승 압력이 가시화되고 있다고 판단하여 10월 15일 추가 대책을 발표했습니다.

10.15 대책의 주요 내용

10.15 대책은 크게 두 가지에 초점을 맞췄습니다. 주택 수요 관리 강화를 위해 조정대상지역과 투기과열지구를 대폭 확대 및 토지거래허가구역 지정, 부동산 금융 규제 강화를 위해 주택 가격별 대출 한도를 차등화하고 스트레스 금리를 상향 조정했습니다.

규제 지역 도장 깨기
(조정대상지역, 투기과열지구)

10.15 대책의 가장 큰 변화는 규제지역의 대폭 확대와 토지 거래허가구역 지정입니다. 6.27 이전까지 규제지역은 서울 4개 구(강남구, 서초구, 송파구, 용산구)에 불과했습니다. 그런데 10.15 대책으로 서울 전 지역 25개 자치구가 모두 규제지역으로 지정되었습니다.

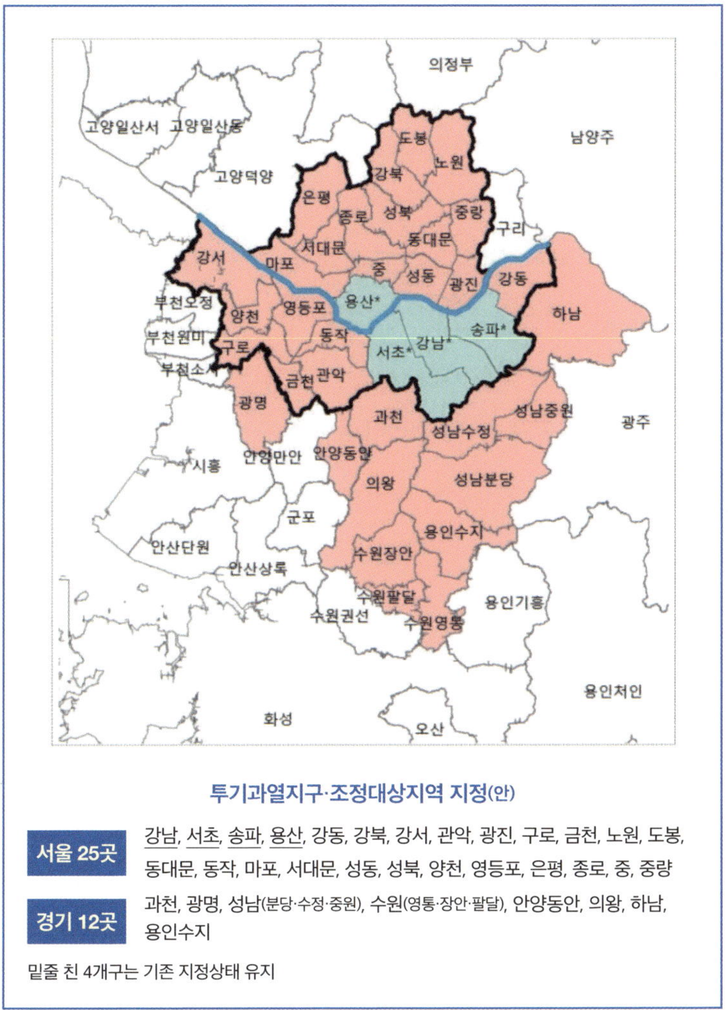

경기도에서도 12개 지역이 추가로 지정되었습니다. 과천시,
광명시, 성남시 분당구·수정구·중원구, 수원시 영통구·장안

구·팔달구, 안양시 동안구, 용인시 수지구, 의왕시, 하남시가 규제지역에 포함되었습니다. 이 대책은 2025년 10월 16일부터 효력이 발생했습니다.

규제지역으로 지정되면 대출, 세제, 청약 등 모든 측면에서 강화된 규제가 적용됩니다. 특히 주택 취득 후 2년간 실거주 의무가 있는 토지거래허가구역도 규제지역과 동일하게 지정되었습니다. 다만, 아파트 및 동일 단지 내 아파트가 1개 동 이상 포함된 연립·다세대만 해당합니다. 그리고 토지거래 허가구역이 지정되면 허가일로부터 4개월 이내로 실거주를 시작하여 2년간 실거주 의무가 적용되므로 갭투자도 전면 금지됩니다.

"비싼 집 사려면 돈 더 가져와" 얄미운 가격별 대출 차등화

6.27 대책에서 일률적으로 6억 원으로 제한했던 주택담보대출 한도를 10.15 대책에서는 주택 가격(시가)에 따라 차등 적용하도록 변경했습니다. 2025년 10월 16일부터 시행되었으며, 수도권과 규제지역에 적용됩니다.

주택 가격별 최대 대출 한도는 다음과 같습니다. 주택 가격이 15억 원 이하인 경우 6억 원, 15억 원 초과 25억 원 이하인 경우 4억 원, 25억 원 초과인 경우 2억 원입니다. 단, 이주비 대출은 주택 가격에 관계없이 최대 6억 원이 적용됩니다.

구체적인 예시로 살펴보겠습니다. 규제지역에서 20억 원짜리 아파트를 생애최초로 구매한다고 가정해봅시다. LTV 70%를 적용하면 14억 원까지 대출이 가능해야 하지만, 실제로는 최대 한도가 4억 원으로 제한되어 4억 원만 대출받을 수 있습니다. 자기자금으로 무려 16억 원이 필요합니다.

30억 원짜리 아파트를 고소득자가 구매하는 경우는 어떨까요? 6.27 이전에는 LTV 70%가 적용되어 21억 원까지 대출이 가능했습니다. 6.27 이후에는 6억 원 한도가 적용되었고, 10.15 이후에는 2억 원 한도로 추가로 4억 원이 감소했습니다. 자기자금으로 무려 28억 원이 필요합니다.

안 그래도 팍팍한데 이자까지? '스트레스 DSR'의 습격

수도권과 규제지역 내 주택담보대출의 스트레스 금리를 1.5%에서 3.0%로 상향 조정했습니다. 이는 2025년 10월 16일부터 시행되었습니다.

스트레스 DSR은 미래의 금리 변동 위험을 고려한 개념입니다. DSR을 산정할 때 대출금리에 스트레스 금리의 일정 비율을 가산합니다. 계산 방법을 살펴보면, 기존에는 1.5% 한도에 40%(주기형 기준)를 곱해 0.6%를 가산했습니다. 변경 후에는 3.0% 한도에 40%를 곱해 1.2%를 가산합니다.

● **소득별 대출 한도 변화**

연소득	규제 전	규제 후	감소액
5천만 원	3억 1,700만 원	2억 9,700만 원	2,000만 원
7천만 원	4억 4,500만 원	4억 1,500만 원	3,000만 원
1억 원	6억 3,500만 원	5억 9,300만 원	4,200만 원

예시 : 금리 4.2%, 30년 원리금 균등 상환 조건

실제 대출 한도를 살펴보면 약 2,500만 원에서 4,000만 원 정도 감소합니다. 같은 소득이더라도 받을 수 있는 대출 금액이 줄어든 것입니다.

다 됐고, 지금 당장
내가 적용받는 규제는 뭔데?

2025년 10월 이후 현재 시점에서는 6.27 대책과 10.15 대책이 모두 시행되고 있습니다. 처음 집을 사려는 분들이 알아야 할 핵심 규제를 정리하면 다음과 같습니다.

내가 찍은 동네,
어떤 규제에 묶여 있는지 1초 만에 확인하기

먼저, 구매하려는 주택이 어느 지역에 있는지 확인해야 합니다. 규제지역(조정대상지역·투기과열지구)은 서울 전 지역 25개 자치구와 경기 12개 지역입니다. 경기 12개 지역은 과천, 광명, 성남(분당·수정·중원), 수원(영통·장안·팔달), 안양동안, 의왕, 하남, 용인수지입니다.

토지거래허가구역은 규제지역과 동일하며, 단 아파트 및 동일 단지 내 아파트가 1개 동 이상 포함된 연립·다세대만 해당합니다. 규제지역으로 지정되면 대출, 세제, 청약 등 모든 측면에서 강화된 규제가 적용되며, 토지거래허가구역은 주택 취득 후 2년간 실거주 의무가 부과됩니다.

온갖 규제 다 때려맞았을 때, 내 통장에 꽂히는 '진짜' 대출금

현재 시점에서 적용되는 주택담보대출 규제를 정리하면 다음과 같습니다.

LTV (담보인정비율)

규제지역(서울 전역, 경기 12개 지역)에서는 무주택자와 처분조건부 1주택자는 LTV 40%가 적용됩니다. 생애최초는 LTV 70%가 적용되며, 유주택자는 LTV 0%로 대출이 불가능합니다. 주목할 것은 규제지역에서도 서민·실수요자의 요건을 충족하면 LTV 60%가 적용된다는 점입니다. 서민·실수요자에 해당되어

LTV 60%를 적용받기 위해서는 부부합산 연소득 9천만원 이하, 주택 가격 8억원 이하, 무주택세대주 요건을 모두 충족해야 합니다.

비규제지역(수도권 중 규제지역 외)에서는 무주택자와 처분조건부 1주택자는 LTV 70%, 유주택자는 LTV 60%가 적용됩니다.

보금자리론을 활용하려는 경우 상황에 따라 LTV가 다르게 적용되기 때문에 자세히 살펴볼 필요가 있습니다.

보금자리론	규제지역 외 지역 / 규제지역 내 생애 최초, 실수요자	아파트	LTV 70%
		비아파트	LTV 65%
	규제지역	아파트	LTV 60%
		비아파트	LTV 55%

구분			10.15일 이전 非규제지역(수도권)	10.15일 이후 규제지역
금융권 대출[1]	일반 차주	LTV	70%	**40%**
		DTI[3]	60%(아파트 恨)	조정대상지역(아파트 恨) **50%** 투기과열지구 **40%**
		최대한도	6억원	15억이하6.15~25억**4.**25억초과**2억원**[2]
	생애최초 구매자[4]	LTV	70%	(좌동)
		DTI[3]	60%(아파트 恨)	
		최대한도	6억원	15억이하6.15~25억**4.**25억초과**2억원**[2]
	서민· 실수요자[5]	LTV	70%	**60%**
		DTI[3]	60%(아파트 恨)	(좌동)
		최대한도	6억원	15억이하6.15~25억**4.**25억초과**2억원**[2]
정책성 대출	디딤돌 대출	LTV	70%	(좌동)
		DTI	60%	
		최대한도	일반차주2.0억원 / 생애최초2.4억원 신혼 등3.2억원 / 신생아4.0억원	
	보금자리론	LTV	아파트70% / 非아파트65%	아파트**60%** / 非아파트**55%** * 생애최초[4], 실수요자[6]는 **좌동**
		DTI	60%	**50%** * 생애최초[4], 실수요자[6]는 **좌동**
		최대한도	일반3.6억원 / 생애최초4.2억원	(좌동)

주1) 무주택자(처분조건부 1주택자 포함) 기준　주2) 주택가격(시가) 구간별 차등 적용
주3) 금융권 대출은 DSR 규제(은행권 40% , 2금융권 50%, 규제지역 동일) 적용 중
주4) 세대 구성원 모두가 과거에 주택을 소유한 사실이 없는 자
주5) ①부부합산 연소득 9천만원 이하, ②주택가격 8억원 이하, ③무주택세대주 요건을 모두 충족하는 경우
주6) ①부부합산 연소득 7천만원 이하, ②주택가격 6억원 이하, ③무주택자 요건을 모두 충족하는 경우

주택 가격별 최대 대출 한도

주택 가격이 15억 원 이하인 경우 최대 6억 원, 15억 원 초과 25억 원 이하인 경우 최대 4억 원, 25억 원 초과인 경우 최대 2억 원까지 대출이 가능합니다.

주택 가격	최대 대출 한도	감소액
15억 원 이하	6억 원	-
15억 초과 ~ 25억 이하	4억 원	2억
25억 원 초과	2억 원	4억

DSR 및 스트레스 금리

DSR은 40%가 적용됩니다. 전체 대출 원리금 상환액을 소득으로 나눈 비율입니다. 스트레스 금리는 수도권과 규제지역에서 3.0%가 적용됩니다. 또한 1주택자가 수도권과 규제지역에서 임차인으로 전세대출을 받는 경우, 전세대출 이자 상환분을 DSR에 반영합니다.

전입 및 실거주 의무

주택담보대출을 받은 경우 수도권과 규제지역에서 6개월 이내에 전입해야 합니다. 디딤돌 대출은 1개월 이내 전입 의무가 있으며, 토지거래허가구역에서는 2년간 실거주 의무가 부과됩니다.

규제가 쏟아져도
솟아날 구멍은 있다
(실전 대응 전략)

2025년 부동산 대책은 분명히 시장에 큰 변화를 가져왔습니다. 하지만 이것이 내 집 마련의 기회가 완전히 사라졌다는 의미는 아닙니다. 변화를 정확히 이해하고 현명하게 대응하는 것이 중요합니다.

카더라 통신은 꺼라,
내 진짜 한도부터 냉정하게 파악할 것

대출 한도는 단순히 LTV로만 결정되지 않습니다. LTV(담보인정비율), DSR(총부채원리금상환비율), 주택 가격별 최대 한도 (15억/25억 기준), 스트레스 금리(3.0%), 기존 대출 여부 등이 복합적으로 작용합니다.

네이버 금융 계산기나 대출 상담을 통해 본인의 소득, 기존 대출, 주택 보유 상황, 구매하려는 주택의 가격과 위치 등을 입력하여 실제 대출 가능 금액을 확인해야 합니다. 막연하게 "LTV 70%니까 이 정도 받을 수 있겠지"라고 생각하면 실제 대출 실행 시 당황할 수 있습니다.

평생 딱 한 번 쓸 수 있는 치트키, '생애최초 혜택' 영혼까지 빨아먹기

규제지역에서도 생애최초 주택구입자는 LTV 70%를 적용받을 수 있습니다. 일반 무주택자가 LTV 40% 밖에 받지 못하는 것에 비하면 엄청난 혜택입니다.

생애최초 요건은 세대 구성원 모두가 과거에 주택을 소유한 적이 없는 경우입니다. 본인뿐만 아니라 배우자, 같은 세대의 부모님 등 세대원 전원이 주택 소유 이력이 없어야 합니다. 결혼을 앞두고 계신 분이라면 결혼 전에 배우자와 세대원들의 주택 소유 이력을 반드시 확인하시기 바랍니다.

생애최초 카드를 못 쓴다고? 좌절 금지, '서민 실수요자 대출'이라는 플랜 B

생각보다 생애최초 혜택을 못받는 분들이 많습니다. 부모님들이 과거 자식들 명의로 집을 구매한 이력이 있는 경우도 많기 때문입니다. 이럴 경우엔 생애최초 대출이 아니라 서민 실수요자 대출을 활용해야 합니다.

부부합산 연소득 9천만 원 이하, 주택가격 8억 원 이하, 무주택세대주 요건을 모두 충족할 경우 LTV60%에 한도는 최대 6억까지 가능합니다.

기회는 준비된 통장(?)에게 온다! 언제든 도장 찍을 수 있게 '실탄' 장전하기

지금 시장이 어렵다고 해서 아무것도 하지 않으면 기회가 왔을 때 잡을 수 없습니다. 지금 해야 할 것들이 있습니다.

첫째, 가용자금과 현금흐름을 파악하고 부동산 매수에 얼마를 활용할지 결정하세요.

둘째, 지역 분석 및 시세 트래킹을 하세요. 입지가 좋은 곳을 우선으로 파악하세요.

셋째, 배우자와의 재정 투명화가 필요합니다. 결혼 전이라면 어렵지만 필수입니다.

넷째, 대출 상품을 연구하세요. 은행별 조건을 비교해보세요.

다섯째, 임장 활동을 하세요. 부동산이 한가한 시기가 임장 최적기입니다.

부동산 규제는 지금까지도 수없이 반복되어 왔고, 그때마다 시장은 적응해왔습니다. 중요한 것은 변화를 정확히 이해하고 현명하게 대응하는 것입니다. 지금은 오히려 준비하기 좋은 시기입니다. 시장이 차분해진 지금이야말로 철저한 준비를 할 수 있는 절호의 기회입니다.

이 원고의 내용은 2026년 3월 중순 기준으로 작성되었습니다. 부동산 정책은 언제든 변경될 수 있으므로 최신 정보를 확인하시기 바랍니다.

여러분의 내 집 마련이 성공하기를 응원합니다. 정확한 정보, 신중한 계획, 그리고 현명한 판단으로 꿈을 이루시기 바랍니다.

전세금 올려줄 걱정 없이, 내 집에서 두 다리 쭉 뻗고 자는 밤을 응원하며

1. 막막함이 설렘으로 바뀌는 순간

마지막 장을 넘기는 지금, 여러분의 마음속에는 어떤 생각이 자리 잡고 있나요? 혹시 책을 펼치기 전 느꼈던 막연한 두려움이 조금은 가벼워지셨는지요. 아니면 쏟아지는 정보와 복잡한 대출 규제, 생소한 용어들 때문에 오히려 마음이 더 무거워지셨을지도 모르겠습니다.

집을 산다는 것, '내 집 마련'이라는 네 글자는 우리 삶에서 참으로 무거운 단어입니다. 단순히 몸을 누일 공간을 마련하는 것을 넘어, 내 인생에서 가장 큰 쇼핑이자 나와 내 가족의 미래를 결정짓는 중요한 투자이기 때문입니다. 그 무게감이 가볍다면 오히려 이상한 일일 것입니다.

저 역시 첫 집을 마련하던 그 떨리던 순간을 기억합니다. 수 없이 임장을 다니며 발이 부르텄던 날들, 계약서에 도장을 찍는 손이 미세하게 떨렸던 순간, 그리고 '과연 이 선택이 옳았을까?' 하는 불안감에 잠 못 이루던 밤들… 하지만 지금 돌이켜보면 분명한 사실이 하나 있습니다. 그 모든 불안을 넘어선 '용기'가 지금의 저를, 그리고 소나무우유라는 사람을 만들었다는 것입니다.

2. 우리가 함께 그려온 내 집 마련의 지도

이 책을 통해 우리는 내 집 마련을 위해 무엇을 준비해야 하는지 치열하게 살펴보았습니다. 막연히 "집값이 너무 비싸다"라고 한탄만 하는 대신, 냉정하게 나의 가용자금을 계산하며 현실을 마주했습니다. LTV와 DSR이라는 대출의 파도를 타고 자산 증식의 기회를 잡는 법을 배웠으며, 지도 앱을 켜고 낯선 동네의 가치를 입지 분석이라는 틀로 바라보는 눈을 길렀습니다.

우리는 이제 압니다. 완벽한 타이밍, 완벽한 집은 존재하지 않는다는 것을요. 시장은 늘 오르내림을 반복하고, 정책은 끊임없이 변합니다. 우리가 기다려야 할 것은 집값이 바닥을 치는 기적 같은 순간이 아니라, 내가 감당할 수 있는 자금과 확신이 준비된 '나만의 타이밍'입니다.

서문에서 말씀드렸던 A, B, C 부장의 이야기를 기억하시나요? 같은 출발선에서 시작했지만 10년 뒤 그들의 모습은 완전히 달랐습니다. 그 차이를 만든 것은 엄청난 종잣돈이나 내부 정보가 아니었습니다. 변화를 받아들이고, 끊임없이 공부하며, 두려움 속에서도 한 발짝 내디딘 '실행력'의 차이였습니다.

3. 혼자 가면 빨리 가지만, 함께 가면 멀리 갑니다

하지만 책을 덮고 현실로 돌아가면, 다시금 외로움과 막막함이 찾아올 수 있습니다. 부동산 투자는 단거리 달리기라기보다 긴 마라톤과 같습니다. 첫 집 마련이 끝이 아니라, 갈아타기를 하고 자산을 불려 나가며 경제적 자유로 나아가는 긴 여정의 시작점이기 때문입니다.

때로는 시장의 분위기에 휩쓸려 흔들릴 수도 있고, 예상치 못한 규제나 변수를 만나 좌절할 수도 있습니다. 투자를 반대하는 주변 목소리에 마음이 약해질 수도 있습니다. 그럴 때 가장 필요한 것은 무엇일까요? 바로 '환경'과 '동료'입니다.

저 혼자만의 힘으로 여기까지 온 것이 아닙니다. 저 역시 수많은 시행착오 속에서 멘토를 찾았고, 함께 공부하는 동료들과 서로를 다독이며 성장했습니다. "인간의 의지는 약하지만, 환경은 강력하다"라는 말처럼, 긍정적인 에너지를 주는 사람들 곁에 머무는 것만으로도 우리는 지치지 않고 나아갈 수 있습니다. 그래서 저는 책 밖에서도 여러분과 계속 만나고 소통하려 노력하고 있습니다.

4. 소나무우유와 함께하는 성장의 여정

이 책이 여러분에게 '지식'을 전달했다면, 저의 활동들은 여러분의 '실행'을 돕는 페이스메이커가 되어드릴 것입니다.

저는 월급이라는 한정된 그릇에 자신을 맞추게 되는 '버티는 삶'을 주도적으로 '선택하는 삶'으로 바꾸는 '머니플로우 클럽'이라는 재테크 커뮤니티와 SNS를 통해 매일 여러분과 소통하고 있습니다.

홀로 감당하기 버거운 투자의 여정, 서로를 지탱해 줄 든든한 '동료'와 성장에 몰입할 수밖에 없는 '환경'이 필요하시다면 언제든 이 문을 두드려주세요. 같은 곳을 바라보며 긴 호흡으로 함께 걷는 이 공간에서, 우리는 부의 그릇을 넓히는 내면의 힘과 누구도 대체할 수 없는 자신만의 경쟁력을 갈고닦고 있습니다. 아울러 지면(紙面)의 한계를 넘어선 온·오프라인의 만남을 통해, 현장의 치열한 숨결과 깊이 있는 통찰을 가감 없이 나누고 있습니다.

저와 커피 한 잔을 마시며 고민을 나누는 시간, 같은 목표를 가진 동료들과 서로의 성장을 응원하는 시간은 여러분이 지치지 않고 끝까지 완주할 수 있는 강력한 원동력이 될 것입니다.

5. 당신의 실행을 응원하며

지금 당장 완벽하지 않아도 괜찮습니다. 오늘 배운 내용을 바탕으로 네이버 부동산을 켜고 관심 지역의 시세를 확인하는

것, 주말에 가벼운 마음으로 동네를 한번 걸어보는 것, 그리고
저의 블로그나 커뮤니티에 들어와 오늘의 다짐을 댓글로 남겨보
는 것. 그 사소한 행동 하나가 여러분의 미래를 바꾸는 거대한
나비효과가 될 것입니다.

책은 여기서 끝나지만, 우리의 인연은 이제 시작입니다.

여러분이 첫 번째 내 집 마련에 성공하여 등기 권리증을 품
에 안는 그날, 그리고 더 큰 부의 바다로 항해하는 그 모든 여정
에 제가 든든한 나침반이자 친구가 되어 곁에 있겠습니다.

두려움을 용기로, 걱정을 확신으로 바꾸는 길.
그 길 위에서 반갑게 만나 뵙기를 고대하겠습니다.

실행하는 당신의 내일은, 분명 오늘보다 더 빛날 것입니다.

**여러분의 든든한 내 집 마련 멘토
소나무우유 드림**

당신보다 조금 앞서
길을 찾은 이들이 건네는
진솔한 고백

1. 펀펀님 사례

항목	본인	배우자(없으면 미작성)
나이	30세	33세
결혼 여부	혼인신고 전	
함께 거주하는 가족구성	신혼부부	
연봉	3,700만 원	6,500만 원
종잣돈	1.5억 원	1.5억 원
직장 위치	울산	경주
매수지역	서울 성북구 길음동	-
대출	신용대출 1.1억 원	

1. 집을 사기로 결심했을 때, ○○님은 어떤 상황이셨나요?

수도권 등기를 꿈꾸는 결혼을 앞둔 신혼부부

2. 내 집 마련을 결심하기 전, 가장 막막하거나 두려웠던 점은 무엇이었나요?

현재 나의 예산으로 주택 매수를 1채 할 수 있는데 매수를 해야 할 순간 내가 확신을 가지고 결정을 내릴 수 있을까에 대한 불안함.

3. 실제로 집을 보러 다니고(임장) 계약하기까지, 가장 기억에 남는 에피소드가 있나요?

25년 초 불장의 시작으로 매물을 안 보고도 산다고 할 때 안양시 평촌동에 평일 연차를 사용하고 지방에서 매물을 보러 갔습니다. 평일임에도 불구하고 좋은 부동산 소장님을 만나 매물을 10개 가까이 보고 단지별 특징을 비교할 수 있었어요. 그럼에도 마음에 쏙 드는 물건이 없어 보지 못한 매물 1개에 대한 가격, 층, 향, 전세가, 설명들은 인테리어 등을 토대로 분석을 통해 매수를 결정하게 되었습니다. 그런데 매수 의사를 밝히자 그 자리에서 바로 5천만 원 호가를 올리더라구요. 당시 최근실거래가 대비 너무 최고점에 살 수 없다고 판단해서 평촌동 아파트 매수를 포기했었습니다. 부동산 매수는 주식과 달리 내가 원하는 가격에 특히 사는 게 어렵고 내 마음대로 더 되는 게 아니구나 하는 걸 깨달았습니다.

4. 중간에 포기하고 싶거나 멘탈이 흔들렸던 고비가 있었나요? 그때 ○○님을 다시 움직이게 한 생각은 무엇이었나요?

공부를 열심히 했으니 분명 내 집은 있다는 확신이였어요.

5. 드디어 집을 계약했을 때, 등기권리증을 받았을 때, 내 집에 이사했을 때 기분이 어떠셨나요?

매달 지방에서 기차비로 몇 십만 원 쓰면서 수도권 임장을 다닌 게 다 헛것이 아니구나 하는 안도감과 뿌듯함이 들었어요.

6. 내 집 마련 이후, 삶이나 가족의 분위기에서 가장 크게 달라진 점은 무엇인가요?

아직 현금화가 되지 않았지만 등기 친 집이 많이 올랐어요. 그걸 본 남편도 저랑 같이 매일 퇴근하고 경제, 주식 등 자기계발을 하는데 시간을 많이 쓰고 있어요.

7. 소나무우유를 어떻게 알게 되셨고, 내 집 마련을 위해 소나무우유와 함께하기로 결정한 이유는 무엇인가요?

혼자 내 집 마련에 대한 고민을 하던 22년 초에 소나무우유님 인스타그램을 통해 알게 되었어요. 내집마련 프로세스를 기초부터 알려주신다고 해서 부린이 시절 정규강의를 듣게 되었어요. 어느걸 배우든 무작위로 지식을 넣는 거보다 단계와 절차가 있어야 습득이 잘 되기에 소나무우유님의 강의가 저와 잘 맞을 거라 생각했어요. 그리고 지금까지 5년동안 지켜봐온 소나무우유님은 꾸준함이 무기라 정말 믿고 계속 배울 점이 많겠다고 느꼈어요.

8.혼자 고민할 때는 도저히 해결되지 않던 문제들이 저와 함께하며 어떻게 풀리기 시작했나요?

여러 선택지 중 1~2가지 남겼을 때 어느 선택이 bset 1인지 확신이 안 설 때가 있었어요. 그때 소나무우유님께서 제가 전혀 생각하지 못한 부분을 부동산 소장님 통해서 확인하라고 알려주셨을 때 하나의 선택지로 갈 수 있었어요.

9. 제가 드린 조언이나 가이드 중 ○○님의 결정에 가장 큰 확신을 주었던 '결정적 포인트'는 무엇이었나요?

갭투자자로서 가장 걱정되는 게 역전세인데 그 리스트가 적은 포인트를 짚어주신 게 도움이 되었어요. 예를 들면 해당단지에 대한 학군 수요로 꾸준한 전세가 여름방학, 겨울방학 시즌에 모두 있다. 전세가율이 60%가 넘는다. 현재 세대수 대비 전세 매물이 적다 등이 있었어요.

10. 과거의 ○○님처럼 여전히 망설이고 불안해하는 분들에게 꼭 해주고 싶은 조언이 있다면 무엇인가요?

준비된 자만 매수를 해야할 시즌에 신속하고 정확하게 결정을 내릴 수 있으니, 이런저런 핑계를 대지말고 자신의 상황을 판단하고 임장을 많이 다니면서 시야를 넓혀가세요.

11. 그 밖에 추가로 하고싶은 이야기가 있다면, 자유롭게 작성해 주세요.

가장 중요한 건 자신의 상황을 먼저 아는 거라 생각해요. 자금 상황, 내가 견딜 수 있는 집 컨디션과 경제적 여유, 나의 예비 배우자의 의견 등 다양하게 생각해보시고 깊은 대화를 나누셨으면 좋겠어요.

2. 뿌듯님 사례

항목	본인	배우자(없으면 미작성)
나이	43세	
결혼 여부	미혼	
함께 거주하는 가족구성	1인 가구	
연봉	8700만 원	
종잣돈	2.7억 원	
직장 위치	화성시 / 동탄	
매수지역	동탄2신도시	
대출	은행주담대 4억	

1. 집을 사기로 결심했을 때, ○○님은 어떤 상황이셨나요?

이직으로 동탄 살이 3년차에, 신축 아파트 전세로 거주하고 있었습니다. 동탄 거주 전 전세집이 분당에 있는 빌라였는데 당시가 2023년 중반이라 부동산이 얼어붙어 있었고, 다음 임차인이 구해지지 않은채로는 보증금을 못주겠다는 임대인 때문에 마음고생했었어요. 마지막까지 임차인이 구해지지 않았는데, 내용증명과 임차권등기 설정까지 신청하니까 임대인이 보증금을 바로 반환했습니다. 그 기억 때문에 더 강하게 내집마련 의지가 생겼습니다.

2. 내 집 마련을 결심하기 전, 가장 막막하거나 두려웠던 점은 무엇이었 나요?

1인 거주로 아파트를 매매하는게 가능할까? 대출을 감당할 수 있을까? 라는 현실적인 두려움과, 어느 곳을 매매해야 하는가에 대한 막연함이 있었습니다.

3. 중간에 포기하고 싶거나 멘탈이 흔들렸던 고비가 있었나요? 그때 ○ ○님을 다시 움직이게 한 생각은 무엇이었나요?

(가장 멘탈이 흔들렸던 시기는 6.27이후였고) 강의 후 임장을 다니며 실거주가 아닌 갭투자로 방향을 바꿀까 잠시 심각하게 고민했던 시기가 있었습니다. 그때 갭투 지역을 서울 동대문, 은평구 정도를 잡고 임장 스터디를 하며 가능할 수도 있겠다… 라는 생각이 들어 계산도 해보았습니다. 그런데 회사에서 하반기에 갑자기 일이 많아질 계획이 잡히기 시작했고 동탄 실거주집과 서울 갭투 매물을 다 보는 것은 무리라 생각하여 다시 실거주로 마음을 굳혔습니다.시간도 마음도 여유가 없을 때 실수를 한 경험도 많았고, 더 큰 투자회수에 대한 욕심으로 삶의 질을 포기하자니 그 부분에서 포기가 되지않아 실거주로 다시 마음을 굳혔습니다. 무엇이든 고민이 될 때, 나를 잘 아는 것이 최고의 해결법인 것 같습니다.

4. 드디어 집을 계약했을 때, 등기권리증을 받았을 때, 내 집에 이사했을 때 기분이 어떠셨나요?

인테리어 공사, 우여곡절 많았던 이사를 마치며 정신이 없어 당시에는 아무 감흥이 없었습니다. 🤭 그런데 정리를 하고 집들이 손님을 치르고 휴일에 문득 '아, 더 이상 다른 집으로 쫓기듯 이사를 가지는 않아도 되겠구나. 내가 살고 싶은 만큼 살아도 되겠구나.'라는 생각이 이따금 들때가 있는데 그때가 가장 만족스럽고 행복합니다.

5. 내 집 마련 이후, 삶이나 가족의 분위기에서 가장 크게 달라진 점은 무엇인가요?

'내거' 라는 안도감이요. 일상이 크게 달라지진 않았지만 쓸고닦고 정리하는데 대충하기 보단 '내거'라는 생각이 드니 더 열심히 집을 돌보고 있습니다.

6. 소나무우유를 어떻게 알게 되셨고, 내 집 마련을 위해 소나무우유와 함께하기로 결정한 이유는 무엇인가요?

집을 사야겠다는 의지가 강했으나 막연했던 터에, 라이브 강의에서 "실제 매수를 할 때 직접 서포트하겠다"라는 말씀이 홀렸습니다. 🤭

7. 혼자 고민할 때는 도저히 해결되지 않던 문제들이 저와 함께하며 어떻게 풀리기 시작했나요?

강의를 듣거나 크루 동기들과 함께 상황을 얘기하며 방향을 잡아도 '처음'이기에 확신이 서지 않았던 부분에 지인을 대하듯 여러가지 가능성과 옵션들에 대해 조목조목 세세히 분석해주신 것들이 많은 도움이 되었습니다. 두번의 상담 요청을 드렸는데, 매매 목적의 방향이 흔들릴 때 갭투와 실거주 자금을 어떻게 셋팅해야하는지, 그리고 실거주 후보 단지들을 보면서 어떤 기준으로 봐야하는지 명쾌하게 설명해주셔서 많은 도움이 되었습니다.

공부를 하고, 분석을 충분히 했다고는 하지만, 생각지 못한 선택의 순간에 맞닥드리면 결국 새로운 상황이기에 소유님의 도움이 꽤나 결정적이었어요. 돌이켜봐도 후회는 없습니다.

8. 제가 드린 조언이나 가이드 중 ○○님의 결정에 가장 큰 확신을 주었던 '결정적 포인트'는 무엇이었나요?

거실확장형 구조에 혹해서 가계약금 입금을 고려하던 때에 밤늦게 바로 통화하자며 말려주신 때가 가장 결정적이었습니다. 단지는 이미 맘속으로 결정해두고 있었는데, 10년차 단지라 매물들이 대부분 모두 입주 당시 모습으로 컨디션이 다 고만고만하던 때에 좀처럼 확신이 안 선 상태에서 괜찮은 층수에 리모델링이 되어있는 거실 확장형 구조 (2룸)로 된 매물을 가계약하려던 차였어요. 당시 이것저것 선호하던 기준이 몇가지 있었는데, 그 항목들 요목조목 확인해보라

해주셨던 조언이나 추가적인 숙제들이 오히려 한발짝 떨어져서 다른 것들을 더 고려해볼 수 있고 조금 늦게 나온 지금 제 집을 살 수 있게 된 계기가 됐습니다. 이 집 나오자마자 처음으로 보고 1주만에 계약했거든요. 그리고 그 집보다 저만의 이것저것 조건에 더 부합하던 집이어서 더 만족스럽습니다.

9. 과거의 ○○님처럼 여전히 망설이고 불안해하는 분들에게 꼭 해주고 싶은 조언이 있다면 무엇인가요?

지금의 저 스스로에게 자주 하는 말이기도 한데, 일단 시작해보라고 이야기하고 싶어요.

저는 생각은 늘 많은데 '인터넷 검색으로만 알아보고' 실제 움직이지는 않으면서 '완벽하게 알아야 행동하는' 유형이에요. 이게 지금 보니 완벽주의 지향형 회피인간이 아닌가 싶습니다. 강의에서 들었던 것들도 다 맞지만 지역 임장 한번, 부동산 사장님과의 대화 한번, 실제 매물 임장 한번에 비견될 수가 없습니다. 저처럼 혼자는 절대 안움직인다면, 함께 공부할 친구들을 만들고 천천히라도 실행할 수 있는 시스템을 내 생활 속에서 만드는게 최선 같아요. 지금 그것들을 하나씩 해보고 있는데, 마음의 속도보다 실행 속도는 매우 더디지만 언젠가는 얻는게 있을거라, 계속 성장해 가는 것이리라 생각합니다.

3. 갓짱님 사례

항목	본인	배우자(없으면 미작성)
나이	34세	34세
결혼 여부	혼인신고 완료	
함께 거주하는 가족구성	신혼부부	
연봉	5천만 원	
종잣돈	1억 5천만 원	1억 원
직장 위치	서대문구	서초구
매수지역	은평구 불광동	은평구 불광동
대출	주담대 대출 5억 원	

1. 집을 사기로 결심했을 때, ○○님은 어떤 상황이셨나요?

결혼을 앞둔 맞벌이 부부여서 신혼집이 필요했어요. 전세도 알아 봤지만 전세금도 만만치 않고 저희 둘다 서울에서만 살았고 가족들도 다 서울에 있고 회사도 서울에 있다보니 서울에 실거주 집을 사야겠다는 생각이 컸어요.

2. 내 집 마련을 결심하기 전, 가장 막막하거나 두려웠던 점은 무엇이었 나요?

결혼준비를 앞두고 집부터 구해야한다는 생각에 거의 1년동안 집을 보고 다니면서 마음에 들면 가격이 높고 가격이 낮으면 생활권이 좋지않아 고민을 정말 많이했어요.

서울에서 아무리 작은아파트 산다고 해도 6~7억은 기본이다보니 저희에게는 이 시세도 크게 와닿았어요. 매물이 많지 않았을뿐더러 계속 집값을 올리고 돈있는 사람들은 마음에 들면 바로 계약을 하기 때문에 저희만 못사는것 아닌가 계속 불안했어요. 그리고 무엇보다 아무리 집을 여러번 봤어도 확신이 없었습니다.

3. 실제로 집을 보러 다니고(임장) 계약하기까지, 가장 기억에 남는 에피소드가 있나요?

1년동안 집을 보고 다니면서 확신이 없다가 소유님의 조언과 여러가지 고려하였을 때 마음에 드는집이 생겼는데 기존에 있던 전세금이 묶여있어서 세입자를 먼저 구해야하는 상황이였어요. 급하게 여러곳에 집을 내놓았고 다행이도 일주일만에 세입자를 구하게 되서 날짜에 맞춰 잔금을 치룰수 있게 되었어요. 지금도 그때 생각하면 운이 참 좋았고 타이밍이 좋았다는 생각밖에 나지 않네요....ㅎㅎ

4. 중간에 포기하고 싶거나 멘탈이 흔들렸던 고비가 있었나요? 그때 ○○님을 다시 움직이게 한 생각은 무엇이었나요?

맞벌이 부부이지만 연봉이 높은편은 아니다 보니 대출금에 대해서 부담이 가장 컸고 최대 대출이 얼마나 나올지도 모르는 상태에서 계약을 할수 없다고 생각했어요. 그러다보니 돈을 조금 더 모았다가 집을 사자는 의견으로 가고 있었고 저 역시도 1년동안 집을 알아보는 게 지쳤다 보니 우리에게 맞는 매물이 없다고 생각해서 중간에 포기하려고 했어요. 소유님을 통해 알게된 대출상담사를 통해 저희의 최대 대출금을 알게되었고 용기를 내서 다시 집을 보게 되어 구하게 되었습니다.

5. 드디어 집을 계약했을 때, 등기권리증을 받았을 때, 내 집에 이사했을 때 기분이 어떠셨나요?

등기권리증을 처음보게 되었고, 기분이 참 이상했어요. 사실 서울 대비 좋은 아파트라고 할수 없었지만 그당시에 저희 집이 제일 좋아보이고 든든한 내집이 생긴 기분이였어요. 무엇보다 일년동안 알아보고 찾아보고 고민했던 것들의 결실이 맺게되어 너무 뿌듯했습니다.

6. 내 집 마련 이후, 삶이나 가족의 분위기에서 가장 크게 달라진 점은 무엇인가요?

집에서 오는 안정감 때문인지 주말에도 집에 있는 시간이 많아졌어요. 이전에는 밖에 돌아다니는것을 좋아했던 저도 집에 있는게 더 편하고 맛있는것도 편한곳에서 먹는게 더 맛있다는 생각에 신혼생활을 집에서 많이 보내게 되었어요.

무엇보다 퇴근하고 집가는길이 행복하게 되었답니다.

7. 소나무우유를 어떻게 알게 되셨고, 내 집 마련을 위해 소나무우유와 함께하기로 결정한 이유는 무엇인가요?

인스타그램을 통해 소나무우유님 외에도 몇몇의 부동산 컨텐츠를 알고 있었지만 저희는 결혼식을 앞둔 신혼부부이고 집을 빨리 구해야했던 상황이다 보니 정말 절실했어요. 인스타그램, 무료강의 등등 소유님을 알게되면서 이분이라면 일대일로 우리의 니즈에 맞는 집을 찾는것에 대해 도움이 되실수 있겠다라는 생각이 들어 크루 1기에 참여하기로 했어요.

8. 혼자 고민할 때는 도저히 해결되지 않던 문제들이 저와 함께하며 어떻게 풀리기 시작했나요?

사실 저희 예산으로는 이집을 처음 가격에 살수 없었던 상황이여서 매매하려면 네고를 꼭 해야하는 상황이였어요. 처음하는 네고에다가 집주인이 안해주면 어떡하지라는 생각에 마음이 흔들렸던 상황이였습니다. 마음은 너무 급했지만 소유님과 실시간 전화하면서 마음을 조금 내려놓고 최대한 할수 있는 네고를 시도하였더니 성공하게 되어 계약할수 있게 되었어요.

9. 제가 드린 조언이나 가이드 중 ○○님의 결정에 가장 큰 확신을 주었던 '결정적 포인트'는 무엇이었나요?

아무래도 눈높이였던거 같아요. 저희는 이제야 집을 구하려고 했던 신혼부부라 보는눈이 없었고 제일 가격도 낮으면서 저희가 살만

한 집이면된다는 생각이 컸던거 같아요. 저희의 예산에 맞게 눈높이를 조금씩 올려주면서 여기도 고려할수 있다고 이야기 하셨을때 용기가 생겼고 바로 매물도 보러 갈수 있었던거 같아요.

10. 과거의 ○○님처럼 여전히 망설이고 불안해하는 분들에게 꼭 해주고 싶은 조언이 있다면 무엇인가요?

저처럼 부동산에 대해 아무것도 모르는데 집을 산다는 것은 부자 아니고선 매우 부담스러운 일이라고 생각해요. 특히 집값은 계속 오르는 상황에서는 더더욱 부담이 되고 불안한 상황이실거에요. 혼자서 감당이 된다하더라도 소나무우유님 처럼 내 상황에 맞게 상담 및 서포트를 해주고 눈높이를 높이 볼수 있게 조언을 받는다면 지금 기준보다 더 좋은 집을 알수있고 매매까지 도움을 받으면 좋겠습니다.

4. 빵빈님 사례

항목	본인	배우자(없으면 미작성)
나이	37세	32세
결혼 여부	혼인신고 완료	
함께 거주하는 가족구성	신혼부부	
연봉	1억 원	8천만 원
종잣돈	7.2억 원	
직장 위치	판교(삼평동)	서초(청계산입구역 부근)
매수지역	경기도 성남시 분당구	
대출	주담대 6억 원 + 사내 대출 6, 200만 원	

1. 집을 사기로 결심했을 때, ○○님은 어떤 상황이셨나요?

결혼 후 신혼집을 1.5룸 오피스텔 월세에서 시작했습니다. 친구들이 하나둘 내집마련 하여 실거주 하거나 부동산 갭투자를 하는 모습과 나날이 올라가는 매매가를 보며 부동산 취득에 서둘러야겠다는 생각을 갖고 있었습니다.

2. 내 집 마련을 결심하기 전, 가장 막막하거나 두려웠던 점은 무엇이었나요?

집값이 계속 오르고 있는 추세 속에 내가 신고가 주고 산 집이 상투를 잡은 것이면 어쩌지 하는 걱정이 가장 컸습니다. 가격이 하락하면 멘탈이 버텨낼지 걱정이 되어서 쉽게 내 집 마련을 결정하지 못했습니다.

3. 실제로 집을 보러 다니고(임장) 계약하기까지, 가장 기억에 남는 에피소드가 있나요?

소유님을 만나기 직전 ('25년 4월)에 눈여겨보던 단지의 매물이 하나둘 사라지더니, 한 달 뒤 배짱 매물까지 거래된 후 더 높은 호가로 매물이 나타나는 것을 보며 큰일났다 느꼈습니다. '본격적인 상승장이 시작되었구나. 빨리 결정을 내려야겠구나.' 하는 생각이 들었습니다.

4. 중간에 포기하고 싶거나 멘탈이 흔들렸던 고비가 있었나요? 그때 ○○님을 다시 움직이게 한 생각은 무엇이었나요?

소나무우유 기초, 실전 챌린지를 하며 갭투자 vs 실거주 중 저울질 하다 갭투자쪽으로 마음을 겨우 정했는데, 6.27 대책이 나왔습니다. 투자성을 갖춘 실거주 부동산을 마련해야 하는 상황이 되어 잠시 멘탈이 흔들렸습니다. 하지만 다행히 이 때 실전반 활동을 하며 대출 상담, 지역분석, 부동산 방문, Detail 손품 등을 배우고 실천하며 어떤 부동산을 매수해야겠다는 기준이 섰던 것 같습니다. 그리고 일시적으로 부동산 시장이 멈춰있는 순간이 오히려 저에게는 큰 기회다라는 생각이 들었습니다.

5. 드디어 집을 계약했을 때, 등기권리증을 받았을 때, 내 집에 이사했을 때 기분이 어떠셨나요?

계약서 도장 다 찍은 후에는 한동안 부동산 매물 탐색은 잊고 살아도 되겠다는 생각에 후련한 마음이 컸습니다. 중도금을 넣기 전까지는 혹시 집주인이 계약 파기하면 어쩌지 하는 걱정이 컸고, 중도금 일자 아침 일찍 입금하고서 안도했습니다. 등기권리증 받았을 때는 이제 정말 다 마무리되었다는 것에 안심이 되었습니다. 인테리어 후 이사 완료 했을 때는 부부가 서로 마주보며 "여기가 우리집 맞냐"며 기뻐했습니다.

6. 내 집 마련 이후, 삶이나 가족의 분위기에서 가장 크게 달라진 점은 무엇인가요?

실거주에서 오는 마음의 안정감이 생겼습니다. 내 집 마련에 성공했다는 성취감도 큽니다. 양가 부모님들께서도 너무나 좋아하셔서 큰 효도를 하는 기분이 들고 떳떳합니다.

7. 소나무우유를 어떻게 알게 되셨고, 내 집 마련을 위해 소나무우유와 함께하기로 결정한 이유는 무엇인가요?

아내가 SNS를 통해 소유님을 알게 되었고, 챌린지를 같이 하자는 권유를 받아서 같이 시작하게 되었습니다. 부동산에 대해 너무 몰랐기 때문에 기초 커리큘럼부터 함께 할 수 있다는 부분이 너무 좋았습니다. 그리고 무료강연에 참석했던 아내가 '이사람 좀 변태같아...'라고

하는 말에 믿음이 갔습니다. ^^

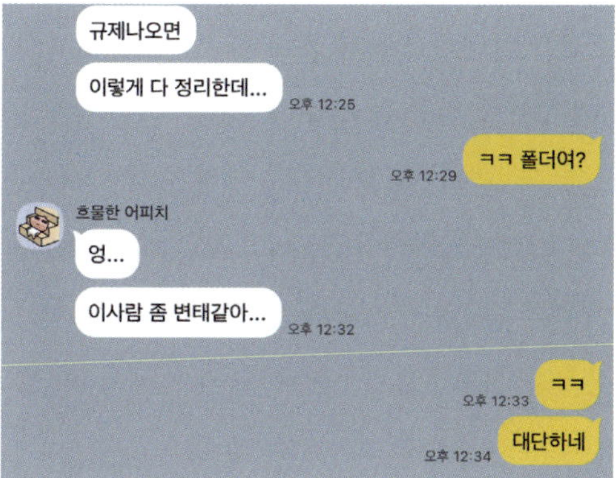

버블버블님이 '25. 3/30 무료 강연 참석 후 소유님께서 규제 정리한 폴더 사진을 보여주며 보내온 카톡

8. 혼자 고민할 때는 도저히 해결되지 않던 문제들이 저와 함께하며 어떻게 풀리기 시작했나요?

부동산 공부에 대한 막연함이 소유님의 커리큘럼에 따라 '지도 공부'부터 따라하고, 매일매일 부동산 기사 스크랩, 용어 공부 등을 하면서 어느새 부동산과 친해져가는 저의 모습을 볼 수 있었습니다. 시키는 대로 했을 뿐인데, 어느새 부동산 비교분석까지 스스로 할 수 있게 되었네요.

9. 제가 드린 조언이나 가이드 중 ○○님의 결정에 가장 큰 확신을 주었던 '결정적 포인트'는 무엇이었나요?

해당 단지에 거래가 많지 않은 상황에서 신고가에 매매하는 부분에 있어 머뭇하는 포인트가 있었습니다. 소유님께서는 주변 단지로 시야를 확장해서 같이 살펴보았을 때 이미 비슷한 금액대에 거래가 되고 있다는 것을 알려주셨습니다. 그 때 제 시야도 같이 확장되면서 신고가 매매에 대해 걱정을 놓을 수 있었습니다.

10. 과거의 ○○님처럼 여전히 망설이고 불안해하는 분들에게 꼭 해주고 싶은 조언이 있다면 무엇인가요?

본인의 상황을 객관적으로 바라보고, 관심 단지의 범위를 좁히세요. 그리고 언제든 좋은 매물이 나타나면 빠른 결정을 내릴 수 있도록 준비하세요. 준비된 자에게 기회가 오더라구요!

11. 그 밖에 추가로 하고싶은 이야기가 있다면, 자유롭게 작성해 주세요.

소유님을 절대적으로 믿으세요! 그리고 소유님의 그 경험을 레버리지(지렛대)로 활용하세요! 분명 투자한 비용 그 이상의 가치를 가져다줄 것입니다.

이번 생에 영끌은 무섭고
전세금 올려주긴 지쳐서,
실거주 한 채 샀습니다만

ⓒ 소나무우유(김진석)

초판 1쇄 인쇄 2026년 4월 12일

지은이 소나무우유(김진석)

기　획 조영훈

편　집 조영훈

디자인 김지혜

마케팅 정호윤, 김민지, 송유경, 김은주, 최서환

펴낸곳 모티브

이메일 motive@billionairecorp.com

ISBN 979-11-24370-24-7(03320)